ASSASSINATO
DE REPUTAÇÕES II

ROMEU TUMA JR.
e CLAUDIO TOGNOLLI

ASSASSINATO
DE REPUTAÇÕES II

MUITO ALÉM DA LAVA JATO

© 2016 - Romeu Tuma Junior e Claudio Tognolli
Direitos em língua portuguesa para o Brasil:
Matrix Editora
www.matrixeditora.com.br

Diretor editorial
Paulo Tadeu

Diagramação
Cristina Izuno

Revisão
Lucrécia Freitas
Silvia Parollo

CIP-BRASIL - CATALOGAÇÃO NA PUBLICAÇÃO
SINDICATO NACIONAL DOS EDITORES DE LIVROS, RJ

Tuma Junior, Romeu
Assassinato de reputações II – muito além da Lava Jato, volume 2 / Romeu Tuma Junior; [organização Claudio Tognolli] - 1. ed. - São Paulo: Matrix, 2016.
264 p.: il.; 23 cm

Inclui índice
ISBN 978-85-8230-242-2

1. Corrupção na política - Brasil. 2. Corrupção - Brasil. 3. Poder (Ciências sociais) - Brasil. 4. Brasil - Política e governo. I. Tognolli, Claudio. II. Título

16-30352 CDD: 320.981
CDU: 32(81)

Maior que a tristeza de não haver vencido é a vergonha de não ter lutado.

Rui Barbosa

Agradeço a Deus, sobretudo por ter me possibilitado o resgate da verdade, senão em sua plenitude, ao menos na medida de levar a sociedade brasileira ao reencontro com a realidade.

Ao meu amado e saudoso pai exemplar, cuja ausência, a cada dia, se mostra mais sentida, mais doída e mais presente em meu coração.

À minha querida mãe Zilda, por suportar, sem esmorecer, tudo que a vida e o destino lhe reservaram por conta das minhas amarguras.

Às minhas filhas e neta amadas, Renata, Regiane, Roberta, Rafaela e Sophia, dádivas de Deus e combustível da minha existência e força.

À Luciane, pela dedicação e por tudo que enfrentou, sempre com honra.

Aos meus irmãos Rogerio, Ronaldo e Robson.

Aos colegas de escritório e da advocacia, pela luta diária em busca de uma Justiça justa.

Aos meus amigos, seguidores, leitores, internautas, fãs, enfim, a todos os companheiros que alicerçam minha pregação e a continuidade dessa luta por um país justo, limpo, moral e ético. Àqueles que, por muitas vezes, me defenderam avidamente em batalhas virtuais, simplesmente porque aprenderam a gostar de mim enxergando minha alma e crendo na minha história de vida.

A todos vocês, minha eterna gratidão e a promessa de que não os envergonharei jamais.

Romeu Tuma Junior

Agradeço a minha mãe, Ogladys Volpato Tognolli, a meu padrasto, Cláudio Picazio, e a Dora Tognolli, minha irmã. E também ao casal Fernanda e André Parodi.

Claudio Tognolli

SUMÁRIO

PREFÁCIO 9

APRESENTAÇÃO 17

CAPÍTULO I
Muito além da Lava Jato 21

CAPÍTULO II
Os filhos de Lula 177

CAPÍTULO III
Bandido combina com bandido 187

CAPÍTULO IV
Novos elementos do velho grampo no STF 197

CAPÍTULO V
Banco Nacional de Desenvolvimento da Mamata 205

CAPÍTULO VI
Por um Brasil melhor 241

CAPÍTULO VII
Se a quadrilha não mentir, brigar
e se delatar, o Brasil não tem salvação 247

PREFÁCIO

Nem a ficção daria conta deste relato

Em setembro de 2012 foi noticiado, sem o destaque merecido, um depoimento ao Ministério Público Federal (MPF) de Marcos Valério Fernandes de Souza, o famigerado operador, primeiro, do Mensalão tucano, sistema de corrupção para financiar a reeleição de Eduardo Azeredo ao governo de Minas. E, depois, do Mensalão petista, em teoria para garantir o apoio de pequenos partidos da base aliada ao governo federal. Na ocasião, ele manifestou sua vontade de fazer uma delação premiada para tentar aliviar penas de alguns processos pelos quais ainda não havia sido julgado. Para dar uma ideia do que poderia informar, contou à subprocuradora-geral da República, Cláudia Sampaio Marques, e à procuradora regional da República, Raquel Branquinho P. M. Nascimento, que havia participado da negociação da qual resultou falso empréstimo de R$ 6 milhões ao empresário de viações de ônibus em Santo André, Ronan Maria Pinto, para livrar Lula e Zé Dirceu de chantagem referente à morte de Celso Daniel, ex-prefeito de Santo André e na ocasião responsável pelo programa de governo da campanha vitoriosa do petista à presidência da República.

O depoimento é todo muito grave, pois nele o mineiro delatou a presença do ex-presidente Luiz Inácio Lula da Silva em várias reuniões para tratar de falcatruas que resultaram na Ação Penal (AP) 470, que se tornaria célebre pela denominação de Mensalão. Nesse depoimento, ao longo de três horas e meia (das 9h30 às 13 horas), Marcos Valério contou ter sido procurado por Silvio Pereira, tratado pelo depoente como "braço direito de Dirceu", assim como Delúbio Soares era tido como "braço direito de Lula". Em encontro na lanchonete do Sofitel, na Rua Sena Madureira, lugar muito frequentado por Dirceu e por quem fosse ao escritório dele, localizado ali perto, para tratar de qualquer negócio, Silvinho, como era conhecido o hierarca do Partido dos Trabalhadores na ocasião, lhe pediu para ajudar com empréstimos.

Para entendermos melhor o que foi narrado às procuradoras pelo réu do Mensalão, é melhor citar, *ipsis litteris* e sem correções de eventuais omissões ou equívocos de grafia, o conteúdo do "termo do depoimento". Assim está registrado nos autos:

"Que, nessa ocasião, Sílvio Pereira informou que Gilberto Carvalho, Lula e José Dirceu estavam sendo chantageados por um empresário da área de transporte de ônibus, chamado Ronan Pinto, de Santo André; Que, o depoente usou a seguinte expressão para ficar fora dessa questão: "me inclua fora disso"; Que, Sílvio Pereira solicitou que ao menos fosse na reunião com Ronan Pinto, marcada no Hotel Mercure (hoje hotel Puma), localizado na Avenida 23 de Maio em São Paulo; Que, nesse encontro Ronan Pinto chegou acompanhado de Breno Altman, que trabalhava para o José Dirceu e era do PT e posteriormente, Sílvio Pereira disse ao depoente, que Breno Altman era a pessoa utilizada para o PT para ser o contato com o empresário Ronan Pinto; Que, Ronan Pinto disse ao depoente e a Sílvio Pereira que pretendia comprar o jornal Diário do ABC que estava divulgando notícias que o vinculavam à morte do prefeito Celso Daniel; Que, indagado o depoente declarou que Sílvio Pereira não lhe informou o motivo da chantagem de Ronan Pinto em relação ao ex Presidente Lula, José Dirceu e Gilberto Carvalho e o depoente também não se interessou em saber porque não queria se envolver nesse assunto; Que, Ronan Pinto pediu R$ 6.000.000,00 para comprar o jornal Diário do ABC: Que, após esse encontro Sílvio Pereira indagou ao depoente o que ele achava da situação e o depoente sugeriu que fosse localizada uma pessoa de extrema confiança do presidente para fazer esse empréstimo; Que, Sílvio Pereira informou que eles tinham outras empresas que atuavam, em outros segmentos, da mesma forma que a SMP&B na área de publicidade para o Governo; Que, o depoente insistiu que o assunto era delicado e seria melhor a localização de uma pessoa de confiança do presidente e deles; Que, posteriormente, Sílvio Pereira disse ao depoente que esse empréstimo de R$ 6.000.000,00 seria

feito no Banco Chain por José Carlos Bulay, um dos maiores pecuaristas do Brasil, amigo de Lula, dono da empresa Constran (famosa construtora): Que, o depoente ficou sabendo que o dinheiro foi transferido para Ronan que comprou os 50% do jornal e, posteriormente o restante".

Nesse depoimento de setembro de 2012, Valério informou ao Ministério Público Federal que a construtora do banqueiro Carlos Eduardo Schahin comprou sondas de petróleo que foram alugadas pela Petrobras, "por intermédio de seu diretor Guilherme Estrella, como uma forma de viabilizar o pagamento da dívida". A denúncia já era gravíssima, mas não há notícia de que o MPF, a Polícia Federal ou qualquer outro órgão do governo que seja responsável por investigações criminais tenha dado início a alguma investigação sobre essas informações.

Na verdade, ninguém se interessou pela denúncia no Congresso, nos meios de comunicação ou em qualquer outro lugar, apesar de sua evidente gravidade. É que o *padim* Lula Romão Batista era o mais recente e venerado santo do Brasil e José Dirceu, o ex-herói do povo brasileiro, ainda fazia sucesso exibindo o punho direito para o alto, fingindo-se de chefe de rebelião contra a *"zelite"* branca *"nacionar"*. Enquanto Marcos Valério, condenado a mais de 40 anos de prisão, não passava de um malandro campainha, daqueles que se anunciam à porta das casas antes de assaltá-las.

Pobre Marcos Valério! Por conta das próprias estripulias, perdeu até, ora veja, o direito de ostentar a profissão. Sempre que era definido como publicitário, logo aparecia um colega de ofício para reclamar: não, ele não era digno de tal apodo de ofício. Era uma injustiça com os demais. Ele era o bandido perfeito, aquele que sabia demais, mas era um arquivo queimado em vida. Ninguém dava crédito ao que falava nem prestava atenção ao que ele podia ter a contar. Então, nenhum meio de comunicação fez estardalhaço sobre seu depoimento. Essa situação só mudou, e muito, quando começaram a ser publicadas as "delações premiadas seletivas". Dois anos depois do depoimento tido como absurdo, porém, veio à cena um documento que o confirma: a contadora Meire Poza havia entregado à PF o papel que comprovava a informação dele: sim, havia um documento legítimo referente ao "empréstimo" de

R$ 6 milhões por Bumlai para calar a boca do empresário de Santo André que chantageava Lula e Dirceu.

Uma bomba! Pois sim. Esse pedaço de papel, de posse dos federais, é a prova óbvia de que nenhum desses escândalos de corrupção era isolado, mas todos eram um só: não era só o caso Celso Daniel que seria o objeto da chantagem evitada com o dinheiro. Nem o Mensalão, pelo qual Valério, Dirceu e outros foram condenados por corrupção pela instância máxima da Justiça, o Supremo Tribunal Federal (STF). Nem o tal Petrolão, devassado pela Operação Lava Jato. Não. Tudo isso é um escândalo só – junto e misturado, como se diz na gíria da malandragem de baixa extração.

Meire Poza é a testemunha comum a todos. Ela fez a contabilidade de Waldomiro de Oliveira, enrolado na CPI do Cachoeira, protagonista da pré-história dos escândalos do PT no governo federal, e envolvido na Lava Jato como o fabricante de notas que garantiam a pilhagem via empreiteiras, provocando o funcionamento do fluxo financeiro da gatunagem.

E, ainda mais importante, como contadora de Alberto Youssef, o doleirozinho chinfrim de Londrina que virou uma espécie de Arsène Lupin (o ladrão de casaca inventado por Maurice Leblanc) petralha, ela teve a oportunidade única de documentar um amplo repertório de delitos contra a União, patrocinado pelos dignitários maiorais dessa República populista.

Graças aos vazamentos seletivos execrados pela "zelite" dominante no "pudê", nós, aqui na planície, ficamos sabendo disso tudo. Agora temos a oportunidade de tomar conhecimento de ainda muito mais. Após a publicação de *Assassinato de reputações – um crime de Estado*, o autor desse sucesso editorial, Romeu Tuma Junior, passou a atuar como uma espécie de *ombudsman* nacional do crime de colarinho branco. Amigo de Tuma pai e, por consequência, do filho homônimo, este escrevinhador lhe deve o imenso favor de ter confirmado uma informação dada no livro anterior, nunca contestada nem pela Justiça nem na imprensa, de que Luiz Inácio Lula da Silva foi o informante do Dops, à época da ditadura conhecido como Barba. Só assim pude entender por que o então presidente do Sindicato dos Metalúrgicos de São Bernardo do Campo e Diadema (hoje do ABC) encontrou-se com um agente do Serviço Nacional de Informações (SNI) na *garçonnière* de Alexandre Von Baumgarten, de cuja morte o então chefe do serviço em Brasília, general Newton Cruz, foi acusado. Mas essa história, que narrei na abertura de meu livro *O que sei de Lula* (Topbooks, 2011), nada tem a ver com o que aqui nos interessa diretamente. E, de fato, não podemos perder o fio da meada.

O certo é que Tuma Junior foi procurado pela contadora Meire Poza, e ela é a *pièce de résistance* deste livro, que é sequência do primeiro e resulta do relato de muitos cidadãos dispostos a não permitir que se enterrem informações importantes, como a das onze testemunhas mortas e sepultadas e que poderiam dar informações relevantes no inquérito sobre a morte de Celso Daniel, executado, por mais uma coincidência nesta história cheia delas, exatamente na jurisdição da Delegacia Seccional de Taboão da Serra, à época ocupada pelo autor deste livro.

Antes que se assuste com tal coincidência, o leitor deve saber desde já que esta é uma história para corações fortes e mentes capazes de entender os mistérios, encontros e desencontros da vida. Geraldo Alckmin, governador de São Paulo à época e hoje, retirou Tuma Junior da investigação, que em suas mãos avançava, para pôr em ação o Departamento de Homicídio e Proteção à Pessoa (DHPP). Certa vez, indaguei-lhe por que o fez, e ele me garantiu que foi para evitar exploração política do caso, já que o delegado se candidataria a deputado. Minha avó Nanita diria que esta é a típica desculpa amarela de cego, que é feira ruim ou saco furado.

O certo é que, desde então, a Polícia Civil paulista, chefiada pelos tucanos Geraldo Alckmin, Alberto Goldman e José Serra e pelo democrata Cláudio Lembo, e o PT no poder federal, passaram a defender a hipótese comodista de um crime banal, com a qual nunca comungaram nem o próprio Tuma Junior, nem a família do morto, nem o Ministério Público de São Paulo. Durante todos os anos – da execução até hoje –, eles têm apostado na hipótese de crime político, provocado por um momentoso escândalo de corrupção na prefeitura de Santo André. Quem conhece o caso, porém, fica com a impressão de que quanto mais se faz para abafá-lo, mais o fantasma da vítima reaparece no noticiário. Só para mantê-lo vivo. Como diria Chapolin Colorado, essa turma não contava com a astúcia do defunto. Pois então...

Se não for por insistência do executado nunca justiçado, terá o acaso sido sempre um forte aliado da verdade e da justiça. Senão, vejamos: a Operação Lava Jato resulta de uma série de coincidências incríveis. A operação, que pôs a República brasileira de pernas para o ar e de cabeça para baixo nos últimos dois anos, começou com a investigação de um esquema de lavagem de dinheiro num remoto posto de gasolina do Distrito Federal – daí sua denominação. O comando da força-tarefa passou a ser exercido em Curitiba, capital do Paraná, porque no Estado nasceu, vivia e prosperou o doleiro Alberto Youssef. À frente de procuradores e agentes federais, está um juiz preparado para entender o complexo emaranhado de fios e fatos que têm a ver com lavagem de dinheiro, Sérgio Moro, desde que voltou à primeira instância, finda sua profícua assessoria à ministra Rosa Weber no Supremo Tribunal Federal durante o julgamento do tal do Mensalão.

Desde que passou a prestar atenção ao que se dispôs a lhe contar Meire Poza, Tuma Junior se deu conta de que havia muito mais a revelar do que se conhece pelo noticiário diário da devassa do maior escândalo de corrupção da história do Brasil, quiçá da humanidade. Este livro foi ao prelo no momento em que o propinoduto da Petrobras foi considerado pela Transparência Internacional o segundo maior caso de corrupção do mundo, perdendo o primeiro lugar para Viktor Yanukovich, deposto da presidência da Ucrânia em fevereiro de 2014 depois de ter sido denunciado por protagonizar um cabeludo caso de corrupção. A ONG com sede em Berlim, na Alemanha, levou em conta apenas a Petrobras e nisso o subestimou, pois, como registrou em editorial o jornal *O Estado de S. Paulo* em 12 de fevereiro de 2016, "hoje se pode afirmar que a corrupção só não é encontrada onde não é procurada". Isso não é má vontade do Partido da Imprensa Golpista (PIG), que, conforme petistas e seus asseclas e aliados, não aceita povo andando de avião (quando andava) e saindo da pobreza (à qual a maioria está voltando depois do tsunami de fiascos da quarta gestão consecutiva do PT no desgoverno da República). Os fatos reproduzem uma avalanche de denúncias e escândalos que não deixam o jornalão mentir.

Essa verdade saltará a seus olhos quando chegar à última página deste livro. Nas 140 horas de gravação com Meire Poza, que Tuma Junior aqui resumiu, o autor ouviu da contadora que, na mesma época em que Valério depôs em vão na PF, ela foi à sede dos federais na Lapa, em São Paulo, para contar o que sabia – praticamente tudo – do esquema de lavagem de dinheiro que, como contou aos agentes da lei, enriquecia não traficantes de drogas, mas maganões da República. Nenhum deles lhe deu a mínima atenção. Habituada à aritmética dos livros de contabilidade, Meire Poza calculou a exata soma de quanto gastou do próprio bolso para denunciar os crimes dos clientes: R$ 23 mil, como ficará sabendo mais adiante.

A chance que teve, depois, de se colocar à disposição do grupo da PF e do Ministério Público Federal do Paraná lhe permitiu entregar o documento que põe fim à farsa dos vários escândalos isolados e os resume todos num só. Enivaldo Quadrado, personagem importante do Mensalão e sócio de Youssef, procurou-a para pedir que guardasse um documento valioso:

– Este documento vai me salvar do Lula – disse-lhe.

Munida do contrato do empréstimo de Schahin para Bumlai e deste para Ronan Maria Pinto, contado por Marcos Valério Fernandes de Souza, objeto do depoimento ao qual o MPF e a PF preguiçosos, a oposição cúmplice ou alienada e a imprensa amestrada e acomodada não deram a mínima atenção, ela o levou à força-tarefa da Lava Jato, em Curitiba. E assim permitiu que esta desvendasse o falso empréstimo do Banco Schahin ao pecuarista José Carlos Bumlai, que perambulava pelo Palácio do Planalto com salvo-conduto assinado pelo então presidente Lula. E deste a Ronan Maria Pinto, personagem do caso Celso Daniel e hoje proprietário do *Diário do Grande ABC*, jornal mais importante do ABC paulista, região onde Lula deu início a sua trajetória política e Celso Daniel se fez quadro importante do partido do qual o ex-dirigente sindical é o maior e mais popular prócer. Foi a ele que o operador do Mensalão se referiu no depoimento esquecido. Isso agora é história. Tudo está publicado e foi divulgado em noticiários do rádio e da televisão.

Mas este livro vai muito além disso. Nele Meire Poza mostra a Tuma Junior e a Claudio Tognolli – que escreveu com ele o texto desta obra, investigou e estava ao seu lado no depoimento de Meire – como foi ameaçada de morte pelo advogado Costa e Silva.

Mas, felizmente, está entrando viva na história do Brasil, desempenhando papel similar ao cumprido pelo contador de Al Capone. Assim como um dos maiores assassinos da História só foi preso pelos Intocáveis de Eliot Ness na Chicago da Lei Seca por crime fiscal, tão sofisticado era o planejamento dos crimes de morte pelo chefão da Máfia siciliana nos Estados Unidos, a minuciosa documentação da contadora detalhista permite aos investigadores darem cabo de uma devassa gigantesca e traz no depoimento ao autor de *Assassinato de Reputações II – muito além da Lava Jato* uma oportunidade decisiva e documentada de desmascarar a farsa montada pelos gatunos, travestidos de comissários do povo, de que tudo não passa de uma conspiração absurda e inviável contra socialistas bem-intencionados.

Neste longo depoimento, que transita entre manual de história, tratado de ciência política de uma República que nem Maquiavel foi capaz de prever e romance policial que poderia inspirar um clássico do cinema *noir*, são narrados episódios fantásticos e extraordinários com enorme contribuição de um oculto roteirista surrealista, o acaso. O leitor desta saga impressionante vai ficar sabendo que a morte de Márcio Thomaz Bastos pode ter sido um elemento capital para o sucesso de público da Lava Jato hoje. Pois lhe ocorreu na longa narrativa a lembrança de que a Operação Castelo de Areia, um tiro n' água, seria um capítulo a mais no Petrolão (até com alguns réus repetidos) se não fosse a ação solerte e competente do criminalista-mor e ex-ministro da Justiça de Lula. Se nem a ficção consegue imitar a vida real, um poeta, sempre profeta, resumiu tudo no verso mais famoso da literatura mundial no século 20: "*un coup des dés jamais n' abolira le hasard*" – escreveu o francês Stéphane Mallarmé. É isso mesmo, mestre: "um lance de dados jamais abolirá o caso".

A tentação de continuar este prefácio é enorme, mas é preciso dar-lhe ponto final, para que você enverede pelo mundo da realidade político-criminal brasileira, cujo nexo não é a redenção do povo, mas seu surrado dinheirinho, que com a miséria da maioria enriquece minorias de espertalhões sem caráter nem moral. Esta é muito mais sórdida e surrealista do que qualquer ficção policial jamais chegaria a ser.

José Nêumanne é jornalista, poeta, escritor e comentarista de TV.

APRESENTAÇÃO

Cento e quarenta mil cópias e 24 semanas seguidas em primeiro lugar na lista dos livros mais vendidos.

Assassinato de reputações – um crime de Estado explodiu como um meteorito no céu da quermesse oposicionista. Afinal de contas, os sentidos se desalteravam ao detectar o mais elementar: além de eu ter sido secretário nacional de Justiça, sob Lula, privei, talvez como ninguém, de sua intimidade – desde quando, nos anos 1980, tive a tarefa de zelar pela integridade de Lula na *prisão sofá* do Dops, sob o comando de meu pai, o querido e saudoso senador Romeu Tuma.

Não escrevera as quase 600 páginas com a tinta da galhofa, a pena da melancolia e rabugens de pessimismo, como referia o bruxo do Cosme Velho. Eu não abordara temas tangencialmente.

Não fiz um inquérito. Escrevi um livro que, antes de tudo, era uma defesa que me havia sido negada – necessário lembrar, porém, que, ainda assim, trouxe provas e documentos. E, se hauri meus adjetivos, o fiz como método consciente, apenas depois de expor fatos e provas. Por essas, gosto de dizer que o livro tinha o rigor de uma peça judicial.

Alertei para desmandos, falsas acusações, produção de dossiês, justiçamento, aparelhamento e instrumentalização de instituições, ameaça ao estado democrático de direito, garantias constitucionais, enfim, ninguém deu bola, e, hoje, a coisa se acentuou. À época, calaram; hoje esperneiam; virou negócio.

Nada mais natural que um livro feito de fatos, e não de interpretações, atraísse a atenção dos brasileiros metidos até o osso em desatinos e desamparos – vez que as ilicitudes sob Lula seguiram sob Dilma. Não vivemos dois governos, mas a consumação de épocas superpostas.

Estou certo de que ele serviu de despertador para alertar gente de bem sobre os escarnidos que cercavam a todos nós e, a partir daí, um festival de acontecimentos de rapinagem foram desnudados.

Sob toda essa atrapalhação, aqueles profundamente desesperançados em suas *sofrências* (para usar o termo em voga nos últimos dois anos...) passaram a procurar meu parceiro Claudio Tognolli e eu em busca de subscrição para suas histórias. Afinal, as evidências meridianas das ilicitudes de Lula, perpetuadas sob Dilma, nivelaram os destinos de quem queria se incorporar à cidadania honesta. E, nesse sentido, *Assassinato de reputações – um crime de Estado* converteu-se em vocalizador, oásis, porto, remanso, para quem fugia da nau dos insensatos.

No cafarnaum das suas horas mais difíceis, cidadãos passaram a remeter autênticas antologias de denúncias para o Claudio e para mim, os autores. Com rigor, método, paciência e investigação, nós passamos dois anos compulsando o que nos chegava.

Muito foi dividido nas redes sociais e nas ruas com pessoas que lutam por uma sobrevivência patriótica de uma sociedade honesta e trabalhadora, mas enfiada até o pescoço por conta de um desgoverno, num lamaçal sem precedentes e, pior, sem perspectivas, fora da órbita do heroísmo.

Não é razoável que cada juiz que cumpre a lei seja visto como um salvador da pátria, seja clamado como um potencial candidato à presidência da República. Isso decorre porque vivemos, de fato, numa nação doente diante de seus governantes despudorados e desavergonhados.

Tudo que se segue é, portanto, fruto de método e checagem. Quem virou personagem e detentor de protagonismo, nestas páginas, acredite, fez por merecer: e provou, com documentos, que poderia melhorar o país denunciando ilicitudes, desde que com precisão e, sobretudo, desassombro.

Suster o que se segue foi tarefa fácil, mas demorada, de quem tem paciência mineral ou de charreteiro. No caminho, muitos fatos que aqui traríamos foram sendo desvendados e tornados públicos pela velocidade dos acontecimentos e, hoje, por consequência óbvia, saíram do texto e estão postos para o mundo.

Os personagens, ah, esses, sim, sempre os mesmos, com o mesmo *modus operandi*, buscando a eternização de um projeto de poder de ordem pessoal sem escrúpulos e sem precedentes e sistemizando a corrupção e outros vários crimes conexos, em forma de indústria criminosa, com métodos, estrutura e hierarquia rígidos.

O conceito de que quaisquer que sejam os meios justificam os fins, desde que se mantenham no centro do comando, é uma marca registrada desse projeto de poder implantado pelo PT de Lula.

Assim, sigo na mesma toada de buscar um lugar-comum representando mais do que uma vontade, uma necessidade de se chegar a uma margem segura onde impere a vergonha, a dignidade, a correção, a licitude, a ética e, especialmente, uma Justiça igualitária, célere e justa.

Romeu Tuma Junior

CAPÍTULO I

Muito além da Lava Jato

O elo perdido

> *O destino juntou por anos a fio uma mulher e os diversos personagens e cenas a seguir. É Meire Poza, ex-contadora de Alberto Youssef.*

Desde o lançamento de *Assassinato de reputações – um crime de Estado*, em dezembro de 2013, tornei-me ouvidor e vocalizador de uma fila de brasileiros facilmente harmonizável. Todos indignados com o atual e recente passado das coisas. A desventura de uns, e até o desespero de outros, trouxe-me um orbe singular: quilos e quilos de documentos, horas e horas de fitas gravadas e informes estarrecedores. Os diferentes relatos jamais se anulavam: eram variações de um mesmo tema. Era a sonata da corrupção instalada no Brasil como matéria-prima de exercício de poder, nos últimos 13 anos, fazendo cada um dançar loucamente.

Tudo como nunca antes neste país. Institucionalizada, organizada em forma piramidal, compartimentada em sua cúpula de maneira a preservar seus comandantes e maiores beneficiários, a criminalidade organizada estatal segue a passos largos corroendo as estruturas sociais.

Procedi a rigorosa apuração. Gravados os denunciantes com seus relatos, segui-lhes os passos, compulsei-lhes os documentos. A investigação de algumas histórias fez com que eu as rebaixasse a meras ficções. Outras nem tanto.

Foi assim que recebi e li a carta de uma personagem que, depois de usada, foi relegada a segundo plano na Operação Lava Jato – operação que tem desvendado o *modus operandi* da maior organização criminosa que o Brasil já conheceu.

Uma incansável e persistente mulher, graças a quem a Operação Lava Jato, como se poderá ver neste capítulo, chegou e aonde já deveria ter chegado há muito tempo.

A respaldar a atuação do magistrado Sérgio Moro, juiz que conheci na Estratégia Nacional de Combate à Corrupção e à Lavagem de Dinheiro – ENCCLA – ainda quando secretário Nacional de Justiça, onde coordenei os trabalhos dessa entidade e onde foram criados vários mecanismos para modernizar o aparato estatal de combate a essas chagas, inclusive as Varas Especializadas na Justiça Federal. Em uma delas, no Estado do Paraná, o magistrado responsável pelo processo que todo Brasil acompanha é o titular.

Mas volto a falar da personagem Meire Poza, a qual reputo uma das mais importantes, no sentido de abrir os olhos dos investigadores para saber com o que de fato tinham se deparado após a Polícia Federal (PF) e o governo terem se omitido em investigar – tudo isso já tendo sido denunciado por ela mesma em 2012 – sobre o inconfessável pretexto, julgamos o jornalista Tognolli e eu, de que esse escândalo autopuniria o próprio governo às vésperas do pleito eleitoral que reelegeu Dilma Rousseff.

Meire Poza converteu-se, digamos, no mata-borrão a absorver, com fotos, fitas, gravações, mídias digitais, todo o esquema de brutal corrupção ora devassado pela Operação Lava Jato. As provas e testemunhos por ela trazidos a catapultaram à singular condição de ter sua história fixada nesta obra. É por isso que por ela se iniciam estas linhas. O fato que a levou a ser uma mistura de protagonista e maior colaboradora da Lava Jato é, antes de mais nada, um ato de contrição. Mais à frente, sua conjetura a leva a crer que era, ali, um ato também de fé.

Em 25 de janeiro de 2015, a Justiça condenou o empresário Sérgio Gomes da Silva, o Sombra, por sua participação em um esquema crimi-

São Paulo, novembro/2015

Prezado Dr. Romeu Tuma,

depois de ter lido seu livro, tive a necessidade de conversar um pouco com o senhor. Tentei contato pelo telefone, mas não obtive retorno. Diante disto optei por esta carta, com a esperança de que lida e possa me ajudar.

O sistema ao qual servi me traiu e provocou o assassinato da minha reputação.

Segue relato, em linhas gerais, a minha história:

Tudo começou no ano de 2009, quando conheci Enivaldo Quadrado (AP 470) que, posteriormente, veio a me apresentar Alberto Youssef.

Tive uma empresa de contabilidade que, a partir de 2011, prestou serviços para a GFD Investimentos, a qual soube depois que era de Alberto Youssef.

No final do ano de 2011 tive uma negociação com Enivaldo Quadrado totalmente independente do Youssef. Entretanto, infelizmente, o final dessa negociação acabou por envolvê-lo.

Posteriormente, por uma divergência de opiniões entre eu e o Enivaldo, Alberto Youssef, sem ao menos me conhecer, mandou um recado que dizia que se eu quisesse ver minha filha crescer era melhor ficar quieta!

Essa "ameaça" me levou a procurar a Polícia Federal em São Paulo em março de 2012. Na ocasião estive com o DPF Oldrio Russo, para quem denunciei as atividades de Youssef.

O DPF sequer registrou o meu depoimento. Questionou se eu seria "amante" de Youssef e, mesmo de posse dos documentos que entreguei, jamais investigou os fatos. Nunca entendi se ele agiu por decisão própria ou por ordem superior.

Em abril de 2014, após deflagrada a "Operação Lava Jato", mais uma vez procurei o referido delegado.

Depois de muita insistência da minha parte, o DPF Oldrio me recebeu novamente, apresentei ainda mais documentos, e ele se comprometeu a passar o número do meu telefone ao DPF Márcio Anselmo, responsável pela operação. Esse último entrou em contato comigo no dia 25/04/2014.

A partir de 29/04/2014 passei a ajudar a Polícia Federal e o MPF a montar a quebra cabeça que chegou às consequências que se pode verificar atualmente.

Separei documentos, passei informações, gravei pessoas, investiguei atividades de políticos, sempre orientada pela PF e pelo MPF de Curitiba. Durante os anos em que trabalhei para Youssef "arrecadei" documentos que também entreguei à PF. Me expus totalmente. Colaborei o quanto pude! Minhas despesas de deslocamento

até Curitiba, bem como as minhas hospedagens naquela cidade nunca foram reembolsadas. Fiz tudo por minha conta, sem nenhuma ajuda, embora sabendo o quanto valiosa estava sendo a minha contribuição! Ia para Curitiba normalmente às quartas-feiras e retornava a São Paulo no sábado. Algumas ocasiões fiquei em Curitiba da segunda até o sábado. Ajudei delegados e agentes. Cheguei até mesmo a escanear inquéritos para que fossem enviados ao e-Proc! Nunca vi folhas. Vendi as "pastinhas azuis" dos inquéritos. Li depoimentos e pedidos de delegados para "apontar as mentiras"!!

Nunca ofereci "moeda de troca"! Quando fui questionada pelo Dr. Januário Paludo, procurador, se me achava "pé na ação", respondi que SIM! E que assumiria todas as consequências da minha participação, desde que isso levasse à condenação de Youssef, e de todos os envolvidos na esquerda. Se não fui indiciada ou denunciada, foi por vontade da Força Tarefa.

Além de terem me pedido para gravar pessoas com o meu celular (que posteriormente apreenderam!), também me pediram para colocar escutas ambientais no meu escritório, como também para colocá-las no meu próprio corpo.

Depois tiveram meus depoimentos e ameaçaram "os presos"! Me esculpiram em todos os níveis. Eu e minha filha, na época com 14 anos de idade.

Fingiram ser meus "amigos" para depois simplesmente me descartar...

A PF e o MPF jamais reconheceram publicamente o valor da minha contribuição.

Tenho todas as conversas que mantivemos devidamente guardadas; embora não tenha a intenção de usar. Também tenho vídeos e fotos que a PF me enviou no decorrer das investigações e prisões. Tudo isso serve para lhe provar a veracidade do que lhe conto aqui.

Me "usaram" até para convencer um dos presos a colaborar! Sei que minha contribuição, meus depoimentos, foi o que deu causa ao "efeito dominó" que levou à delação de Youssef e de outros.

Todas as fotos sobre a minha contribuição foram mantidas em segredo pela PF e pelo MPF. E assim perdi o pouco que tinha! Fechei meu escritório. Vendi minha dignidade.

Há alguns dias atrás encaminhei aos delegados da PF de Curitiba um e-mail pedindo ajuda, explicando a minha situação, do qual sequer obtive resposta!

Dr. Romeu Tuma, realmente está difícil. Hoje tenho sido ameaçada inclusive dentro de casa. Por tudo isso, preciso de ajuda! Preciso resgatar a minha dignidade. Peço apenas que me receba e que me escute! Encaminho, no cartão em anexo, meu endereço e telefones. Aguardo seu contato.

Mª Rosa

noso de cobrança de propina de empresas de transporte contratadas pela prefeitura de Santo André, no ABC, durante a gestão do então prefeito Celso Daniel (PT), de 1997 a 2002. O prefeito foi assassinado a tiros em janeiro de 2002. Além de Sombra, que prestava serviços a Daniel, foram condenados por corrupção o também empresário Ronan Maria Pinto e o ex-secretário de Serviços Municipais da cidade, Klinger Luiz de Oliveira Sousa.

Ao se referir a Ronan, a juíza Maria Lucinda da Costa o descreve como "empresário bem-sucedido, formador de opinião", mas que transgrediu "regra básica de conduta", mostrando "personalidade dissimulada". Segundo ela, "são pessoas como Ronan que, não obstante devessem servir de exemplo e tivessem plena consciência do ilícito que praticavam, alimentam o pensamento coletivo que admite o ilícito como algo natural, o que faz desmoronar a imagem do Brasil como país sério".

Essa parte da sentença, convenhamos, já poderia vir tipograficamente impressa nos papéis timbrados do Poder Judiciário em que outras tantas decisões foram, têm sido e serão lavradas, aliás serve também de chamamento moral para a responsabilidade de inúmeros ocupantes de cargos públicos da mais alta instância de poder no país, especialmente nos últimos anos e dias atuais.

Ronan Maria Pinto foi apontado como beneficiário de R$ 6 milhões por supostamente ter chantageado o ex-presidente Luiz Inácio Lula da Silva em 2004. O documento que prova tal extorsão foi entregue pessoalmente por Meire à Força-Tarefa da Lava Jato. Mais à frente, nesta obra, você verá os detalhes inéditos dessa suposta extorsão.

Hoje está muito claro que o elo perdido, ou a peça que faltava nesse quebra-cabeça, foi encontrado quando Ronan, como dizem, prepara uma pretensa extorsão em cima de Lula sob ameaça de contar a verdadeira história de Celso Daniel. Isso nada mais é do que uma ameaça de fazer uma delação do que, de fato, acontecia em Santo André. Trata-se, nada mais nada menos, de uma reprodução do que acontece hoje na República, ou seja, o PT, por meio do próprio prefeito, criou o esquema de arrecadação de propina na prefeitura para beneficiar aliados e seu partido. Fazendo uso de parceiros – ou comparsas, no melhor linguajar –, forma um clube corleônico com empresários pré-escolhidos, alguns até concebidos, para achacar outros empresários. E, assim, faz uma arrecadação que implicava o bolso daqueles que estavam envolvidos na organização criminosa e também injetava recursos nos cofres partidários, ora como caixa dois, ora como doações oficiais. Buscavam, com isso, financiar o partido, as ações de partido e as campanhas eleitorais para que o partido pudesse alcançar o poder maior que era a República do Brasil, também uma representativa bancada ou mesmo uma grande bancada capaz de dominar o Parlamento para dar guarida às ações do Executivo e ainda, se preciso fosse, naquele momento, galgar o governo do Estado de São Paulo como primeiro passo para se atingir o Poder Central.

Em determinado momento, *eles* – os empresários capangas, sentindo que esse algo se aproximava e que isso seria possível – perceberam que quando o PT chegasse ao centro do poder maior, ao governo do Brasil, eles seriam alijados, trocados por empresários maiores, de seus interesses muito mais gananciosos e, assim, agiram para seguir com a organização criminosa. Não admitiam ser descartados depois de tantos riscos, serviços sujos e recursos injetados para viabilizar aquele projeto de poder. Com isso, planejaram um sequestro para se firmar e se posicionar na organização e também mandar um recado: – Até hoje somos nós que bancamos a conta desse investimento e queremos receber os dividendos da nova empresa.

Aliás, parece não ter sido só Ronan a cobrar a fatura, pois uma das advogadas de Sérgio Sombra, Maria Esther Miwa Neves, que dizem também tratar-se de sua ex-mulher, e suspeita-se ser a tal namorada referida por Dionísio Severo quando foi por mim preso e interrogado, é funcionária da Assembleia Legislativa de São Paulo na cota do PT, ao menos desde 2003, sendo que desde 17 de março de 2008 é lotada como assessora técnica de gabinete na Primeira Secretaria da Casa Legislativa e, ao que parece, até a chegada desta obra nas livrarias, poderá estar no Tribunal de Contas do Estado, para não chamar a atenção. Dizem, nos corredores do Palácio 9 de Julho, que sua contratação é parte de um acordo para que ela se mantenha como sombra do Sombra, e não conte o que sabe.

O PT vive na sombra, dizendo-se chantageado

Voltando, eis toda a composição destacada naquele futuro governo que, obviamente, com o acidente de percurso que apontamos na investigação – a morte do prefeito –, o que Ronan tenta demonstrar quando faz a suposta ameaça, ao receber o recurso o qual foi comprovado documentalmente, não é uma simples ameaça, não, e, sim, a venda de um silêncio, evitando-se desse modo uma delação em que pudesse envolver Lula, Gilberto Carvalho, José Dirceu e o PT como partícipes diretos nas causas que levaram à morte de Celso Daniel. Afinal, por enquanto, e tão somente por enquanto, nem na condenação da propina arrecadada em Santo André, *causa mortis* do prefeito, eles foram delatados, envolvidos e condenados.

Um detalhe: ninguém achaca ninguém sistemicamente para manter um partido político, suas bases eleitorais e seus apoiadores num projeto de poder se o chefe do Executivo, o detentor da força, do poder maior, não estiver por trás disso, estipulando e bancando as regras do jogo. Sem a tinta da caneta, sem a última palavra, sem a concordância e a validação, não há esse fluxo financeiro criminoso com as indicações de onde, como e de quem recolher os proveitos sujos.

Não há hipótese em que empresários possam comandar esse elo particular de terceiros da iniciativa privada com um governo sem a coordenação, anuência e prévio consentimento de um mandatário detentor de poder.

Vide Santo André que serviu de modelo, de laboratório, para o que a gente vê no Brasil de hoje. Lá concebeu-se o embrião dessa organização criminosa que se apoderou da administração pública e do governo. Eles foram se capacitando na arte de administrar o Estado e a coisa pública em proveito próprio. Na arte de criar mecanismos para servir seus próprios interesses, para enriquecer gerindo a coisa pública como se fosse privada e própria e ainda multiplicaram isso estratosfericamente quando chegaram à esfera federal, quando chegaram ao poder central. Hoje você pega o modelo Santo André e replica. Qual é a diferença? Os empresários presos, que seriam aqueles empresários de Santo André, supostamente como se, caso assim fossem, denunciassem o esquema: – Olha, fomos usados para montar o clube do bilhão e achacar todos os nossos concorrentes, e, depois, entregar a propina, o produto do crime, como doação política partidária, doação eleitoral, ou como dinheiro para pagar as contas de um, para pagar as contas do filho de outro, apartamento de um e de outro.

É a mesma coisa na essência, o mesmo estratagema criminoso. Só que em proporções muito maiores. Trata-se de uma organização criminosa que cresceu, é isso. Todas as peças hoje estão colocadas no xadrez. Hoje nós temos o instituto da delação premiada, que só serviu para essa quadrilha organizada ser, enfim, desorganizada, desmantelada, ou estar sendo identificada e presa. Isso porque os membros da alta cúpula começaram a entregar uns aos outros para se verem livres da cadeia, porque não estão acostumados com presídio, e, sim, com belas residências, champanhe, caviar... Então é assim, fica muito claro que o elo perdido em Santo André está sendo agora definitivamente encontrado.

Falta coragem, discernimento e acho que mais do que isso: poder cívico, interesse cívico, sentimento patriótico para colocar as coisas no papel e prender o chefe da organização. Não há condições de se ter um esquema dessa proporção sem o chefe do Executivo estar envolvido. Ele tem o poder de fazer aquilo que é negociado virar fato, fazer a coisa pensada se materializar. Fazer a mercadoria ser entregue. A mercadoria não seria entregue sem a determinação e a participação do chefe do Executivo. Sem a caneta, sem o poder de legislar, sem o poder de fazer as coisas acontecerem no papel – e aqui me refiro ao *Diário Oficial*.

Esse fato é muito importante porque demonstra o que falamos anteriormente e transformou-se em realidade – Santo André foi o berço de uma grande organização criminosa. Pequena lá no início, quando ainda circunscrita às cercanias de São Paulo, mas, hoje, espalhada pelo Brasil, em todas as suas instituições. O PT, dentro de seu projeto de poder, optou por ser o pai dos pobres a ser filho dos ricos. Ele preferiu ser o mais rico dos pobres a ser o mais pobre dos ricos. Em uma decisão claramente ideológica, aliou-se a ditaduras e projetos de poder corruptos e ainda passou a financiá-los a fim de garantir sustentação popular para seus comandantes antidemocráticos. Quis cobrir a lacuna deixada por Cuba com o fim dos financiamentos da ex-URSS e da China. Tudo isso pago pela sociedade brasileira, que a cada dia tem menos investimentos na segurança, saúde, infraestrutura e educação.

Para disfarçar os efeitos danosos e estigmatizar as críticas, o PT paga uma bolsa para a criação de uma barreira de proteção social contra qualquer tipo de tentativa de expor as mazelas ao público, com a frequente retórica de que é golpe qualquer tentativa de estancar essa sangria financeira, moral e criminosa, no velho discurso do "querem tirar dos pobres para dar aos ricos, querem tirar os programas sociais, é obra da classe média que não presta, que não serve". Ao mesmo tempo, favorece os países da América Latina, nossos vizinhos, para poder ir às fronteiras e fazer uma extorsão, e, ainda, alimenta com recursos países da África onde a corrupção é grande... Sim, é possível favorecer empresas, empreiteiras e amigos que podem ganhar recursos, intermediando empréstimos que são praticamente a fundos perdidos, e, depois, parte deles é devolvida via doações político-partidárias, eleitorais ou ainda por meio de serviços fictícios nunca prestados.

Isso vai alimentando a máquina do poder e da organização criminosa paralela ao próprio poder do qual eles já se apossaram. Caso realmente quisessem fazer um trabalho ideológico de ajuda aos países pobres, bastaria aliar-se aos ricos, como sendo o último dos ricos. Seria possível alinhar recursos e inserir programas nos países pobres, mas não é o que o Brasil faz. O Brasil banca o dinheiro porque vê nisso uma contrapartida: – Se retirarmos o dinheiro, eles não pagam o compromisso de proteção física territorial nem o apoiamento internacional. E assim vai. O país vai financiando essa barreira física, financiando essa barreira social, para ser idolatrado, para os mandatários serem idolatrados e não serem atingidos, e, assim, irem se perpetuando no poder. Obviamente por termos uma democracia e porque ninguém pode ser presidente mais do que duas vezes, quem está no poder vai apenas trocando a cabeça visível, mas o sistema se perpetua desse modo.

As pessoas saem e ficam dando ordem... O ex-presidente não sai de Brasília, ele vive mandando: – Troca ministro. Ele dá palpites, janta com a presidente, toda hora vai para a capital. É uma coisa vergonhosa. Mas está muito claro que o documento encontrado sobre o empréstimo fictício a Ronan, do qual falaremos mais adiante, fecha a história toda. Ele traz o elo perdido; só falta pegar essa argola e fechar a algema nos pulsos de quem a merece, porque as peças são as mesmas e comprovam tudo aquilo que a gente falou, demonstrou e apresentou à sociedade com toda a dificuldade de investigação e com toda a perseguição que sofremos quando do lançamento do primeiro livro.

E, também, quando o Enivaldo Quadrado guarda esse documento e o entrega para a Meire alegando que é a prova, é o seguro de vida dele contra o Lula, é verdade, porque ali o Ronan deve ter falado: – Não vou para a cadeia sozinho; eu estava fazendo o que vocês mandaram por causa de um instrumento de poder. E isso é o que está acontecendo da mesma forma hoje com o presidente da UTC Engenharia e com o presidente da Odebrecht. Eles entraram no jogo, não tem santo, entraram, sim, no jogo, e foram jogados na cova dos leões. Por isso reafirmo: todo mundo é usado como *fraldão*, não tem inocente nessa história, mas são todos usados como fraldões. Quando a coisa torna-se insustentável, cheia de sujeira, eles são jogados no lixo, como uma fralda, e lá são largados.

Essa história é muito interessante porque ela demonstra que o esquema de Santo André para Brasília nunca parou. Então não adianta tentarem fracionar ou supor serem coisas diversas; é um esquema que tem uma pessoa, uma cabeça, uma caneta que manda e assina decisões validando os conchavos. E quem manda é o chefe do Poder Executivo, não é nem a teoria do domínio do fato, é a teoria da efetiva participação, porque não há como esconder – quem administra sabe disso. Você pode ter um ato de corrupção aqui, outro acolá, até de um auxiliar próximo. A gente tem filho e sabe que o filho pode ir a algum lugar e fazer uma coisa que você não tem como controlar ou nem vir a saber, o mesmo pode acontecer com um amigo. Mas assim, com essa proporção, com essa incidência, com essa sistemática, com esse grau e nível de participação de agentes públicos, nessa esfera de poder, enfim, isso veio de Santo André, sim, e foi concebido para chegar à República. É o modelo que eles replicaram para o Brasil. E esta confissão do Gilberto confirma: – O dinheiro não é para nós, é para o partido.

Isso é verdadeiro; ele fala com uma franqueza absoluta, como se fosse uma coisa ideológica, cubana. Quando como Cuba financiava as operações da esquerda revolucionária no mundo. O dinheiro vinha da

União Soviética para Cuba financiar a guerrilha, fazer treinamento, capacitar as pessoas que iam para a luta armada. Quando acabou esse dinheiro, Cuba falou: – Virem-se, arrecadem recursos e devolvam para nós, a pátria mãe. E os caras começaram a praticar sequestros na América Latina: primeiro foi o do empresário Abilio Diniz. Depois, o do publicitário Washington Olivetto. Logo no primeiro grande sequestro que eles fizeram, o braço armado foi preso. Foi no caso de Abilio Diniz que eles perderam o rumo com a prisão do braço armado e operacional da organização treinada e capacitada em Cuba e na Nicarágua. Depois, começaram a chegar ao poder na América Latina e tentar se salvar desviando recursos. Pronto! É isso aí o que está acontecendo; temos de pôr isso às claras para a sociedade. Não é só destituir o governo, praticar um golpe, minimizar o debate dizendo para destituir uma pessoa. Por isso a palavra *impeachment* ganhou força do final de 2015 para 2016. Ela representa a retirada do crime organizado de dentro do Estado. É muito claro isso. A sociedade precisa acordar, porque, desse modo, estamos vivendo às margens do Estado. Estamos marginalizados porque o crime tomou conta das instituições democráticas. É isso, uma simples, mas triste, dura e revoltante constatação.

Quando dizem que Ronan ameaça, ele está tendo a premonição do que vai acontecer: "Isso vai estourar e nós estamos segurando tudo sozinhos. Então, assim, qual é o preço de eu segurar essa bronca? Eu estou respondendo a tudo?".

Enfim, se ele detona isso na época, se ele confessa, se abre o jogo de como o esquema funcionava em Santo André, isso tudo seria a "mãe das delações premiadas", tudo que a gente está vendo hoje poderia ter sido antecipado. Ou até nem ocorrido.

Por isso, então, o desespero de tê-lo ajudado a comprar o jornal – num negócio muito mal explicado –, para que não viesse a público e contasse o que sabia. Afinal, ele acabou condenado na questão da propina em Santo André com o Sombra e o Klinger de Oliveira. Talvez ele estivesse ali e falado: – Eu vou segurar essa bucha, mas preciso de uma recompensa. Pois bem, se ali ele tivesse feito a delação, talvez sua condenação de 15 anos não ocorresse, e todo o esquema já teria sido detonado. Com isso, é bem provável que Lula, Dilma e seus asseclas não tivessem sido reeleitos. Isso deve ser investigado a fundo, seriamente, até para que não reste nenhuma dúvida do que ocorreu, e para que sejam clareados na história das organizações criminosas o modelo e as tipologias a ser estudadas por aqueles que combatem as organizações criminosas, mafiosas, a fim de conhecermos como elas são estruturadas nas suas mais novas e diversas formas...

Especialmente como elas se apoderam do poder, porque não há paradigma no mundo que se assemelhe ao que estamos passando no Brasil. Já tivemos grandes casos como na Itália; tivemos a própria "Máfia dos Fiscais" em São Paulo, que atingiu toda a administração municipal no fim dos anos 1990. Devemos ter alguma republiqueta africana que tenha se entregado ao domínio do narcotráfico, mas, da forma como a gente está vivendo o país, não há nada semelhante. É muito importante para a humanidade estudar isso. A própria Organização das Nações Unidas, por meio do Escritório das Nações Unidas sobre Drogas e Crime (UNODC), dos mecanismos das convenções de Palermo e de Mérida contra a corrupção, deveria muito pressionar o Brasil, suas instituições, para que o ocorrido seja estudado de forma a se encontrar tipologias criminosas para a criação de mecanismos de repressão e prevenção, até para que isso não mais se repita não só aqui, mas no mundo inteiro.

Temos uma vasta gama de condutas criminais ensejando a descoberta de novas modalidades deliquenciais a cada dia. O Brasil, mais do que punir, deve virar referência no seu combate e na criação de mecanismos para prevenção. Não podemos exportar modelo criminoso. Há que se impedir nova ocorrência, e o país, institucionalmente, não faz isso hoje em dia. Suas instituições responsáveis por tais atos estão cooptadas ou no mínimo subjugadas. Essa questão extrapola a questão política e a questão partidária – o fato de você gostar do partido A ou partido B nada muda. É um negócio aterrorizador, pois estamos vivendo sob o poder do crime. Já disse e repito: não é a questão do narcotráfico, em que se tem uma estratégia mundial para combater, falha, mas existente. Aqui, a questão do crime é como um rosário, um código penal aberto em sua parte mais especial, ou seja, um cardápio com centenas de condutas criminosas. Hoje somos administrados pelo crime organizado, e eis aí algo muito grave. Nesse sentido, a sociedade, portanto, nós mesmos, deve optar. É isso que queremos? É essa a lição que queremos deixar para os nossos filhos? Devemos cumprir regras ditadas pelos interesses do crime? Meire, no fim das contas, foi a pessoa que efetivamente coordenou a Operação Lava Jato em seu início, pois a Polícia Federal, naquele momento, não sabia a dimensão do que estava investigando, apesar de ter recebido todas as informações para disparar essa operação desde 2012. Note: não se sabe por que não o fez. Como já disse, suspeita-se de que tenha sido para preservar o governo; afinal, com o andamento das investigações, tudo que nós temos assistido sobre a Lava Jato estaria acontecendo às vésperas da eleição de 2014, vencida pela presidente Dilma. Imagine o que isso significaria para a campanha dela.

Claro está que essa operação foi abafada, não foi feita. Assim, a investigação não procedeu no tempo real, acabou ocorrendo em outro Estado, no Paraná, anos depois. E a prevaricação é explicada pelo fato de que não interessava ao governo investigar ou cortar a sua própria carne. Ressalvo a figura do juiz Sérgio Moro, por motivo óbvio, pois que a ele, creio eu, em nenhum momento a *notitia criminis* havia chegado antes de 2014. Posteriormente, quando a investigação dos doleiros aconteceu, foi Meire mais uma vez que botou a polícia no caminho do que de fato estava por trás daqueles escritórios de venda e compra de moeda estrangeira, daquele posto de gasolina de Brasília onde não havia lava jato algum. No fim, Meire foi usada, descartada como mais uma fralda, ao *modus operandi* desse governo. Abandonada, passou a ser ameaçada, e buscou proteção, sem, porém, ter sido atendida. Todos lhe viraram as costas, como já era de se esperar, ao menos daqueles que conhecem o sistema.

Recentemente, seus advogados procuraram a polícia para informar sobre as ameaças que Meire sofrera, inclusive por interpostas pessoas que habitavam sua própria casa, tão logo ela anunciou sua vontade de me contar esses fatos. Desconfiados, esses advogados queriam averiguar possíveis conexões com a Lava Jato.

Meire, hoje, é uma mulher completamente abandonada. Ela perdeu todos os seus trabalhos, reflexo das investigações, e sua participação efetiva na operação como uma agente policial, pode-se dizer assim. Vários documentos, o HD do seu computador com provas importantes para condenar e absolver certas pessoas, as gravações telefônicas que ela fez, inclusive com a esposa do Youssef, em que vários nomes surgiram e não aparecem nos autos, pois tudo desapareceu. E Meire está por aí, correndo um sério risco de vida.

No final de 2015, quando procurada a delegada Renata, em Curitiba, por advogados de Meire para colher o relato dessas angústias, também lhe viraram as costas – a delegada sequer atendeu sua advogada constituída. Em absoluto desrespeito ao próprio estatuto da Ordem dos Advogados do Brasil, instituído por Lei, a delegada sequer deu acesso a qualquer inquérito no qual Meire tivesse sido ouvida, no qual Meire teria tido seus objetos apreendidos. Por conta disso, então, hoje corre uma representação na Ordem dos Advogados do Brasil, seção Curitiba, contra a arbitrariedade daquela autoridade que sequer se dignou a receber a advogada para dar direito de defesa a Meire Poza e, assim, de fato, tomar ciência das consequências dos atos irresponsáveis da Polícia Federal nesse jogo de mocinho e bandido que fizeram com a melhor "agente" da Operação Lava Jato. Aliás, no caso da defesa da Odebrecht, os advogados do presidente da construtora também reclamaram das autoridades e da mesma delegada. Por não ser Meire, mas a Odebrecht, creio eu, o caso ganhou as manchetes, e a OAB respondeu prontamente à violação das prerrogativas profissionais. No Brasil do PT, também temos cidadãos, vítimas, mídia e advogados de primeira e de segunda classes.

Essa é a parte obscura da Lava Jato, em que a pessoa que proporcionou investigações às quais o Brasil hoje assiste não tem seus direitos assegurados. Uma história que a polícia aparelhada e seletiva não deixou a sociedade conhecer a fundo no seu nascedouro. Houve muitas ilegalidades e muitas arbitrariedades, o que faz juntar novamente o joio com o trigo. No fim, isso fez com que inocentes e culpados, em um mesmo balaio, acabassem sendo absorvidos e absolvidos – o que não deveria acontecer. Mas, por conta das lambanças de uma polícia aparelhada e desprofissionalizada que comete ilegalidades e até infantilidades, aliadas ao despreparo técnico e profissional de alguns policiais, gera-se uma impunidade generalizada e uma sensação de terra sem lei, o que, a bem da verdade, vivemos quase de fato.

A história de Meire Poza: futura contadora

Vamos voltar alguns anos para entender melhor como as coisas aconteceram... Meire relembra precisamente quando e por que virou contadora. Tudo por conta de uma paixão pré-adolescente.

Meire nasceu em 1970. Com 15 anos de idade, passou a cursar patologia clínica no Colégio Nossa Senhora de Lourdes. Estudava de manhã, tudo como manda o figurino. O pai e a mãe pagavam a escola... era na Água Rasa, perto do Jardim Anália Franco – zona leste de São Paulo. Já se sabia dona de uma vida sempre cheia de decisões tomadas por amores. E, assim, conheceu um rapaz dez anos mais velho, então com 25 anos de idade. Carlos era esguio e tinha olhar comprido. E um belo dia ele vira numa conversinha rápida, e dispara seu axioma de modelo feminino: – Mulher tem que se valorizar, mulher tem que trabalhar, tem que ter o seu próprio sustento.

– Aquilo me deixou uma impressão de que jamais eu seria valorizada por ele se não trabalhasse. E então falei para minha mãe que ia estudar à noite – Meire completa.

Ela começou a namorar Carlos em abril de 1985. Como o curso noturno não tinha estudos de patologia, que ela sonhava cursar, urgia mudar o rumo. Solução: foi para uma escola pública, estadual, de primeiro e segundo graus, a Dona Amélia de Araújo, na Vila Carrão, também na zona leste da capital paulista. Ali se oferecia ou magistério ou técnico em contabilidade. Pensou: – Magistério não, jamais! Não levava jeito para lidar com crianças.

Assim, Meire mergulhou no curso técnico em contabilidade. O pai tinha comércio, uma padaria no Jardim Aricanduva. As coisas pareciam se casar. O pai arrumou-lhe um emprego na Ferracioli Contabilidade, escritório que cuidava das movimentações da padaria. O namoro com Carlos foi para o vinagre depois de alguns meses, mas ficou o encanto pela profissão de contadora, nascida das urgências do primeiro amor, que só valorizava mulheres trabalhadoras.

Meire sempre foi uma excelente aluna em matemática, ganhou até olimpíada, em 1980, num certame tocado pela Delegacia Regional de Ensino. Seis anos depois, ela já trabalhava na Associação Comercial de São Paulo (SPC) na Rua Boa Vista, então centro financeiro paulistano.

Foi quando Fátima, uma de suas professoras, lhe arrumou um emprego numa Corretora de Mercadorias, a Copercom. Era sua primeira ocupação no mercado financeiro.

Era prática, assertiva e, sobretudo, imperturbável midiaticamente para a sua idade: via com estupor as amigas que desmaiavam, na época, pelo grupo Menudos, sensação do juvenilismo pop dos anos 1980. Ela coçava a cabeça: – Por que tanto desbunde por alguns moleques? Meire não alimentava tal tipo de loucura.

A mãe nunca foi religiosa. Meire, no entanto, guardava uma antologia de amigas que iam à igreja todos os domingos. Passou a frequentar a igreja e a missa. Depois decidiu fazer, sozinha, a catequese e a primeira comunhão. Passou a participar do grupo de jovens da Igreja Sagrada Família, na Vila Carrão. É preciso registrar que, com 12 anos de idade, ela virou voluntária na Pastoral da Saúde. Mais tarde, já próxima dos 15 anos, houve uma guinada sensível: a irmã de uma das amigas, deficiente física, converteu-se numa catalisadora de interesses endereçados ao além.

Com isso, todo mundo ali virou espírita. O centro que ela frequentava era em frente à igreja. Devorava o Evangelho Segundo o Espiritismo de Kardec. A guinada religiosa se explica – Meire dava aulas de catequese, mas teve uma decepção na igreja católica... Um dia, um padre chegou à missa e lhe estabeleceu: – Hoje, quem não tiver dinheiro para ajudar, que saia da igreja porque eu não tenho nenhum sapato para calçar. Ela não tinha um caraminguá para doar. Ofendida e de orelhas murchas, nascia alia uma kardecista, futura assídua do Centro Espírita Apóstolo Matheus.

Seguia trabalhando na Copercom Mercadorias. O que mais lhe atraía na corretora era o relacionamento entre as pessoas, aquela alegria, o mercado bombando... Ganhava o que hoje equivale a mil reais por mês, que não precisava dividir com a família.

Os pais Maria de Lourdes e Etevaldo sempre foram muito rígidos. Nessa época, o missal era assim: acender vela a semana inteira, uma senha arcangélica para poder ser liberada, para frequentar a matinê da Contramão – uma casa de danças na Rua Coelho Lisboa, no Tatuapé.

Mas Meire resolveu dar um salto. Em 1987, aprovada no teste do Banco Itaú, trabalhou nas agências Vila Formosa e Aricanduva. A carga horária maciça a desiludiu. E, assim, dava um passo a outra aventura: começou, no segundo semestre de 1989, em uma corretora de valores.

Mergulhando no mercado de capitais

Nesse novo emprego, além de ter conhecido o homem que viria a ser seu futuro marido, passou a entender os macetes do mercado financeiro. Era auxiliar de contabilidade. O gerente da custódia – a pessoa que processa as operações diárias de uma corretora –, Zé Garcia, iniciava-lhe, terminada a jornada de trabalhos, nos primeiros mistérios e macetes do mercado de capitais.

Saiu dessa empresa em 1992, rumo a outro desafio: uma empresa de auditoria, a Veneziani Auditores. Um mês depois, pulava para a Spinelli Corretora. Ali também só ficou trinta dias. A que se deve tal itinerância? Óbvio: aos convites em série para novos trabalhos.

Esse bom nome foi se fixando aos poucos. Enquanto trabalhava naquela primeira corretora, uma vez encarou uma auditoria do Banco Central, a qual durou muito tempo. No decorrer da tal auditoria, fez amizade com dois dos auditores do Bacen. Encantados com o desembaraço de Meire, não tardou uma indicação que lhe fizeram para trabalhar numa Corretora de Câmbio, na Rua XV de Novembro, no centro financeiro de São Paulo. Era a glória.

E não era pouca coisa: dois auditores sisudos do Banco Central apadrinharam sua excelência para assumir um cargo de confiança.

Até 1993, essa corretora operava só no mercado de câmbio. A partir daquele ano, os sócios se juntaram a três operadores do mercado de capitais e criaram uma nova empresa, uma corretora de mercadorias que operava na BM&F – Bolsa de Mercadorias e Futuros.

Em 1994, a sociedade das duas corretoras foi desfeita e Meire optou por trabalhar na de Mercadorias. Muito mais o seu perfil, além do que isso lhe proporcionou um grande aumento de rendimentos: supondo que ganhasse R$ 3 mil na Corretora de Câmbio, ela passou a ganhar o dobro na de Mercadorias, além de 17 salários. Recebia por ano 12 salários, o 13º e mais quatro gratificações no valor de seu salário bruto. Um luxo.

A vida pessoal ia tenaz: casou-se em janeiro de 1999. Um ano e meio depois nascia sua filha.

No ano de 2002 defrontou-se com um quadro novo: o mercado financeiro hoje é bem regulamentado, mas, naqueles dias, dava para se fazer o diabo, o que quisesse, tanto em bolsa, BM&F, renda fixa... Era uma lavanderia de fato.

Os operadores da corretora começaram a operar taxas de juros com o Banco Santander. E, suposta e marotamente, mudavam o preço no fim da tarde diante de um acordo com os funcionários do Santander, em que eles reprecificavam os valores negociados. O Santander descobriu com certa facilidade a suposta fraude. E não quis discutir: chamou um delegado da Polícia Civil, o dr. Ruy Ferraz Fontes, para fazer as investigações.

Quando Meire chegou à corretora em 19 de fevereiro de 2002, naquele calor de canícula tanzaniana, a Polícia Civil já estava lá dentro, esperando alguém aparecer. Como o dono estava de férias naquela data, os sete policiais de tocaia só esperaram Meire entrar para iniciar as buscas da fraude. Meire sozinha encarou os tiras, cheia de tenacidade.

Detalhe: naquele dia 19, o Brasil vivia um dia quente na crônica policial: a Polícia Federal prendia, na Bahia, o Cara Seca, um dos supostos assassinos do ex-prefeito Celso Daniel; e o preso Misael Aparecido da Silva, então com 41 anos, um dos fundadores do Primeiro Comando da Capital – PCC –, era assassinado na Penitenciária Presidente Venceslau.

Eu, à época delegado de Polícia Seccional de Taboão da Serra em São Paulo, investigava a cinematográfica fuga de Dionísio Severo do Presídio Parada Neto, em Guarulhos, e a morte do ex-prefeito Celso Daniel, sem imaginar que Meire Poza, 13 anos depois, e sob o PT, cruzaria meu destino.

A sede da corretora era num prédio localizado na esquina da Av. Rebouças com a Av. Faria Lima, em São Paulo, onde ocupava um andar de 750 metros quadrados.

Aos poucos, a corretora sofreu sanções violentas de mercado, perdeu a clientela e se mudou para a Alameda Franca. Colocaram a corretora no nome de Meire, mas a coisa não deu certo.

Então, um dos sócios, reconhecendo a bravura indômita de Meire, lhe cedeu uma sala na Liberdade, na Rua Santa Luzia, e pediu que a funcionária tocasse o negócio. Não era mais só uma corretora de mercadorias, ela já era uma corretora de valores plena, com carta patente e tudo. Meire virou a CEO de uma nova corretora que não vingou no mercado, mas também não foi liquidada pelo Banco Central.

A vida pessoal era azul sobre dourado. Ela já tinha comprado uma casa em 2001, enorme e, para ela, fantástica, ainda que sem acabamento algum.

Seu marido tinha uma carta de crédito de um consórcio. Juntaram-na com o fundo de garantia e mais as gratificações a que ela tinha direito e que lhe foram antecipadas. Tudo isso, mais o décimo terceiro mais férias, permitiu que Meire comprasse a casa na Vila Prudente. A casa ficou mais de dois anos sem cortinas, com piso exposto, inacabada. A reforma e o acabamento só puderam ser feitos por volta do final de 2003, início de 2004.

Começando novamente do zero

O quadro dos negócios ia assim: a Comissão de Valores Mobiliários (CVM) passava o tempo inteiro fiscalizando o cadastro das corretoras. Meire montou uma equipe naquele endereço que lhe fora emprestado na Liberdade. Prestava serviço para duas corretoras. O trabalho de Meire ia a pleno vapor quando o dono da corretora da qual ela era CEO logrou vender o título patrimonial para os *experts* que acabavam de sair da corretora Bônus Banval.

Em novembro de 2012, Enivaldo Quadrado e Breno Fischberg, donos da corretora Bônus Banval, seriam condenados por lavagem de dinheiro – Quadrado a cinco anos e nove meses, mais multa de R$ 28,6 mil, e Fischberg a cinco anos e 10 meses de prisão e multa de R$ 572 mil. No julgamento do Mensalão, o Supremo Tribunal Federal (STF) concluiu que os dois foram responsáveis pela lavagem de dinheiro para os réus do Partido Progressista (PP).

Os outros sócios da Bônus Banval saíram da sociedade e compraram aquele título da corretora.

Só que não compraram apenas o título patrimonial, junto adquiriram a corretora, porque ela estava toda legalizada, já tinha sido fiscalizada pela Receita Federal, estava zeradinha. Havia também uma empresa que fazia todo o trâmite no BC, e Meire tinha muito bom relacionamento com os profissionais de lá... Para os compradores, o melhor negócio que podiam fazer era levar Meire junto, pois era o arquivo vivo da corretora; tinha todo o seu histórico.

Meire então abriu mão do seu negócio e voltou a ser empregada de uma outra corretora de valores.

O que Meire não visualizou é que, antes, estava numa corretora com 130 funcionários, e, agora, tinha ido trabalhar numa de pequeno porte, cujo quadro de funcionários não chegava a 10! Não tinha o que fazer, não tinha trabalho suficiente. E ela ganhava um salário muito alto. Assim, desligou-se da corretora em dezembro de 2005 e foi trabalhar com uns amigos como *freelancer*. Aceitou um trabalho como auditora e foi fazer auditoria em fazendas de laranjas em Bebedouro, interior de São Paulo. Passou a trabalhar em casa, abrindo ou administrando empresas de conhecidos.

O ano de 2007 não traria boas coisas. O ex-marido trabalhava numa corretora havia 25 anos e fora demitido. Não haveria problema. Afinal, guardavam num cofre cerca de US$ 100 mil juntados ao longo dos últimos três anos de trabalho.

Numa manhã, estavam em sua casa a filha, a afilhada, a doméstica e o funcionário Marcelo. Meire tinha ido viajar a trabalho. Veio o pior: dois bandidos, bem informados e determinados, entraram dizendo: – Queremos aquela mulher do Honda Civic. Prenderam todos no quarto. Levaram tudo, mais o cofre e os US$ 100 mil.

O salário do marido caíra de R$ 14 mil para R$ 3,5 mil. E as economias tinham sido devidamente surrupiadas pela gatunagem. Fundo do poço era pouco.

Mas o casal foi tocando o barco. Em fevereiro de 2009, Meire decidiu mudar de negócio: saiu do escritório em casa. Todos os novos clientes ficavam no bairro do Itaim Bibi e ela estava na Vila Prudente, tendo de encarar o modorrento tráfego da Avenida Radial Leste, a cortar São Paulo no sentido leste-oeste.

Um amigo seu, Sebastião, que a havia contratado para a Spinelli, alertou que poderia catapultar a vida de Meire. Conhecia o dono de um escritório de contabilidade na Rua Álvaro de Carvalho, perto do metrô Anhangabaú, centro de São Paulo. Propuseram rachar o espaço.

Assim Edu, que era o tal amigo do Sebastião, aceitou dividir o escritório, mas na condição de que ela atendesse os clientes dele, já que Edu, por problemas de saúde, não tinha mais condições de fazê-lo. Com isso, Meire não pagaria aluguel – acordo firmado entre os dois.

Ela chegava ao escritório às sete horas da manhã para dar conta de atender os clientes dele e os dela, e saía às oito da noite, todos os dias, com exceção dos sábados porque o prédio fechava às seis da tarde. Então ela se esculhambava de trabalhar, mas atendia todo mundo. Os clientes dele não eram "mal acostumados", mas os dela eram. Os dele estavam acostumados em sua malemolência atávica. Ela começou a "acostumá-los mal" também, tratá-los com carinho, presteza, rapidez.

Entra em cena o braço direito de Youssef

Começo de 2009. Eduardo diz que já a havia ajudado demais, e que as regras agora seriam outras: queria metade do faturamento de Meire. Ela codificou aquilo como fome de leão mesquinho. Veio o desentendimento inevitável e Meire começou a procurar um novo espaço para chamar de seu.

– Sentei na frente do meu computador chorando, em prantos. Desfiz o escritório, vim para cá trabalhar e agora eu vou para onde? Entrei na internet e vi uma sala por 600 ou 700 reais, na beirada do Itaim Bibi, na Av. Santo Amaro, quase esquina com a Juscelino. Eu li aquilo e imaginei que seria um horror, mas o meu dinheiro só dava para cobrir esse valor. Assim, liguei para a imobiliária e fui para lá, fechando logo o negócio.

Meire montou sua própria empresa, que mantém até hoje: a Arbor Contábil, encerrando a história com Edu.

O nome de Enivaldo Quadrado habitava o universo de Meire, como já vimos. Enivaldo havia sido acusado de fazer uso de sua corretora, a Bônus Banval, para irrigar para líderes do PP propina do chamado Valerioduto, afluente do Mensalão. Ele havia sido preso em dezembro de 2008 ao desembarcar no Aeroporto de Cumbica, na Grande São Paulo, com 361 mil euros não declarados. Ficou famoso na crônica policial por trazer a soma nas meias, cintura e cueca. Mas até ser preso novamente, na Lava Jato, em março de 2014, muita água ainda rolaria entre Meire Poza e Quadrado, como veremos.

Chegou a Meire uma informação: um empresário estava sendo fiscalizado a fundo pela Receita Federal. Ele recebeu uma intimação da Receita e um amigo em comum, chamado Tedesco, disparou para ele: – Só conheço uma pessoa capaz de te desenrolar. Vou te indicar...

Nascia assim uma nova aliança profissional: Meire cuidaria de destravar legalmente a problemática armagedônica de Quadrado. A intimação da Receita Federal era muito detalhada. Tinha umas quatro ou cinco páginas. A fiscalização era voltada para as operações realizadas em Bolsa de Valores, com ações da Braskem. O objetivo dos auditores fiscais era autuar os ganhos que Quadrado supostamente teve como investidor.

Pouco antes disso, a Bovespa virara uma empresa privada e se fundira com a BM&F. Com isso, tinha acabado a mamata de a Bovespa e a BM&F darem dinheiro a rodo para corretores, que eram associados a cada uma das casas.

Quando aconteceu o fato, as bolsas recompraram os títulos dos associados – pessoas jurídicas (corretoras) e pessoas físicas, chamadas de *scalpers*. Esses eram rapazes novos, entre 25 e 40 anos de idade, que tinham comprado ou herdado esses títulos patrimoniais havia alguns anos por um valor irrisório, e a Bolsa os recomprou por muitos milhões de reais.

Esse processo fez com que a Receita pousasse seus olhos de águia sobre os *scalpers*. Meire Poza passou a ser talvez a maior consultora dos *scalpers*. E, com isso, ela virou *habitué* de uma delegacia da Receita Federal na Rua Avanhandava, centro de São Paulo.

Afinal, a Receita descobrira uma coisa muito interessante: que as pessoas operavam nas bolsas e não recolhiam um centavo de imposto. Inevitável que a Receita chegasse em Enivaldo.

Foi quando Quadrado a contratou e lhe mandou tudo por correio – era uma quantidade de notas de corretagem absurda! A Receita pegara dois anos de operação dele, e Meire começou a desenrolar aquilo, falando com Quadrado por telefone e por e-mail.

Meire tinha um automóvel, que pretendia trocar de qualquer jeito. E descobriu que seu novo cliente Enivaldo era dono de uma agência de veículos em Assis. Fizeram negócio: ele comprou o Civic de Meire, com 20 mil quilômetros rodados e dois anos de uso, e pagou pelo carro quase o preço de um novo. Meire se encantou com a gentileza.

E aproveitou uma ida profissional a Marília para falar com um fiscal da Receita sobre o processo de Quadrado, dando uma esticada até Assis. Foi quando algo tocou seu coração: – Você não acredita nem eu, amor à primeira vista não existe, mas eu entrei na sala e me apaixonei por ele. Fiquei quietinha, na minha, toquei minha vida, nunca falei isso para ninguém nem para ele. Quadrado ficou com o carro e eu o defendi em um auto de infração, mas foi um valor pequeno, foi perfeito!

Nesse meio de caminho, ainda estávamos em 2009. O repórter Ângelo Pavini soltou uma matéria no jornal *Valor Econômico* que dizia que, a partir daquele momento, a Receita Federal iria fiscalizar os investidores de bolsa que operavam e não recolhiam imposto. Era uma prática comum porque os investidores não eram orientados nem cobrados; a própria RF nunca emitiu algum sinal nesse sentido. Se fiscalizados, a cobrança seria relativa aos últimos cinco anos de operação, o que, para muitos deles, representaria uma autuação de milhares de reais.

Meire leu e ficou indignadíssima, porque sabia da aprovação de uma lei que permitia aos devedores de impostos parcelarem suas dívidas em até 180 vezes com desconto de multa e juros, sem a necessidade de esperar pela fiscalização da Receita. Uma vantagem e tanto neste caso.

Era o Refis da Crise, Lei nº 11.941.

Ainda nessa sua funda indignação, Meire mandou um e-mail para o repórter sobre a matéria publicada explicando que os investidores poderiam se beneficiar da lei.

Nisso lhe telefonou um cliente de um caso antigo. Anos antes, ele havia sido autuado em R$ 2 milhões pela Receita e, na época, fez uma promessa a Meire: se ela conseguisse uma redução da multa, 30% do abatido iria para o seu bolso. José Maria, o cliente, cumpriu a promessa. Anos depois, levou-a para almoçar no Famiglia Mancini e lhe entregou a retribuição pelo trabalho bem-feito: R$ 200 mil em espécie, num pacote de papel pardo. Agora ela poderia reformar seu escritório novo.

E a resposta do repórter do *Valor Econômico* veio a galope: ele queria a confirmação de Meire para o que ela havia dito no e-mail, porque, pelo jeito, ninguém havia atentado que a lei aparentemente feita para pessoas jurídicas beneficiava também as pessoas físicas, desde que fossem devedores do Fisco. Dois dias depois, ela estava ocupando ¼ de página no *Valor Econômico* como nova musa do mercado de capitais. O céu agora era o limite.

Valor ECONÔMICO

14/10/2009 às 00h00

Refis reduz IR a pagar com ações

Por Por Angelo Pavini, de São Paulo

Os investidores em ações que caíram na malha fina da Receita Federal devem aproveitar o Programa de Recuperação Fiscal (Refis) e colaborar o máximo com os auditores para reduzir as despesas com multas e juros. A recomendação é da Meire Poza, da Arbor Contábil. Especializada em mercado de capitais, ela alerta os investidores para que organizem os documentos e evitem problemas com o Leão. "A Receita está aumentando a fiscalização e vai cada vez mais atrás de quem aplica em bolsa."

Segundo Meire, muitos simplesmente não declaram os ganhos obtidos em bolsa. "Tem gente que ainda pergunta se tinha de declarar". Segundo ela, alguns investidores agem de forma arrogante, chegam a Receita com caixas cheias de comprovantes e notas de corretagem e mandam os auditores se virarem dizendo "tá aqui o que vocês pediram". Isso atrasa o processo e coloca em risco o uso do Refis, que vai até 30 de novembro. "Isso é mais complicado porque a Receita retirou esses processos dos departamentos especializados para os comuns, onde os auditores não têm tanta experiência sobre como apurar os ganhos com as operações de bolsa", diz.

Meire Poza, da Arbor Contábil: Receita está aumentando a fiscalização

Um exemplo recente Meire teve com um investidor que só fazia operações a termo na bolsa - compromisso de comprar ou vender uma ação no futuro por determinado preço. "E o auditor confundiu as operações com 'day trade' - onde o investidor compra e vende o papel no mesmo dia", diz Meire. Outro não sabia como apurar o ganho com aluguel de ações - que segue as regras dos ganhos de renda fixa. Já outro auditor chamou Meire para perguntar o que o cliente dela, um 'scalper' - nome dado aos operadores individuais que atuam no mercado comprando e vendendo contratos futuros em nome próprio, comuns na BM&F -, fazia.

A recomendação da consultora é que o investidor "baixe o nariz" e faça sua prestação de contas. "Não adianta só levar a taxa de corretagem, o auditor não vai fazer o trabalho por você, só vai conferir o que foi feito e quem perde tempo é o contribuinte", alerta Meire.

Muitos investidores que estão devendo imposto em bolsa também não sabem que podem usar o Refis. "Hoje, a Receita está indo atrás de quem fez operações a partir de R$ 15 milhões, mas há planos de fiscalizar todo mundo mais adiante", diz. As recentes ações do governo, de adiar as restituições, mostram que o cerco ao investidor só vai aumentar. "Como a Receita está meio desestruturada neste momento, eles não intimaram muita gente, mas isso deve mudar no ano que vem", diz Meire. Devido à procura por informações, a consultora está organizando um seminário amanhã sobre o assunto.

Quem optar pelo Refis pode parcelar o débito em até 180 meses com desconto na multa e nos juros. Se pagar à vista, fica livre da multa e abate 45% dos juros do período. De duas a 30 parcelas, o abatimento da multa é de 90% e nos juros, de 40%. De 31 a 60 vezes, o desconto é de 80% na multa e de 35% nos juros. E de 121 a 180 meses, 60% na multa e 25% nos juros.

Mesmo para quem já está sob fiscalização, a recomendação é de que pague o imposto devido e tente obter o Refis. "Normalmente, seria preciso esperar o auditor dizer qual o débito, mas estou sugerindo conversar com o auditor e explicar que não pode perder o prazo", diz. Depois, quando receber o auto de infração, o investidor procura a Receita com o comprovante de pagamento e entra com recursos na Secretaria da Receita. "Tem grandes chances de conseguir o parcelamento", diz. A diferença é que, no auto de infração, a multa é de 75%. Já se recolher espontaneamente, a multa é de 20%, e com a redução do Refis.

Naquele dia mesmo ela, então, decidiu fazer do limão uma limonada. Dirigiu-se ao Museu Brasileiro de Escultura, o Mube, e organizou um evento a ser apresentado lá. Para isso, contratou uma grande empresa fornecedora de café da manhã e mandou fazer convites para uma palestra a ser realizada em 15 de outubro com o tema: *Não recolhi impostos sobre operações em bolsa. E agora*? Meire não queria patrocínio de ninguém porque já estava pagando tudo ali; ela queria apenas uma parceria, alguma corretora que colocasse o seu próprio logotipo porque ela era desconhecida. Essa parceira poderia lhe dar crédito. Meire já havia sido notícia no *Valor*, mas foi apenas uma vez e só até aquele momento. Suas tentativas de arranjar um parceiro deram em nada.

Otimista, ainda colocou um RSVP no convite, para evitar que aquilo lotasse! E também contratou belas e bem arrumadas recepcionistas".

Dia 14 de outubro o *Valor Econômico* escancara mais uma nota anunciando o evento. E o que aconteceu depois disso Meire não esperava nem em seus sonhos mais otimistas. Foi um verdadeiro sucesso.

Ela usou o caso de Enivaldo Quadrado, sem revelar o nome do cliente, como exemplo do que era capaz de fazer utilizando os benefícios da lei; como eram as operações em Bolsa e como se calculava o imposto.

O escritório de Meire cresceu como nunca, recebendo solicitações diárias de clientes de diversas partes do Brasil.

Conhecendo Youssef

Agora, então, vem a parte de como Youssef começou a entrar na vida de Meire.

Meire havia conhecido Enivaldo em 2009, quando lhe fez um trabalho e se apaixonou por ele. Em 2010, a Arbor estava bombando em São Paulo, e Enivaldo Quadrado veio para a cidade trabalhar com Youssef – por coincidência, num escritório a duas quadras do de Meire. Ela, na Avenida Santo Amaro, e ele, na Rua Renato Paes de Barros; ambos quase na esquina com a Av. Juscelino Kubitschek. Quadrado e Meire não tinham muita ligação até ele vir para a capital paulista, sozinho, deixando a família em Assis. E aí surgiu um outro negócio: Meire tinha um cliente que era dono de uma agência de turismo, e o Banco Central disse que agências de turismo não iam mais poder vender moeda estrangeira, pois, para isso, teriam que se transformar em corretoras de câmbio. Esse cliente já estava no processo de transformação de agência de turismo para corretora de câmbio, pensando em vendê-la. Por quê? Porque, para constituir uma instituição financeira, leva-se em média oito anos. No caso de mudança de agência de turismo para corretora de câmbio, o processo seria muito mais rápido. A nova empresa transformada teria um valor de mercado muitíssimo maior.

Os sócios pedem então a Meire para ela tentar arrumar um comprador. Meire estava comentando isso com Enivaldo e ele falou que um tal de Beto poderia comprar. Meire não sabia quem era Beto, e demorou para saber. Isso foi em julho ou agosto de 2010. Enivaldo perguntou quanto os sócios queriam pela corretora. Meire não lembra o valor exato, mas recorda que Enivaldo passou um valor a Youssef de R$ 400 mil a mais do que o pedido pelos sócios: – Legal, Meire, eu vou vender para o Beto.

E assim ele o fez, por um megapreço.

– Daí a gente marcou a primeira reunião lá da GFD, que era uma empresa do Youssef, onde ninguém me conhecia e para onde o Enivaldo me levou pela primeira vez. Havia alguns advogados de confiança dos diretores da empresa que tocariam esse processo de transferência com o Banco Central, e com eles eu deveria me reunir – conta Meire.

Ela varou duas noites estudando o processo para transferir para os advogados o procedimento de transformação para corretora de câmbio. Estavam na reunião os assessores, Enivaldo, João Procópio – um dos diretores – e os advogados.

Ao ver que uma advogada trazia um olhar vago, Meire foi para cima: descreveu passo a passo o processo, apresentou os caminhos, mostrou conhecimento e sugeriu os encaminhamentos.

Como os advogados não eram especialistas na matéria, não contraditaram Meire em absolutamente nada. Meire sentiu que tinha dado seu recado com clareza.

A GFD chamou Meire dias depois. Os advogados não iriam dar prosseguimento ao processo. Era ela que iria cuidar do caso.

– Eles se apaixonaram por mim; tudo que eles queriam na vida era isso: um bom profissional que cobrasse muito menos que advogados. Fui contratada para realizar apenas esse trabalho, que, aos poucos, me levaria a fechar um contrato definitivo – relata Meire.

Ela, então, acabara de pavimentar com pedrinhas de ouro sua entrada no universo multitudinário de Alberto Youssef, fazendo toda parte de legalização do negócio com o Bacen, Junta Comercial etc.

Hoje todo o Brasil sabe o que era a GFD: uma holding criada para administrar o patrimônio de Alberto Youssef.

A Justiça Federal de Curitiba identificou pagamentos de R$ 90 milhões das empreiteiras investigadas pela Operação Lava Jato às empresas MO Consultoria, Empreiteira Rigidez e RCI Software, controladas por Alberto Youssef. Ressalve-se que sobre isso o MPF estabeleceu: – Os pagamentos às empresas do pivô da Lava Jato eram justificados como quitação de serviços terceirizados de consultoria financeira e técnica, mas, de acordo com as investigações, as empresas controladas por Youssef não exerciam qualquer atividade econômica e funcionavam apenas como fachada para a lavagem do dinheiro.

A PF ainda completou: – As maiores empreiteiras do país formariam uma espécie de cartel, definindo previamente as vencedoras das licitações da Petrobras, o que lhes permitia cobrar o preço máximo da empresa estatal, e que haveria o pagamento de um percentual, de 2% ou 3%, sobre o valor dos contratos a agentes públicos.

Os valores desviados da Petrobras eram repassados pelos consórcios de empreiteiras a empresas terceirizadas e fornecedoras de equipamentos. Essas, então, repassavam os valores a empresas controladas por Alberto Youssef, como a MO Consultoria e a GFD Investimentos, simulando a execução de serviços de consultoria.

Naqueles dias, obviamente, nem Meire nem o Brasil sonhavam com isso.

Então voltemos ao ponto... Meire perguntou (uma semana depois de ter brilhado na primeira reunião com a trupe de Youssef) a João Procópio e a Quadrado o que, afinal, era a GFD.

Meire lembra: – Eles me disseram bem assim... "Você quer saber o que é a GFD? É uma empresa que tem por objetivo reestruturar empresas e vendê-las. Seu carro-chefe era a Marsans Viagens e Turismo."

Depois eu soube que, em 2001, a Marsans comprou a Aerolíneas Argentinas. E, após isso, o governo argentino a tomou de volta em 2008, fazendo um "acordo" que a levou a quebrar na Espanha. Daí, falaram que um grupo de empresários comprou a parte que funcionava no Brasil. Engraçado que eu não tinha pretensão de ser contratada pela GFD, veja só. Eu me achava pouco qualificada para prestar serviço para uma empresa desse porte. Então, quando eles me chamaram para atuar naquele processo, achei aquilo incrível e fui fazer.

No olho do furacão: PT e Vaccarezza

A partir de agosto de 2010, Meire e Quadrado começaram a se aproximar mais. Saíam para jantar, tomar café da manhã na padaria, almoçar, enfim, aproximaram-se em razão do cotidiano profissional. Já em setembro, Meire e Quadrado tomavam um café da manhã na doceira Ofner, da Rua João Cachoeira, no bairro do Itaim Bibi, em São Paulo, quando Quadrado lhe perguntou se tinha informações sobre dois amigos dele, que teriam fechado um negócio com a Petros, fundo de pensão da Petrobras. Meire sabia, sim, afinal fora fechado na consultoria. E contou tudo a Quadrado. Ele tremeu de ódio dentro dos sapatos, porque havia combinado um negócio com ambos, e ali soube ter levado um chapéu.

Meire se doeu. Foi cobrar a bronca. Partiu para cima de um deles:
– Vocês fecharam o negócio e deixaram o Enivaldo de fora? O cara está na merda, saiu do Mensalão, não tem dinheiro para comer – e, ainda assim, os amigos continuavam jurando que não haviam traído Quadrado.

Meire, depois, quis pacificar. Marcou encontro com todos eles para 22 de setembro, no Famiglia Mancini da Rua Avanhandava. O amigo, cujo nome Meire preserva, chegou ébrio; Quadrado também já virara duas garrafas de vinho ali mesmo. Assim, no encontro, quase os dois se mataram, com o rapaz ameaçando Quadrado de morte aos berros, e esse levantando contra ele uma garrafa de vinho. Seguranças na mesa, um escândalo!

Ali nasceu a grande cumplicidade entre Meire e Quadrado, pois ele viu que ela era uma pessoa confiável mesmo.

Em 2010, Meire Poza tinha uma base de trabalho dentro da corretora Spinelli. Especializou-se em constituição de Holding Patrimonial e Imposto de Renda de Investidores de Bolsas e Grandes Fortunas. Ganhava uns R$ 50 mil por mês.

Um velho amigo apareceu na vida de Meire, bem naquele ano de 2010, quando as eleições se avizinhavam. Era João Lima. Segundo Meire, ele foi professor em Itaquera e um amigo. Um belo dia chegou e falou para eu ajudá-lo, pois era candidato a vereador pelo PT e estava vendendo uns convites para um jantar para arrecadar dinheiro. E comprei, sim, para ajudar o João, mas ele não conseguiu se eleger.

Da ajuda veio um vínculo indesviável, o qual levaria Meire a conhecer Cândido Vaccarezza, visto que João apoiava sua candidatura a deputado federal.

Em setembro de 2015, a Polícia Federal indiciou os deputados Vander Loubet (PT-MS), Nelson Meurer (PP-PR) e o ex-deputado Cândido Vaccarezza (PT-SP), investigados na Operação Lava Jato, por recebimento de propina oriunda de contratos da Petrobras. Diz o MPF que:
– Cândido Vaccarezza teria recebido em seu apartamento, em São Paulo, valores do doleiro Alberto Youssef, personagem central da Lava Jato, a mando do ex-diretor de Abastecimento da Petrobras Paulo Roberto Costa, para a campanha de 2010.

Mas qual era a imagem de Vaccarezza passada a Meire em 2010?
– Em 2010, João Lima me procurou, dizendo que precisava ajudar o Cândido Vaccarezza a se eleger, pois ele era candidato a deputado federal, e, se ganhasse, o João seria assessor dele. Em suas palavras: "Se eu for assessor do Cândido, nós vamos ter muitos negócios para fazer". Também disse que teria um jantar e cada convite custava R$ 1,5 mil, e que era para eu comprar alguns. Eu devo ter comprado uns cinco convites para o jantar e nem fui; comprei só para ajudar. Eu nunca tinha gostado de política, por isso nem sabia quem era o Cândido Vaccarezza. No fim, ele ganhou as eleições, e o João foi lá no meu escritório e disse: "Olha, o Vaccarezza foi eleito e agora eu sou o assessor dele e vou para Brasília". Não botei muita fé nisso porque o João gostava de contar vantagens. E ainda pensei... Imagina se esse cara vai ser assessor de um deputado federal. Depois, descobri que Cândido Vaccarezza era

o cara do governo e o João realmente virara seu assessor em Brasília – completa Meire.

Em agosto de 2011, João procurou Meire e disparou: – Olha, o Vaccarezza ficou com dívida de campanha e a gente precisa acertar essas dívidas dele. Para isso, vamos fazer uma operação. Eu tenho uma entrada no Instituto de Previdência do Tocantins; eles têm dinheiro, e precisam de uma operação financeira que pague comissão. Ele dizia que da comissão, uma parte iria para o Vaccarezza para ele saldar as dívidas de campanha. Acho que blefava.

Meire passou, então, a conhecer bem o esquema do Regime Próprio de Previdência Social – o RPPS.

Um instituto de previdência é como o Instituto Nacional do Seguro Social – INSS –, mas cada município ou Estado pode ter e administrar o seu. É o chamado RPPS. Assim que o servidor recebe o salário, é feita a retenção da parte previdenciária que, em vez de ser repassada para o INSS, é encaminhada para o instituto do município ou do Estado. Parte previdenciária do funcionário municipal é repassada para o instituto do município e a do funcionário estadual, para o do Estado.

Esse instituto tem que administrar esse dinheiro, que é a aposentadoria dos servidores. Ele tem metas que devem ser cumpridas com o que arrecada, ou seja, parte desse dinheiro é investida em títulos do Tesouro. Mas tem uma parte que pode ser aplicada no mercado, então compram-se fundos de investimento. Esses fundos funcionam da seguinte forma: alguns fundos são bons com ativos de qualidade e outros são porcaria. O fundo é vendido por um agente autônomo de investimento. É como se fosse um representante comercial, devidamente autorizado pela Comissão de Valores Mobiliários – CVM. O fundo ou o administrador do fundo, que normalmente é um banco, paga uma comissão para o agente autônomo; se pegar um fundo bom, o agente autônomo ganha zero vírgula alguma coisa por cento, quando muito 3%. Num fundo porcaria, o agente autônomo ganha 10%, 13%, que é aquele fundo que precisa muito captar investimentos – isso também Meire veio a descobrir depois, até então não sabia como essas coisas funcionavam. Meire sabia que existia, claro, porque seus clientes faziam negócios, e o João falou para ela que o instituto de Tocantins tinha interesse em fazer operações com fundos.

João insistia com Meire: – Olha, eu tenho uma pessoa lá no Tocantins que manda, que tem poder, e se a gente tiver um fundo bom para colocar lá e que pague comissão, eu consigo colocar.

Meire viu que João conhecia bem o IGEPrev, apesar de nunca ter atuado nessa área. Nessa época, a empresa de Meire já estava contratada para prestar serviços contábeis à GFD. Meire pergunta a Quadrado se ele tem alguém para indicar para a operação. O nome que surge é Ari Ariza.

Meire repele o nome: conhecia, afinal, Ari Teixeira de Oliveira Ariza de outros carnavais. Ele havia sido condenado em 2010 a pagar R$ 500 mil de multa para se livrar de acusações de operações cambiais fraudulentas, datadas de 2002, no caso que englobava a Eucatex, de Paulo Maluf, Flávio Maluf e a Corretora Bônus Banval – que se tornaria famosa na mídia por ser a do pai espiritual de Paulo Roberto Costa (delator-mor da Lava Jato), o finado José Janene (PP).

Quadrado diz para Meire: – Não, o Ari é gente boa, gente nossa! É porque você não o conhece direito.

Meire lembra os passos na sequência: – O Ari ligou para Almir Bento, que era o contato do João Lima, e foi para Brasília, onde conversaram e voltou com a operação praticamente fechada. Se não me engano, foram R$ 13 milhões que o Igeprev colocou nesse fundo de investimento do Ari. Na época, em setembro, ganhamos dinheiro, sei lá, R$ 100 e tantos mil. A minha parte coloquei no escritório; o Enivaldo conseguiu comprar um Mercedes, depois achei que a minha parte tinha sido menor do que a deles, mas tudo bem, fingi que não percebi e toquei a vida.

Meire começou a se defrontar com as disputas sobre a comissão dos R$ 13 milhões, a ser paga para o presidente do Igeprev Tocantins. Coube a ela atender os telefonemas com as cobranças. Numa delas, uma pessoa reclama:

– Escuta, Meire, estou esperando, até hoje eu não recebi. Pô, já se passaram dois dias.

Meire ligou para o Ari:

– Ari, o cara tá falando que não recebeu, que merda é essa?

Ele respondeu:

— Então, sabe o que é, Meire, o Beto ficou de entregar o dinheiro lá.
Meire não se conformou:
— Mas por que vocês puseram o Beto nessa operação? Nós combinamos que o Beto não ia entrar em operação nenhuma, eu combinei isso com o Enivaldo.
E ouviu a seguinte resposta de Ari:
— Não, mas como é que a gente ia entregar R$ 1 milhão lá? O Beto vai enfiar no avião, vai mandar pra lá, pra gente é tranquilo; ele não está cobrando nada.
Meire não gostou, logicamente. Os amigos de mercado de Meire lhe faziam alertas do tipo: — Meire, o fundo do Ari é fundo podre! Vai dar merda.
E Quadrado tentava acalmá-la: — Meire, fique tranquila, calma! O pessoal lá do Igeprev vai fazer uma nova operação com a gente, no FIP Marsans.

Em julho de 2015, com dívidas de R$ 57 milhões e em recuperação judicial desde junho de 2014, a agência de turismo Marsans Brasil fechou as 22 lojas que mantinha no Rio e em São Paulo, lesando 4,5 mil clientes. Estava no Brasil desde 1973.

No Brasil, a Marsans era gerida pela holding Graça Aranha RJ Participações, controlada pela GFD Investimentos, que tinha como investidor o doleiro Alberto Youssef. Ele usava a operadora de turismo para captar recursos com os fundos de pensão estaduais e municipais.

A Marsans chegou a captar, entre 2012 e 2013, cerca de R$ 23 milhões de institutos de previdência dedicados ao pagamento de pensões de servidores aposentados.

O Instituto de Gestão Previdenciária do Estado do Tocantins aplicou R$ 13 milhões na Marsans.

Também tornaram-se investidores da Marsans os institutos municipais de previdência de Cuiabá (MT), com R$ 3,5 milhões e de Paranaguá (PR), que gastou R$ 2 milhões. No Nordeste, o instituto de Amontada (CE) gastou cerca de R$ 1,6 milhão, e o de Petrolina (PE) desembolsou R$ 980 mil. Hortolândia e Holambra, duas cidades do interior paulista, aplicaram, respectivamente, R$ 1,5 milhão e R$ 980 mil para virarem sócias da Marsans.

Como Meire estava incomodada com o comissionamento da primeira operação, Quadrado tentou acalmá-la:

– Olha, nós montamos um Fundo de Investimento em Participações, o FIP, da Marsans, e o Igeprev vai investir R$ 30 milhões. Vai dar certo, fica fria. E o melhor, Meire, o Beto paga 10% de comissão, são R$ 3 milhões.

Dessa comissão, 70% ficavam com o presidente do instituto de previdência, que, segundo João, ainda lhe repassaria uma parte. Os 30% restantes seriam divididos entre Enivaldo, Ari e Meire – R$ 300 mil para cada um.

Meire e Quadrado entraram em novembro de 2011 falando sobre esses R$ 30 milhões que entrariam no FIP administrado pelo Banco Máxima através do Igeprev.

Foram feitos investimentos públicos em cotas do FIP Viaja Brasil, novo nome do FIP Marsans, cujo objetivo era impulsionar o crescimento do grupo Marsans Brasil. O FIP investiu os recursos dos institutos de previdência na compra de cotas da Graça Aranha RJ Participações.

Meire lembra: – Aí o meu escritório começou a crescer e eu passei a investir tudo nele. Tive que contratar mais funcionários, ainda estávamos em 2011, e eu comecei a pagar mais para os meus contratados, comprar mais equipamentos... Ou seja, todo dinheiro que eu ganhei, enfiei no escritório. Entrei dezembro de 2011 no talo; meu escritório com tudo pago e eu dura. Aí pensei: "Vai entrar esse dinheiro e vou ficar de boa". Então parei de me preocupar, pus o pé na estrada e comecei a vender o FIP Marsans. E isso significa o quê? Fui para Cuiabá, Manaus, locais que possuíam institutos de previdência, porque o Banco Máxima não tinha experiência no produto e a GFD não tinha ninguém que soubesse fazer uma apresentação técnica. Bom, com tudo isso, como eles não tinham ninguém, o que é que eles encontraram em mim? A qualidade da curiosidade... Você me fala de uma coisa e eu vou estudar, vou especular tudo, além da minha desenvoltura para fazer a apresentação.

Cartão de visitas de Youssef

Meire, com seu nome e experiência, passou a ser o cartão de visitas de Youssef, da GFD, da Marsans. Tudo ia como azul sobre dourado. Até que, no fim do ano, Quadrado trouxe más notícias: – Meire, o Igeprev Tocantins não vai mais fazer a operação, deu um problema lá, eles não têm limites disponíveis.

Era dezembro. Meire lamentou. Enivaldo foi passar o Réveillon em Miami. Diante da negativa de que fosse ter lucro nas operações de Tocantins, Meire relevou. Mas não por muito tempo.

Seguindo seu rito de trabalhar todos os feriados de Natal e ano novo, em 2011 não seria diferente. Carlos, um dos diretores do Youssef, convidou-a para almoçar. Ficaram comendo e bebendo das 13 às 17 horas. Ao ir embora, de carona no carro de Meire, encantado com as músicas que ali ouvia, Carlos lhe pediu para copiá-las no computador. Ele disse que Meire poderia fazê-lo no computador de Enivaldo Quadrado assim que chegassem à empresa. Meire, naquele momento, com tal oportunidade à sua frente, relembrou o negócio em que provavelmente fora passada para trás: – Sou mulher, não podia deixar de olhar os e-mails dele, dar aquela olhadinha básica... Aí vi o e-mail dele ali, bem grandão, na minha frente: "Operação Tocantins". Acho que morri por um segundo, acho que meu coração parou. Não acreditei de fato que ele seria capaz de fazer isso comigo! Abri, afinal, o e-mail e vi, sim, que eles tinham fechado a operação de R$ 30 milhões sem me avisar.

Meire, que arquitetara tudo, havia tomado uma pernada de anão do homem pelo qual se apaixonara...

Atravessou o Natal e o Réveillon chorando. E mandando uma tonelada de mensagens a Quadrado, em Miami, via sistema BBM, do Black Berry. Ele fazia juras intermináveis de que não tinha fechado a operação.

Na angústia, Meire começou a pedir explicações a Ari Ariza. Terminantemente intempestivo, disparou ao telefone:

– Olha, o negócio é o seguinte, o Beto já está sabendo dessa história e ele já está de saco cheio de você. Está fazendo muito barulho. Então ele pediu para te avisar o seguinte, se quiser ver sua filha crescer, é bom parar com essa palhaçada toda aí. Para, fica quietinha.

> **Meire - Arbor**
> **De:** Meire <xxxx@xxxxxxxx.com.br>
> **Enviado em:** segunda-feira, 2 de janeiro de 2012 10:07
> **Para:** 'enivaldo'
> **Assunto:** Nota solicitada
> **Anexos:** NF 09 GFD.pdf
> **Prioridade:** Alta
>
> Segue nota emitida para sustentar a liquidação da operação realizada com o Instituto de Tocantins.
> Cada vez fica mais difícil...
> Nota: R$ 2.700.000,00
> Impostos: (R$ 521.310,00)
> LÍQUIDO: R$ 2.178.690,00
> Operação: R$ 30.000.000,00 x 15% = R$ 4.500.000,00 - 1ª parcela: R$ 2.250.000,00
> Se fizermos o cálculo da forma "errada", como foi feito da outra vez, dá R$ 2.250.000,00 + 20% = R$ 2.700.000,00
> Mas ainda assim sei que você tem algo a me dizer.
> O Ari me ameaçou... Disse que vai falar com o Beto.
> Se ele fizer isso só mais "meia" vez (me ameaçar), eu vou fazer um Boletim de Ocorrência.
> Só queria que você soubesse.

Meire não engoliu a ameaça de morte contra a filha. Na hora reagiu dizendo: – Vem para cima, seu filho da puta, junto com o Beto, que eu mando vocês para a cadeia. Com minha filha ninguém vai mexer!

Nove de janeiro de 2012. Às 11 horas da manhã, Enivaldo foi até o escritório de Meire. Sorriso ortopédico, deu-lhe de presente um iPad. Jurou que dos R$ 30 milhões só haviam entrado R$ 10 milhões. Enivaldo prometeu acertar com ela os R$ 300 mil. Uma semana depois, nada. E nada depois.

Após isso, Meire estava com sua filha de férias em Niterói, na casa de uma amiga. Confidenciou-lhe a pernada de anão que levara. A amiga repassou a história ao marido, um agente da Polícia Federal. Ele a tranquilizou: – Meire, eu vou te indicar um delegado ponta firme. Eu converso com ele quando voltarmos, e te ligo. Vou deixar agendado um horário e você vai lá conversar com ele, conta tudo, denuncia!

Marcaram de Meire ser recebida, em março, pelo delegado federal Otávio Margonari Russo, na sede paulistana da PF, na Lapa de Baixo, zona oeste.

Ela levou tudo que tinha de indícios de Youssef conectado ao PT: como o cartão do amigo João Lima, no qual se lia: assessor de Cândido Vaccarezza.

Veio a primeira decepção com a PF. Ela estava prestes a denunciar o que, dois anos depois, viria a ser o Petrolão, para aqueles que ainda não tinham entendido tratar-se de um esquema contínuo de assalto aos cofres públicos, com ramificações em diversos órgãos e instituições geridas pelo mesmo governo criminoso e sua trupe agregada.

Não só a PF não tomou seu depoimento, quando ela implorou por isso, como também lhe dispararam aquilo que qualquer criança entenderia como "pare de nos encher o saco"...

Conta Meire:

– Bom, cheguei lá, contei toda a história e o Dr. Otávio falou assim: "Quero te perguntar uma coisa, você é amante do Alberto Youssef?". Eu falei que não. Mas ele insistiu: "Não, se você for, é bom me falar agora". E reclamei: "Não, porra, eu não sou amante do cara". Ao que ele respondeu: "Ah, então tudo bem, então nós vamos voltar a conversar. Você vem aqui depois de amanhã...". Fui no outro dia, pois ele ia falar com o chefe dele, e o Dr. Otávio me recebeu em uma outra sala e falou que eles iam investigar. Aí, me fez as mesmas perguntas, às quais respondi de novo. E ele veio dizendo: "Então quer dizer que eles usam dinheiro do servidor? Nós vamos investigar, fica tranquila". Eu nunca tinha denunciado ninguém; não sabia que ele tinha que fazer um termo, beleza. E fui embora. Passou uma semana, depois duas, e pensei: "Não é possível que o cara vai investigar só com aquele material que eu dei, ele vai precisar de mim". Liguei para o Dr. Otávio: "Oi, aqui é a Meire". Ele: "Quem?". Eu: "A Meire, eu estive aí com você". E novamente "Meire de onde?". Desconfiada, completei: "Dr. Otávio, eu estive aí com você há duas semanas, levei aquele material do Alberto Youssef". Aí, sim, é que parece que a ficha caiu: "Ah, fala!". E completei: "Eu liguei para saber se você está precisando de mais alguma coisa". E ele logo respondeu: "Não, Meire, aqui funciona assim... se eu estiver precisando de alguma coisa, quem liga para você sou eu, você não precisa ficar me ligando".

Mais falcatruas de Youssef

Meire relembrou outros detalhes da corrupção generalizada. Ela voltou no tempo, ao ano de 2012, para contar que, naquela época, o Youssef tinha feito uma coisa muito engraçada... Mário Negromonte era ministro das Cidades, e, em uma reunião com o Youssef, contou que aprovariam um projeto no qual os carros teriam que sair de fábrica já preparados para receber um rastreador. Havia cinco empresas que estavam regularizadas e que já tinham a licença do Denatran para essa operação. Entre elas, uma era do Nelson Piquet e a outra, uma empresa de Goiânia chamada Controle Monitoramento de Veículos – que já fazia monitoramento e que conseguira licença para operar naquele projeto.

Mário Negromonte contou isso para Youssef e disse mais: – A empresa de Goiânia, a Controle Monitoramento de Veículos, está mal das pernas; os caras aceitam conversar.

O próprio Negromonte foi e negociou com o dono da empresa, que avaliou a venda em R$ 10 milhões.

Youssef aceitou a proposta, fez o contrato e, de imediato, colocou R$ 2 milhões na empresa, pensando em avaliar melhor a situação financeira antes de completar os R$ 8 milhões restantes.

Para essa avaliação ser bem-feita, apenas uma pessoa poderia realizar a tarefa.

Em julho de 2012, Enivaldo e João Procópio vão até a Arbor e dizem:
– Olha, Meire, precisamos fazer uma *due diligence* [processo de investigação e auditoria nas informações de empresas] numa empresa em Goiânia, e queríamos que você fosse responsável por isso.

Ao que Meire respondeu:
– Não posso fazer porque não tenho uma empresa de auditoria, mas, sim, de contabilidade.

E ouviu de volta:
– Não, não é bem *due diligence*. É só ir lá e ver a empresa.

E ela aceitou:
- Ok, isso eu posso fazer. Vocês vão comprar a empresa?
E a resposta:
- Não, já compramos!
Isso soou muito estranho para Meire:
- Bom, se vocês compraram, não tem lógica esse trabalho. Já compraram, certo? Então agora é preciso ir lá só para constatar se vocês se ferraram ou não...
E eles apenas completaram:
- Então, mas você vai e olha.
Meire concordou e completou:
- Antes de ir para Goiânia, porém, pedi para que já providenciassem os balancetes. Passados 20 dias chegaram os documentos. Naquele momento, percebi que havia uma "sacanagem" nos registros contábeis da empresa. Mesmo assim, por insistência do Enivaldo e do João Procópio, reuni três colaboradores do meu escritório e fomos para Goiânia. Óbvio que minhas observações foram confirmadas. A empresa teria sido superfaturada. No decorrer dessa avaliação, Youssef acabou aportando perto de outros R$ 2 milhões. Mas Youssef ainda demorou um tempo para acreditar em duas coisas: que tinha feito um péssimo negócio e que o tal projeto ainda demoraria a ser aprovado. Esses R$ 4 milhões aportados não foram recuperados e então simplesmente desistiu da empresa. Em relação ao dinheiro que investiu, no ano de 2013, a GFD entrou com uma ação de cobrança contra os sócios da Controle. Desde março de 2014, não acompanhei mais a ação.

Infelizmente o Youssef fazia muito isso: qualquer pessoa que ele julgasse inteligente, intelectual, era capaz de lhe vender qualquer coisa, especialmente ideias!

Apagando o primeiro incêndio de Youssef

No decorrer da CPI do Cachoeira (Operação Monte Carlo) em 2012, Meire conheceu Waldomiro de Oliveira. Ele tinha três empresas: MO Consultoria, RCI Software e Empreiteira Rigidez, cuja função, Meire soube depois, era apenas emitir notas para Youssef.

Uma dessas empresas, a RCI Software, recebeu um valor próximo de R$ 200 mil em sua conta corrente, enviado pela Delta Construções.

Diante disso, a RCI foi intimada a explicar à CPI do que se tratava aquele crédito. Para piorar, a RCI não estava no nome de Waldomiro. Ele havia aberto a empresa no nome de um amigo, o Eufrânio, que foi procurado pela imprensa para dar explicações!

Qual era o esquema? Do lado de Youssef estava a RCI Software. Do lado de Cachoeira, que mantinha ligações com a empreiteira Delta, apareceu a empresa Alberto & Pantoja.

Repasses de dinheiro da Pantoja para a RCI foram descobertos pela CPI do caso Cachoeira, mas, na época, não foi possível avançar na identificação daquele dinheiro. A RCI não só estava na lista de empresas operadas por laranjas de Youssef como foi usada para arrecadar dinheiro nas grandes empreiteiras do país envolvidas com a Petrobras.

No dia 15 de setembro de 2014, o matutino *O Globo* verberou:

> *No escritório de Meire Poza foram encontrados contratos em nome da RCI e várias notas fiscais. Um deles é assinado pela construtora OAS. Outro pelo consórcio Sehab, formado pela mesma OAS e pela construtora Constran.*
>
> *Os documentos mostram como o doleiro está próximo da empreiteira. O consórcio Sehab foi criado no dia 27 de setembro de 2010. Um dia depois o consórcio assinou contrato com a prefeitura de São Paulo, na gestão de Gilberto Kassab (PSD), para obras de urbanização da favela Real Parque, no montante de R$ 140,8 milhões. No dia 4 de outubro, um dia depois das eleições, a RCI foi contratada pelo consórcio para prestar consultoria em "implantação de software". O contrato vincula o pagamento de R$ 280 mil ao "êxito" do negócio... No caso da OAS o contrato é de R$ 225 mil para "consultoria em informática". Foi assinado em julho de 2010 e tem texto semelhante ao do assinado pelo consórcio. Há também a previsão de que o pagamento só será realizado após o "êxito" do contrato.*
>
> *Em maio de 2012, encontrado pelo GLOBO em São Paulo, Eufrânio Ferreira Alves confessou ser laranja. Na época, a RCI tinha sido listada pela CPI do Cachoeira por ter recebido repasses de recursos da Alberto & Pantoja. Alves contou que tinha emprestado o nome a pedido de um amigo,*

Waldomiro de Oliveira. Hoje se sabe que Oliveira é um dos homens de confiança de Youssef, investigado na Operação Lava Jato da PF.

Aqui revelamos que os documentos não foram "encontrados", mas, sim, "entregues" por Meire à Polícia Federal, que, aliás, diga-se, jamais teria encontrado todos esses documentos e montado o quebra-cabeça sem tal ajuda.

Quando foi intimado a prestar esclarecimentos à CPI, Waldomiro Oliveira, por orientação de Youssef, contratou um renomado escritório de advocacia que havia atuado na Ação Penal 470, conhecida como do Mensalão.

Meire soube que o advogado cobrou de Waldomiro R$ 200 mil que foram pagos por Youssef.

Na primeira reunião, os advogados solicitaram que Waldomiro lhes apresentasse a contabilidade da empresa RCI. Entretanto, não existia contabilidade de nenhuma das empresas de Waldomiro! Por sugestão e indicação de Enivaldo Quadrado, Youssef orienta Waldomiro a procurar o escritório de Meire para que a contabilidade das empresas fosse elaborada, como conta Meire: – Alguns dias depois de ter recebido a intimação da CPI, o Waldomiro foi ao meu escritório, acompanhado pelo Enivaldo, para contratar os meus serviços.

Estávamos em setembro de 2012. Ela ainda não esquecera as ameaças que Youssef tinha feito contra sua filha: – Eu ainda não conhecia o Youssef pessoalmente, quando o Waldomiro e o Leonardo Meirelles do Labogen foram ao meu escritório discutir essa contabilidade comigo. Eles me contaram a real sobre o que aconteceu. Perguntei o que o advogado ia fazer, e eles disseram que a gente tinha que ir lá para ver qual era a estratégia dele. Também chegaram à conclusão de que seria importante que eu fosse com o advogado para discutir a estratégia. Fomos eu, Leonardo Meirelles, Waldomiro de Oliveira e Youssef, e foi nesse dia, no escritório de advocacia, que conheci o Youssef pessoalmente. Então, na reunião no escritório de advocacia, um dos advogados da equipe falou: "Olha, vamos pegar uma das empresas da Delta e vamos falar que a RCI Software desenvolveu um software para essa empresa..." Propôs também usar uma estratégia que não agradou nenhum dos presentes.

Estava montado diante de Meire o "K.O.", o truque jurídico para ajudar a proteger Youssef.

Meire viu pela primeira vez Youssef ao alcance das mãos. Imaginava um homem alto e forte, que falasse firme. O que vislumbrou foi alguém elástico, ágil, um asterisco humano, mas com um profundo ar de desamparo. E uma involuntária queda para falar errado, torturando a sintaxe, a gramática, numa confluência entre gíria e termos de baixa extração: ou simplesmente o uso de palavras inexistentes, que ele teimava em repetir como se fossem aceitáveis até aos doutos em direito...

Meire completa: – Eu achava que era um tipo da máfia... aí chegou o Beto, aquela coisinha, de calça jeans, e eu me decepcionei. Além disso, procurei falar corretamente, às vezes posso até dar umas escorregadas, mas ele falava muito errado, um problema cultural mesmo. Vou contar algo para você ter uma ideia bem legal que ilustra bastante isso... Já bem depois, em 2014, estávamos todos numa sala lá na GFD e ele ia lançar uma debênture. Ao falar com alguém ao telefone, disse: "Não, já tá tudo certo, agora só tamo vendo o agente *fudiciário*". O correto é agente *fiduciário* e ele fala mais duas vezes coisas assim absurdas. Você vai me dar um produto, eu vou vender por outro preço, então vou ganhar um *fee*. Para ele, não... Para o Youssef, ele vai ganhar um *fir*.

Depois, Meire foi contra a proposta do advogado daquele escritório famoso, e deixou isso claro: – Doutor, e se a gente fizesse diferente? E se a gente disser que o seu Waldomiro simplesmente vendeu computador para a Delta? Só isso. Porque, se falar que desenvolveu um software, a gente vai ter que mostrar o manual do software.

E ouviu como resposta:

– Não, isso não é problema porque a gente contrata um cara que desenvolva um manual.

E Meire ainda retrucou:

– Nossa, aí já vamos envolver 250 pessoas. Melhor assim... Seu Waldomiro vendeu computador para a Delta, a Delta pagou, passou lá em frente do escritório dele, pegou uma perua e levou. Acabou!

E o advogado:

– Não, isso não daria certo porque a empresa é de software, e, para vender computador, ela tinha que ser uma empresa de hardware.

Meire não se deu por vencida:

– Mas, doutor, isso aí vai dar problema fiscal no Estado, vai dar um problema tributário; ele nunca pagou imposto na vida.

Ao que ouviu:

– Isso não.

Meire, altiva, continuou se impondo e ofertou a solução:

– Isso não é problema; a gente fala que é máquina montada. Eu vou à Rua Santa Efigênia e compro um monte de nota e faço estoque, ele não tem contabilidade.

Saem da reunião e entram no elevador o Leonardo Meirelles, a Meire, o Waldomiro e o Youssef, que é taxativo: – Meire, vamos fazer do teu jeito.

As palavras de Meire são precisas ao descrever como nasce a mais profunda admiração de Youssef por ela – o mesmo Beto que ameaçara sua filha de morte...

Ela já entendia o psiquismo de Youssef e assim o descreveu:

– Se você falar para o Beto, olha, Beto, eu tenho dois negócios para te apresentar. Um é este: nós vamos fabricar iPhone 6 e vamos vender, é tudo legal. A Apple vai abrir mão da marca e a marca vai ser Beto Youssef, mas a tecnologia é a mesma, e nós vamos vender e ganhar por ano US$ 10 milhões. O outro negócio é o seguinte, Beto, nós vamos vender controle remoto de ar-condicionado, mas, para isso, vamos ter que trazer as peças da China e, quando chegar a mercadoria no porto, será preciso subornar alguém para o contêiner passar. Aí nós vamos ter que pegar uma mão de obra escrava para fazer o aparelho. Com esse negócio, vamos ganhar só US$ 1 milhão por ano.

Não tem jeito, ele vai dizer que quer esse negócio aí. Assim é o Beto. Então, quando falou que era para fazer do meu jeito, eu fui e resolvi. Comprei as notas na Rua Santa Efigênia, montei estoque, montei as máquinas, fiz a nota fiscal, bolei a resposta e mandei para a CPI. Pronto. Tudo resolvido. O seu Waldomiro só vendeu o computador para a Delta. Acabou. O Beto virou meu fã incondicional depois disso.

Então vamos lembrar que, em dezembro de 2011, o Igeprev mandou R$ 10 milhões para a Marsans. Qual é o patrimônio de um fundo? É o dinheiro que tem nele. E o instituto de previdência não pode ter

100% de um fundo. Ele tem um limite para ter cotas do fundo; só o Igeprev aportou R$ 10 milhões no FIP Marsans. Então o Igeprev era detentor de 100% do FIP, e, pior do que isso, eles tinham que aportar mais R$ 20 milhões e não aportaram. Assinaram o boletim de subscrição, tudo bonitinho, e não aportaram porque eles estavam desenquadrados, ou seja, fora das regras. O pessoal do Banco Máxima, que não conhecia o mercado, não tinha ginga nenhuma com o mercado, e afronta o Igeprev ao fazer uma notificação e mandar lá para eles: "Olha, vocês assinaram comigo o boletim de subscrição, nós queremos que vocês honrem o boletim de subscrição; podem mandar R$ 20 milhões, senão nós vamos acioná-los na justiça". O Banco Máxima fez isso, mandou e o presidente do Igeprev leu, riu e respondeu: "Meu querido, eu tenho 100% do fundo. O fundo é só meu. Quem delibera sou só eu. Você quer brigar? Não quero mais o fundo, eu quero acabar com o fundo, o fundo é só meu, posso fazer isso. Vou deliberar pela extinção do fundo. Devolve os meus R$ 10 milhões ou aporta mais R$ 50. Assim, vou dar mais dois meses para vocês conseguirem mais R$ 50 milhões, senão eu vou extinguir o fundo".

Pânico. Mas isso ficou só entre eles; Meire não participava de nada. Quadrado narrou esses fatos para Meire em outubro de 2012. Mas, desde o começo do ano, ela já conhecia o imbróglio quando alertou numa reunião: – Gente, tá um perigo essa Marsans, não tem dono, tá um balaio de gato a contabilidade.

Mário Lúcio, que era o CEO da Marsans, chamou-a na frente de todos os diretores:

– Meire, vamos fazer assim, você não é contadora da Marsans, você cuida da sua vida e eu cuido da minha.

Enivaldo é quem contou-lhe a história:

– Meire, está acontecendo esse problema; vão pedir a extinção do fundo...

Meire foi direta:

– Aportem a Marsans por R$ 50 milhões no fundo.

A titularidade da Marsans passa, nessa operação, da GFD para o FIP. A GFD, em troca, recebe cotas do FIP.

Só havia um detalhe: a Marsans valia R$ 10 milhões negativos.

Enivaldo perguntou:
– Mas como é que nós vamos fazer isso?
Então Meire veio com outra de suas brilhantes resoluções:
– Olha, Enivaldo, eu estive lá no Rio e conversei 15 minutos com o contador e posso te garantir que todos os balanços estão errados. Acredito que, se refizerem a contabilidade, com a ajuda da auditoria, cheguem num patrimônio líquido próximo de R$ 50 milhões. Se quiserem, posso revisar os balancetes e acompanhar as retificações, junto com o contador e os auditores da Marsans.
Outubro começou e Beto Youssef chamou a Meire em uma reunião com todos os diretores. Contou-lhe todo o problema e Meire disse que já estava sabendo e que já tinha dado a solução – que era a de aportar a Marsans por R$ 50 milhões no FIP. Ele perguntou se ainda dava tempo de refazer a contabilidade dentro do prazo estabelecido pelo Igeprev, e Meire respondeu que não mais.
Disse para ele efetivar o aporte, caso o administrador do fundo aceitasse, e que ela trabalharia para concluir a contabilidade da Marsans no menor prazo possível.
Meire cresceu olimpicamente:
– Aí o Beto enlouqueceu! Se ele já gostava de mim, a partir daí se apaixonou perdidamente porque dei a solução.
Dias depois o Enivaldo me chamou e disse: "Meire, você sabe que estou na merda, tô quebrado total". Nisso, eu ganhava dinheiro e pagava o cartão de crédito do Enivaldo, pagava umas contas dele... Aí, ele me falou: "Vamos fazer um negócio? O Beto precisa de notas; ele precisa receber uns negócios aí, e ele paga 10% pelas notas. Eu estou te dando a dica, você emite a nota e a gente racha, 5% pra você, 5% pra mim". Uma operação totalmente desfavorável. E, claro, logicamente para quem? Mas eu fiz. Imagina que eu ainda estava apaixonada. Paixão não passa de um dia para o outro. Começo a emitir notas para o Beto. Então emiti um lote de notas no fim de 2012 e depois outro lote no fim de 2013. E, nisso, como o Beto já começara a gostar de mim, sempre que ia fazer uma coisa, me consultava. Assim, depois disso, sou eu que apresento o FIP.

Saco sem fundo

Meire explicou como nasceu a loucura de Youssef pelo esquema das empreiteiras – que veio a ser conhecido como Petrolão, continuidade do Mensalão, nascido como projeto de poder em Santo André: – A Marsans começou a drenar todos os capitais. Era um saco sem fundo! Precisava de dinheiro diariamente. Eram ligações e mais ligações pedindo dinheiro com urgência. Já haviam tomado empréstimos bancários, já haviam recebido os R$ 23 milhões que entraram no FIP, mas nunca era suficiente. O Beto tinha os acertos dele com as empreiteiras, mas usava as notas das empresas do Waldomiro. De repente, num ato meio desesperado, ele começou a receber diretamente alguns valores na conta da GFD no Banco HSBC, através da emissão de notas fiscais frias. Posteriormente, em boa parte dos casos, o dinheiro ia para a Marsans.

Velha dívida

Meire ainda não engolira o tombo de R$ 300 mil em comissões que levara de Youssef – cuja cobrança fez com que ele ameaçasse sua filha de morte.

Mas esse mesmo Beto agora tomava café da manhã diariamente com Meire. Estavam num local qualquer na manhã de 14 de março de 2014, uma sexta-feira. Voltaram ao tema do Igeprev; a operação em que o instituto depositaria R$ 30 milhões a Youssef, dos quais R$ 3 milhões foram para Ari Ariza. Youssef, dos R$ 30 milhões, acabou recebendo apenas R$ 10 milhões. Ficava irado só de saber que agora Ari teria que lhe devolver R$ 2 milhões e não devolvia. Naquele café, Youssef explicou a Meire quais eram os seus métodos de cobrança:

– Amiga, eu vou receber aquele dinheiro do Ari.

Meire ficou feliz ao saber disso:

– Que legal! Você conversou com ele?

E Youssef respondeu:

– Não, não conversei, eu vou mandar um recado para ele e sei que vai pagar.

Curiosa, Meire queria saber mais:

– Nossa, mas que recado é esse?

E veio a resposta:

– Eu já descobri onde estudam os dois filhos dele. Vou mandar um recado por um dos filhos. Não decidi ainda se vou mandar pela filha ou pelo filho, mas ele vai receber o recado e você vai ver como rapidinho ele vai pagar.

Meire tem certeza de que, caso alguém pergunte sobre essa conversa para Youssef, ele vai negar até a morte. E completou:

– Tem outra... O Beto chegou no dia 13 de março de Brasília e falou não só para mim, mas para todos que tiveram uma reunião com o Renan Calheiros, para colocar uma debênture no Postalis. E reafirmo. Ele não falou isso só para mim, não... Você vai ver que existe o mesmo relato em outros depoimentos da Lava Jato. Quando, porém, é confrontado com isso na Polícia Federal, na CPI ou em juízo, ele jura que não falou isso porque nunca encontrou o Renan Calheiros...

Troca de celulares: chega disso!

Entre 2010 e 2012, lembrou Meire, Youssef trocava o seu aparelho de celular, e de todo o seu *staff*, todo mês. Como também emitia ordens terminantes, de uma hora para outra, que iam neste tom: ligava para o funcionário à noite e ordenava: – Corre no cofre e zera ele, tira tudo e esconde, que hoje vai ter operação da PF.

A partir de 2013, uma outra classe de luz passou a iluminar as antigas urgências de Youssef. Ele parou de pedir a troca mensal de celulares. Jamais voltou a pedir que zerassem o cofre na correria. Meire avaliou o caso assim: – Entrava em cena o que chamo de síndrome de Deus: o envolvimento dos partidos com ele era tamanho, que Beto passou a julgar que fosse o rei do Brasil. Passou a ter uma autoconfiança e segurança absurdas, a vaidade o matou, a certeza da impunidade dominou sua vida.

Os tempestuosos transes de insegurança tinham cessado em Youssef. Nessa nova gravitação filosófica, sentia-se invulnerável. Bem no dia da detonação da Lava Jato, a PF o contrastou e o apreendeu com nada menos que 34 celulares...

Os capos do Petrolão saem no tapa

No começo de 2013, Meire quis fazer um evento para apresentar o FIP, porque estavam com dificuldades na captação de recursos dos institutos de previdência.

Tocantins aportou mais R$ 3 milhões além dos R$ 10 milhões que já haviam aportado. Fora isso, só captaram mais R$ 10 milhões, sendo que o próprio Youssef não conseguiu, pessoalmente, captar um centavo sequer.

Mas o administrador do FIP era o Banco Máxima, a quem incumbia administrar o fundo por exigência da CVM. Saul Sabbá, dono do Banco Máxima, se casou com uma moça chamada Claudia Angélica Martinez.

Para fazer o evento, Meire precisava que o administrador participasse. Recordou-se de que o administrador, que é o Banco Máxima, não conhecia nada de FIP e muito menos de instituto de previdência, mas eles deviam participar, porque eram os administradores... Beto autorizou Meire a realizar o evento.

Entretanto, houve guerra de egos entre ela e a jovem mulher do banqueiro, como ela conta: – Eu mandei rodar um filme sobre a Marsans, e contratei uma produtora para fazer o filme, coisa bacana! Esse evento ia ser a minha cara. Já estava contratando uma empresa de café da manhã, quando o Youssef disse que era bom eu ir lá no Banco Máxima porque a mulher do Saul queria pôr outros produtos financeiros à venda para os institutos. Eu falei que não seria possível porque quem iria convidar os institutos de previdência seria uma empresa de agente autônomo, que entraria como parceiro...

Nada. As duas se estranharam. E, numa reunião sobre o evento, Claudia Angélica Martinez disparou: – Inclusive, eu nem gosto desse FIP, que não é um produto que a gente venda e não gosto de trabalhar com o Beto também. E outra, o Beto está devendo R$ 2,5 milhões para o meu marido e não pagou.

A versão que chegou a Youssef, porém, durante um almoço com Claudia e Saul, foi outra: a de que Meire é quem falara mal dele.

E não deu outra... Quando Meire voltou para a empresa, depois de ter-se reunido com Claudia uns dias antes, contou tudo a Quadrado, que defendeu Meire. Youssef, porém, não acreditou, uma vez que lhe contaram outra versão e contra-atacou. Depois de um almoço, Quadrado, já devidamente etilizado, vai para cima de Youssef. Youssef atira um telefone em Quadrado. Este vai para cima dele e lhe devolve uma série de tapas na cara.

Alguns dias antes da data marcada para o café da manhã, então, Meire se retirou do evento – que se realizou mesmo assim.

Ao saber do ocorrido entre Quadrado e Youssef, Meire passou a ligar loucamente para Youssef para esclarecer a fofoca de Claudia. Em uma das ligações, ela disse: – Beto, a gente precisa conversar. Você está dizendo umas coisas aí e eu quero que você fale para mim, na minha cara. Mas ele não respondeu. Em outra ligação, afinal: – Amanhã, às sete horas da manhã, eu estarei na GFD. Então você tem duas opções... Ou conversa comigo na rua, mesmo, a hora que chegar, ou conversa comigo na sua sala. Você é quem sabe o que quer.

E diante disso, ele respondeu que eu poderia ir à sala dele para termos uma conversa.

Sete e quinze da manhã, Meire foi para lá. O Marcelo, que trabalhava com ela, alertou-a: – Você não vai sozinha porque ele tem fama de mandar matar. E se ele resolve te bater, então?

Foi em março de 2013. A conversa durou 35 minutos. Ela entrou na sala e atacou:

– Bom dia o caralho! Seu vagabundo!

Youssef devolveu:

– Amiga, não pode agir com o fígado, fica calma!

Ela:

– Calma a puta que te pariu! Você é vagabundo. Você é bandido.

Para acalmar a situação, Youssef veio com a solução: deu a Meire sete dias no SpaMed, em Sorocaba, na melhor suíte que tinha. Ele pagou quase R$ 9 mil para Meire passar uma semana relaxando. Na sua avaliação: – Então, essa é a cara do Beto.

Aí ele começou a querer fazer visita em institutos com Meire, porque ele queria aprender a vender o FIP.

Meire ficou impressionada com a impertinente franqueza de Youssef: ele já chegava nos clientes no primeiro encontro dizendo quanto pagaria de suborno: – Ele foi comigo aos institutos de Guarulhos e Cubatão. Primeiro fomos ao de Guarulhos. Ele falou: "Amiga [como ele me chamava], como é o primeiro instituto que vou [ele nunca tinha visitado um instituto], nem vou falar nada. Vou ficar quietinho, só quero ver você apresentar para aprender".

– Algum amigo dele havia passado o contato, mas fui eu que fiz o agendamento da visita. Fomos recebidos pelo presidente e pelo diretor-financeiro do instituto. Chovia muito naquele dia. Lembro que me vesti de forma elegante, apropriada para a ocasião, enquanto ele estava de camisa de manga longa, calça jeans e sapato... sem meias! Um pouco "fora do contexto", mas ele era Alberto Youssef! Levei o material do FIP, uma apresentação da Marsans e comecei a fazer a apresentação falando sobre a Marsans. Discursei por aproximadamente três minutos, quando fui interrompida pelo Beto. Então ele começou dizendo que era o dono da Marsans e, em poucos minutos, ele já estava contando que começou a pilotar avião com oito anos de idade... Eu não sabia se ria ou se chorava. Foi surreal! Naquele momento eu sabia que não haveria operação!

Algum tempo depois fomos, novamente juntos, apresentar o FIP no instituto de Cubatão. Ele dizia que a operação já estava fechada... Nada. Mais uma visita frustrada! Respostas desconexas... E, de repente, durante a apresentação, que já ia de mal a pior, ele soltou a "pérola": "Quem fala a verdade não merece castigo. Então é o seguinte: eu preciso de dinheiro nesse Fundo e vou pagar uma boa comissão pra vocês...". Claro que o instituto não fez nenhum aporte no FIP! O Beto usava muito a frase "Quem fala a verdade não merece castigo". Curioso que ela tem lhe sido verdadeira, pois, a cada grande enrosco, ele virava um delator e era premiado, isso renovadamente. Mas, quando eu falei a verdade para a Polícia Federal e coloquei a Lava Jato no rumo, ele achou que eu merecia castigo, diferentemente dele.

Meire ouviu aquilo mais uma vez e ficou fúcsia. Não perdoava Youssef por mais essa patacoada: – Acabou a reunião, todo mundo saiu, e aí pensei... Quem é essa anta que se encontra na minha frente falando uma merda dessa numa reunião dentro do instituto? Acabou a operação, não teve nada. E esse foi o segundo negócio, a segunda apresentação...

Amiga, vamos ficar ricos!

Passa-se um mês, Meire estava almoçando com a filha num restaurante, em um sábado, quando toca seu celular. Era Youssef, que disparou: – Amiga, vamos ficar ricos!

Bastou falar isso para Meire se lembrar de outras ocasiões em que ouviu frases semelhantes, que preconizavam ideias absurdas a ser apresentadas em seguida. Passou rapidamente pela cabeça de Meire uma delas: fazer operações de câmbio falsas. Ele possuía um monte de documentos falsos, guardados em caixas, que ela não sabia a origem: se as pessoas perdiam os documentos e ele os pegava, se os comprava... Então, uma das ideias esdrúxulas dele era pegar todos esses RGs e CPFs, cadastrar e colocar como se esse pessoal estivesse comprando dólar e oficializar, por exemplo, mandando para o Banco Central. E ele dizia: – Amiga, nós vamos tirar limpinho, todo mês, uns R$ 700 mil cada um", ao que Meire questionou:

– Beto, nós vamos mandar essa informação pro Banco Central?

– Vamos, amiga, mas o Banco Central vai levar uns cinco anos para descobrir.

– Beto, então os R$ 700 mil que eu vou ganhar todo mês tenho que guardar pra pagar advogado, porque, quando o Banco Central descobrir, vou ser presa.

– Que nada, amiga, a gente foge do país. Amiga, vamos ficar ricos.

O rápido *flash* na cabeça de Meire foi interrompido pela sequência da conversa ao telefone. Youssef explicou:

– Tem um precatório de R$ 120 milhões. Nós vamos pôr isso num FIDC, e já tenho até o comprador para ele. Segunda eu te ligo e te dou mais detalhes.

E assim foi. Na segunda-feira seguinte, ele contou toda a história do precatório para Meire.

O relato foi este:

– A Constran, que foi comprada pela UTC, tem um valor a receber do governo do Maranhão relativo a uma pavimentação de ruas que foi feita lá, na década de 1980. O governo pagou com um precatório de R$ 123 milhões. Esse precatório já está na fila para ser pago. É o quinto da fila de pagamentos. Mas o governo não tem dinheiro para pagar. Porém, o instituto de previdência do Estado tem. Eu fui ao Maranhão e falei com o João Abreu, chefe da Casa Civil, e combinei com ele que nós vamos criar um FIDC com esse precatório e o Instituto vai colocar o dinheiro. Aí a gente paga a Constran e depois se vira pra ver como devolve o dinheiro do Instituto.

Meire explicou que não daria certo pelo seguinte: a primeira regra de investimento dos institutos de previdência é que eles não podem nunca colocar dinheiro em duas situações. Primeiro, num FIDC não padronizado, que seria o caso. Segundo, eles não podem colocar dinheiro em nenhum fundo que tenha como lastro um papel do próprio Estado.

E Meire disse mais: – Tive a ideia de criar um FIP com características que atenderiam ao instituto de previdência. O Beto afirmava que já estava tudo acertado entre ele e o chefe da Casa Civil. Garantia que o instituto faria qualquer operação, e a ideia do FIP era muito boa...

Em 10 setembro de 2013, eles foram para o Maranhão apresentar essa operação. Meire levou dois rapazes, jovens e brilhantes, que seriam os administradores do FIP, caso a ideia fosse aceita no Maranhão.

No avião de Youssef foram Meire, o próprio Youssef, os dois rapazes e o Marcão.

– O Marcão foi quem intermediou o contato entre o Beto e o João Abreu. Um dos filhos do senador José Sarney é padrinho de casamento dele – Meire completou.

Às 6 horas da manhã, entraram os cinco no avião do Youssef, no Aeroporto Campo de Marte, em São Paulo. Todos muito quietos, por conta do horário, e todos com sono.

Então Beto decidiu quebrar o silêncio e começou a contar a história da sua vida para os dois rapazes...

Em alto e bom som, Youssef jacta-se de sua esperteza atrás das grades: – Fiquei 1 ano e 3 meses atrás das grades. Só que eu saía da cadeia pra fazer liquidação pro Janene. Fiquei preso no Complexo de Operações Policiais Especiais, o Cope, pagando R$ 50 mil por mês. Primeiro que eu não ficava em cela; eles tinham uma edícula no fundo e eu ficava lá. Minha namorada, a Nelma, passava o fim de semana comigo. Quando precisava fazer alguma liquidação para o Janene, eu saía, ia fazer e voltava pra lá, numa boa, sabe? Vê se eu me enrolei no Mensalão...

Youssef relata ainda em voz alta que certa vez ele mandou "pendurar" um cara que não pagou uma dívida com ele. Para fazer esse tipo de serviço, Youssef contava com um tal de Casemiro.

Os dois rapazes, bons alunos, bons moços, que haviam estudado nos Estados Unidos, não acreditam no que ouviam. Queriam era estar longe dali, como contou Meire: – Os moleques se arrepiaram até a alma, eles nem se mexiam dentro do avião, acho que eles nem respiravam. A aeronave aterrissou, entramos todos num táxi, fomos para o Palácio dos Leões, ficamos numa antessala, e aí entraram o Beto e o Marcão para falar com o João Abreu. Eu vi que os dois rapazes estavam quietinhos, mas tudo bem. Na verdade, queria era que eles apresentassem a operação, mas eu já estava muito bem preparada para isso. O Marcão saiu da sala do João Abreu e pediu para que eu e os meninos entrássemos. Sentamos eu, o Beto, os dois garotos, o João Abreu, o João Bringel, que era também do governo do Estado e uma procuradora do Estado, a presidente do instituto de previdência, que era a Dona Maria da Graça, e o diretor financeiro do instituto de previdência, além do Marcão. No fim, fiz a apresentação, porque os rapazes se recusaram a falar.

Meire sairia do Maranhão para o Recife e do Recife para Porto de Galinhas. Youssef, então, disparou para ela: – Olha, cancela sua viagem porque nós vamos ter uma reunião aqui depois do almoço, então vamos almoçar e voltar para o Palácio dos Leões. Vai sair a operação, Meire, já está tudo certo. Só que, depois do almoço, você vai ter que apresentar a operação para todo o pessoal do conselho do instituto.

Saíram para almoçar. Os dois rapazes iniciantes, tremendo de medo, chamaram Meire de lado: – Nós vamos embora, vamos num voo comercial, não vamos voltar com vocês. Esse cara é louco, não ficamos aqui de jeito nenhum. Esse cara é bandido, e você é louca.

Meire, porém, dissuadiu-os de fugir, alegando que Youssef só falava aquilo da boca para fora.

Estavam todos lá. Afinal, a história do precatório interessava para o João Abreu, para o João Bringel, para a procuradora, para o Beto...

Youssef, em seu estilo de sempre, atirou:

– Só uma coisa, vocês sabem que essa operação é fictícia, não é? O terreno é meu, o hotel é meu, a operação é fictícia. Eu gosto de falar porque quem fala a verdade não merece castigo.

Todos ficaram atônitos. A reunião acabara ali...

Passados três dias, ele falou para a Meire:

– Amiga, tive uma solução muito melhor do que aquela. É simples, vou pagar R$ 6 milhões para o João Abreu, e eles vão autorizar o parcelamento do precatório.

Meire alerta-o de que estavam em 2013 e que, em 2014, teria eleição – ganha pelo opositor Flavio Dino. Beto, porém, prosseguiu no negócio, prometendo R$ 6 milhões de propina para o João Abreu.

– Mas o João Abreu não chegou a receber os R$ 6 milhões, porque o Beto foi preso antes. Ele recebeu R$ 4 milhões, e uma caixa de Romanée-Conti: R$ 12 milhões seriam do Beto, R$ 6 milhões do João Abreu – completou Meire.

Frase de Youssef para ela: – Meire, o ano que vem, nós vamos enfiar o pé na jaca.

Meire conversou com seu velho funcionário, Marcelo, dizendo que Youssef estava louco e tinha prazo de validade: – Dezembro de 2013 nós vamos tirar o pé e não vou mais fazer a contabilidade da GFD.

Em setembro de 2013, Meire remeteu um comunicado informando que eles tinham 6 meses para arrumar um outro contador porque ela estava saindo fora. Mandou um e-mail para a diretoria explicando que não iria mais prestar serviço para eles: – Estou fora, acabou.

Youssef, porém, a chamou de novo: – Amiga, ano que vem nós vamos enfiar o pé na jaca porque fui chamado para ser tesoureiro do Partido Progressista novamente, e só tem uma pessoa em que eu confio para fazer esse caixa comigo: você!

Nesse dia, Meire decidiu começar a retirar documentos das empresas de Youssef para encaminhá-los, mais tarde, às autoridades:

– Eu pegava documentos nas empresas, então tinha os extratos de conta no exterior, planilhas de não sei o quê, e mais outros documentos. Eu ia "roubando" tudo. Não sabia da Petrobras, mas sabia que aquilo era alguma coisa grande e errada, então guardava o que via pela frente. Eu tinha um monte de coisa do escritório dele.

Numa sexta-feira chuvosa, em janeiro de 2014, Youssef telefonou para Meire por volta das 17 horas e pediu para que ela fosse imediatamente ao seu escritório, e Meire foi.

Chegando lá, deparou-se com João Graça, que Youssef apresentou como sendo um representante do PP – Partido Progressista.

– Meire, esse é o João Graça do PP. Senta aí, amiga, tem um negócio maravilhoso para você.

– Quando ele falava isso eu até me arrepiava, pensando... Meu Deus, qual é o negócio, Beto?

– Entraram R$ 5 milhões no caixa do partido, a gente precisa tirar R$ 4,5 milhões de lá. Pago 15% para você emitir a nota.

Eu comecei a rir e falei para ele:

– É pegadinha, não é, Beto? Deve ter uma câmera escondida aqui, não é isso? Ano de eleição, você quer que eu emita uma nota de contabilidade para o Partido Progressista dizendo que prestei serviço para eles, serviços contábeis, no valor de R$ 4,5 milhões? É isso que você quer? Deve ser piada.

– Porra, você vai amarelar?

– Beto, vamos presos eu, você, o João Graça, todo mundo. Não existe isso!

– Dá um jeito, dá o seu jeito.

– Está bom, Beto, beleza.

Com isso, Meire foi embora. O encontro tinha sido em uma sexta-feira. Na terça-feira, Youssef ligou possesso e falou:

– Olha, não precisa mais, você perdeu. Perdeu 15%; o João Graça já deu um jeito, já tirou os R$ 4,5 milhões do caixa.

Depois ela até se arrependeu de sua decisão, achando que devia ter feito o que ele lhe pedira, pois, com isso, teria uma prova.

No final de fevereiro de 2014, um cliente de Meire a procurou e pediu para que ela trocasse um cheque de um cliente dele, no valor de R$ 200 mil. Ela pediu a Youssef para que fizesse a troca, no que foi prontamente atendida, desde que o cliente pagasse 4% sobre o valor do cheque.

O negócio foi feito, como ela explicou: – Retirei o cheque de R$ 200 mil com o meu cliente, entreguei ao Beto e, três dias depois, ele me deu R$ 192 mil em dinheiro, que levei para o cliente.

Deu tão certo que o cliente pediu para trocar um outro cheque, no valor de R$ 360 mil. Retirei esse cheque no dia 13 de março de 2014. Entreguei pro Beto no dia 14, sexta-feira. Na segunda-feira, em 17 de março de 2014, o Beto foi preso!

Lava Jato: os dias anteriores

Era 14 de março, três dias antes da deflagração da Lava Jato. Meire tomava café da manhã com o Beto Youssef, no Itaim Bibi, em São Paulo.

Ele estava na correria de sempre. Enquanto degustavam o café, Meire lembrou-se de como aquele homem, a cada instante, sobrevivia a si mesmo. Meire não tinha dúvidas de que os tantos e tamanhos rombos de Youssef envenenaram seu coração:

– Em setembro de 2013, o Beto enfartou. Aliás, ele foi impressionante, acabou socorrendo a si próprio. Sentiu que estava enfartando embaixo do chuveiro. Saiu do banho e começou a passar mal. Percebeu que ia desmaiar. Enfiou uma roupa, desceu, pegou o carro, foi para o Hospital Albert Einstein na Avenida República do Líbano, em São Paulo, largou o carro de qualquer jeito. Pisou no hospital e desmaiou enfartado. Foi algo heroico. É ser muito frio, não é? Enfartado, ficou um tempão no hospital todo desesperado, pois muita gente vivia visitando o Beto. Afinal, os empreiteiros todos tinham dinheiro com ele. O Beto funcionava como um banco, então, como era o esquema? A UTC recebia sempre em dinheiro – e hoje eu sei que o esquema era com a Petrobras. Então alguém entregava o dinheiro e o Beto era o operador. Você entendeu como funcionou todo o esquema da Lava Jato? Ele recebia o dinheiro, emitia uma nota, o Waldomiro ia na boca do caixa e sacava. Ele conseguia sacar R$ 1,5 milhão, R$ 2 milhões, por dia, no Bradesco. Sacava, entregava o dinheiro para o Beto. Aquele dinheiro era da UTC, por exemplo. Ricardo Pessoa falava: "Você não vai trazer esse dinheiro para cá, fica com você. Você tem onde guardar?". E ele respondia: "Tenho!". E ficava com o dinheiro lá, R$ 2 milhões, por exemplo, da UTC.

Ao mesmo tempo, estava devendo R$ 2 milhões para a Camargo Corrêa, porque em algum momento recebeu um dinheiro e gastou – mandou para a Marsans, mandou para a GFD, mandou para a Taiana (o Rafael Ângulo dizia que a Taiana custava R$ 100 mil por mês). Então ele gastou, estava devendo 2 milhões para a Camargo Corrêa. A hora que chegavam os R$ 2 milhões da UTC, ele pagava a Camargo Corrêa. Cinco dias depois, o Ricardo Pessoa pedia: "Beto, me dá aqueles R$ 2 milhões lá". Claro que esse é um exemplo, mas dá pra entender como funcionava? Ele sempre estava devendo para alguém e sempre tinha uma ponta aberta da operação.

Essa adrenalina era o que o mantinha vivo, sabia Meire. Era disso que ele gostava: – Você ia ao escritório, em 2013, e tinha uma fila de pessoas para falar com ele. O pessoal entrava, aqueles tipos estranhos, com sacola para entregar dinheiro; aí entrava outro sem sacola e saía com uma sacola de dinheiro. Umas insanidades assim.

No final de 2013, início de 2014, de comum acordo com o Banco Máxima, Youssef resolveu lançar uma debênture no valor de R$ 50 milhões para capitalizar a Marsans. Em suas palavras, a debênture "já estava colocada!". Seriam R$ 25 milhões da Postalis e R$ 25 milhões da Funcef. Ele dizia que esse valor "salvaria" a Marsans.

– Na verdade – completou Meire –, esse valor era pouco! A Marsans devia muito! Além disso, entrando esses R$ 50 milhões, ele demitiria o Enivaldo Quadrado e o Carlos Costa, pois dizia que estava "de saco cheio" deles. Dizia que daria R$ 2 milhões para cada um deles. Também queria "pegar de volta" o investimento que tinha feito na Marsans. Uns R$ 10 milhões. Devia, se não me engano, R$ 2 ou R$ 3 milhões para o Mário Lúcio, que havia sido CEO da Marsans. Dos diretores que estavam na GFD, ele queria manter somente o João Procópio, pois ele vinha abrindo algumas contas no exterior a pedido do próprio Beto. Ou seja, a conta era extensa... Definitivamente, R$ 50 milhões não dariam para salvar a Marsans.

Youssef dormia tarde e acordava às 5 horas da manhã, tanto que chegava entre 6h30 e 7 horas no escritório, quase diariamente.

Aos sábados, ele tomava café com o Ricardo Pessoa para prestar contas e, quem sabe, fazer novos negócios. Youssef não tinha horário nem dia para negociar: – Ele chegou a me ligar num domingo à noite para saber de um imposto da GFD que tinha que pagar, lembrou Meire.

Namorada de Youssef por oito anos, a doleira Nelma Kodama foi também sua grande instrutora na dolagem. Naquele sábado, dia 15 de março, Nelma foi presa.

Em 2005, Nelma fora citada na CPI dos Correios pelo doleiro Antônio Oliveira Claramunt, o Toninho da Barcelona, como operadora do PT no mercado de câmbio de Santo André, durante a gestão do ex-prefeito Celso Daniel, assassinado em 2002.

Conhecida na dolagem como Greta Garbo, Nelma Kodama estava voltando à tona desde 2013, quando reapareceu na Operação Miquéias, investigada num suposto esquema de pagamento de propina a políticos e servidores públicos para desvio de recursos de fundos de pensão municipais. A PF detectou operações dela com o doleiro Fayed Traboulsi, de Brasília, acusado de participar das fraudes. Nelma foi presa dois dias antes da detonação da Lava Jato, quando tentava embarcar para Milão no Aeroporto Internacional de Guarulhos com 200 mil euros guardados na calcinha. Para a PF, ela sabia das investigações e tentava fugir.

No outro dia, domingo, 16 de março, Youssef recebeu R$ 3,2 milhões das mãos de Leonardo Meirelles, em sua casa. Guardou parte do dinheiro no cofre da GFD e separou R$ 1,4 milhão, pois precisava acertar umas contas lá no Maranhão.

Explicou Meire: – Teoricamente, ele já tinha recebido porque devia ter algum crédito, algum dinheiro da UTC com ele, pois já dizia: "Preciso acertar o pagamento com o João Abreu no Maranhão porque, do contrário, o Dr. Ricardo Pessoa vai me matar". O recado que recebera do Maranhão era o de que, se não acertasse o valor combinado, eles parariam de pagar as parcelas do precatório.

Meire contou nos bastidores:

– Acredito que ele já tinha recebido R$ 6 milhões da UTC/Constran, mas só tinha mandado R$ 2,6 milhões pro João Abreu. E ele estava muito preocupado, porque, se parassem de pagar o precatório, a UTC/Constran viria para cima dele, já que iriam saber que ele não cumprira o acordo. Ele ficava numa saia justa porque o Ricardo Pessoa era um de seus melhores clientes. Ele não podia se queimar. Afinal, caso se queimasse com uma empreiteira, ele se queimaria com todas. Então, no domingo, pegou R$ 1,4 milhão e foi, de avião particular, levar ao Maranhão, junto com o Marcão.

Dia de Lava Jato

No dia 17 de março de 2014, quando a Operação Lava Jato foi deflagrada, Meire deixou a filha na escola por volta das 6h45. Era aniversário de sua mãe. Ela estava saindo do túnel Ayrton Senna, zona sul de São Paulo, e às 7h15 mandou uma mensagem de WhatsApp para Youssef, no iPhone 5C que ele lhe presenteara havia alguns dias. Escreveu "Vou para a padaria". Pela primeira vez Youssef não respondeu.

Na hora, não deu muita importância ao fato, e foi direto para o seu escritório, onde seus afazeres a aguardavam. Pouco depois, os funcionários do escritório de contabilidade começaram a chegar. Como era uma segunda-feira, por hábito, Marcelo, o funcionário e amigo, logo que chegava já ia para a sala de Meire "atualizar" o fim de semana.

Estavam nesse bate-papo, quando Meire ouviu tocar o seu outro celular, da Tim, que estava em fase de desativação. No primeiro momento, ela não atendeu a ligação e continuou conversando. Quando acabou a conversa com Marcelo, Meire pegou o celular antigo para verificar quem teria ligado àquela hora da manhã. Era uma ligação de Rafael Ângulo, funcionário de confiança do Youssef.

Meire completou:

– Quando vi uma ligação do Rafael no meu celular da Tim, que ele sabia que estava sendo desativado, acenderam todas as minhas "luzes"... Por que o Rafael estaria me ligando no celular da Tim se ele tinha o novo número, com o qual falo com ele frequentemente? Retornei a ligação e entrou direto na caixa postal. Tentei o outro número dele, e idem. Pensei: "Deixa eu ligar para o Enivaldo". Caixa postal. Mandei mensagem, e ele sequer recebeu. Mas ele podia estar na estrada, em trânsito, de Assis para São Paulo, naqueles trechos da estrada em que o celular não funciona. Carlos estava indo para Salvador, numa reunião. Ia bem cedo. Àquela hora, já devia ter embarcado, portanto, não adiantava ligar para ele. Decidi ligar lá na GFD. Chamou, chamou, chamou, ninguém atendeu. Logo imaginei: "Deu merda". Chamei o Marcelo, peguei um papel qualquer, e falei: "Marcelo, deixa aqui o seu celular e a sua carteira, pega esse papel, vai lá na GFD e entrega para o Sr. João. Se estiver tudo bem, me liga de lá". Ele foi. Mas minha intuição já dizia que tinha algo muito errado acontecendo!

Meire começou a juntar as coisas da GFD: pegou seu computador, desconectou a CPU, pegou o que tinha da GFD... Também pegou as caixas que continham os documentos das empresas do Waldomiro de Oliveira: MO Consultoria, RCI Software e Empreiteira Rigidez, embora não imaginasse o que estava acontecendo nem mesmo quanto os documentos dessas empresas seriam decisivos para o futuro da operação que se iniciava naquele dia...

Passados 5 minutos, Marcelo voltou, pálido, suando e avisou: – Polícia Federal, Meire. Nem subi. Tudo tomado!

Ela não se desesperou:

– Beleza, pega essas coisas, bota no porta-malas no meu carro e tira ele do estacionamento.

Ela não sabia o que ia acontecer.

– A primeira coisa que pensei foi: "Será que é o resultado daquela conversa que tive aquele dia com o Dr. Otávio? Será que ele realmente investigou e estourou tudo agora? O cara investigou, não entrou em contato comigo, sei lá. Mas, pelo sim pelo não, tirei tudo. A sensação foi horrível. Eu não tinha a quem recorrer. E agora o que é que eu faço? O Marcelo, conforme orientei, tirou o carro do estacionamento. Ele estava muito nervoso e falou: "Meire, vai embora. E agora? Será que a Polícia vem pra cá?". Achei melhor ir embora mesmo. Fui para o escritório de um amigo, no bairro do Tatuapé, zona leste de São Paulo. Tudo que estava no porta-malas do carro foi para a casa de outro amigo, num bairro bem distante, também na mesma região.

Meire precisava descobrir o que estava acontecendo. Ligou para Assis, na casa de Enivaldo, com uma desculpa sobre as declarações de Imposto de Renda da família, que era ela mesma quem ainda elaborava.

A esposa de Enivaldo atendeu o telefone com voz de choro. Meire, calmamente, começou a falar sobre as tais declarações, quando Malu disse:

– Você não está sabendo o que aconteceu?

– Não, Malu. O que aconteceu?

Ao que ela respondeu:

–O Enivaldo foi preso – e começou a chorar.

Meire disse:

– Mas como assim, Malu? Como foi preso? O que aconteceu?

Ela falou:

– Eu não sei – chorando. – Eu não sei, Meire, não sei. O que eu faço?

E Meire orientou:

– Não faz nada. Não sai de casa, não atende imprensa, fica aí. Não atende ligação de número que você não conhece, deixa eu descobrir primeiro o que aconteceu de fato.

Carlos conseguiu avisar a irmã sobre sua prisão e pediu para que ela entrasse em contato com o advogado e com Meire; Enivaldo conseguiu avisar seu advogado. A irmã do Carlos ligou para o escritório de Poza. Precisava falar urgente com ela. Meire retornou a ligação. A mulher, chorando ao telefone, disse: – Meire, o Kiko foi preso.

Meire foi para o escritório do advogado de Enivaldo. Os advogados ainda não tinham tomado pé da situação, ainda não sabiam o motivo da prisão. Ela resolveu, então, voltar para o seu escritório e pensou, espertamente: – Se a Polícia Federal não foi até aquela hora lá é porque não ia mais.

Passava um pouco das 20 horas quando dois funcionários de Youssef, João Procópio e Mateus, foram para o escritório de Meire. E, assim, ela começou a entender o que estava acontecendo... Durante o dia, a imprensa já noticiava a operação, que seria voltada às atividades de alguns doleiros.

Meire lembrou como os dois lhe contaram tudo que aconteceu, inclusive como o João Procópio "enganou" o delegado:

– A Polícia Federal chegou às 6 horas da manhã e foi recebida pela dona Maria, a copeira. Posteriormente chegou o João Procópio, que não percebeu a presença dos policiais na recepção do prédio e adentrou normalmente. Levou um susto quando viu os policiais já dentro do escritório da GFD! Ele tinha um pen drive com todas as informações do exterior, todas as contas, senhas, tudo. Manteve-se firme. Na primeira oportunidade, foi ao banheiro e colocou a mídia no forro. Saiu. Pensou. Arrependeu-se. Voltou ao banheiro. Trocou o pen drive de lugar, colocando-o no bico do sapato social. Voltou. Depois de algum tempo, o pen drive começou a machucar o seu dedão! Foi novamente ao banheiro. Tentou jogá-lo no vaso e dar descarga. Não deu certo. Acabou por jogá-lo pela janela do banheiro! Mas como desgraça pouca é bobagem, os policiais viram o cofre da empresa e decidiram abri-lo. Sr. João age tranquilamente: "Não tem problema, filho, pode abrir o cofre, ele está vazio. Nós estamos passando por uma situação dificílima, pode abrir, não tem problema nenhum". Seu João nunca imaginou que Youssef havia passado por lá no domingo e guardado ali R$ 1,8 milhão! Chamaram um chaveiro e ligaram para o delegado que prendeu Beto lá no Maranhão para pedir a senha. O delegado pediu e o Beto passou a senha do cofre: estava abarrotado de dinheiro.

Já naquele dia 17, Meire sabia de uma coisa: que iria entrar na brincadeira com a Polícia Federal. Ela achava que, enfim, a PF havia acreditado em sua dica, ajuizada dois anos antes.

A máquina de Youssef não poderia parar

Aos poucos, Meire começou a tomar pé da situação. Estava acompanhando de perto o caso de Enivaldo Quadrado, portanto, em contato direto com advogados. Isso lhe permitiu ver tudo de perto. Mas os advogados precisavam receber honorários. Esse era um grande problema. Na verdade, o maior!

– Meire, nós precisamos ir atrás de dinheiro – disse João Procópio.

– Tá bom, Sr. João. E onde nós vamos atrás de dinheiro?

O Sr. João falou: – Vou para a Camargo Corrêa e você vai para a UTC. Vamos pedir dinheiro.

– Quanto que é para pedir?

– Meire, pede R$ 500 mil, porque a gente precisa pagar os advogados do Enivaldo e do Carlos. Eu também vou precisar de um advogado, além de pagar aluguel, funcionários, enfim, então tenta R$ 500 mil lá, e eu tento mais R$ 500 mil na Camargo. Com R$ 1 milhão, a gente ajusta as contas.

O concunhado do João Procópio, João Auler, era presidente do conselho da Camargo Corrêa.

A Polícia Federal deixou com João Procópio a cópia da busca e apreensão feita na GFD. Ele entregou a cópia para Meire, que verificou a existência de um recibo para Fulana de Tal por conta de Ricardo Pessoa. Sr. João, então, falou: – Dá um toque para o Ricardo Pessoa que levaram um recibo aqui em nome dele.

Por conta da operação com o precatório do Estado do Maranhão, Meire tinha o contato de um dos diretores da Constran: Augusto Pinheiro. Entrou em contato pelo celular e ele logo se dispôs a recebê-la na sede da empresa, em São Paulo. Embora o objetivo fosse conversar com Ricardo Pessoa, Meire explicou a Augusto o que a levara ali. Pediu os R$ 500 mil e saiu com a promessa de que teria o dinheiro em breve.

Esse diretor da Constran revelou a Meire algo incrível: como Youssef enganou a PF no dia da deflagração da Lava Jato. Inacreditável.

Youssef havia viajado com Marcão. Ficaram hospedados no Hotel Luzeiros, em São Luís, cada um num apartamento, em andares diferentes. Ele relatou:

– Quando foi entre 3 e 4 horas da manhã, tocou o telefone do quarto do Beto, que atendeu e escutou: "É o Zé?". E respondeu: "Não, é o Beto". "Ah, desculpa, liguei errado." O Beto, desconfiado, ligou na recepção e pediu para que verificassem de qual número a ligação foi originada. A recepcionista do hotel disse que foi do DDD 41. Ele, muito rápido, logo pensou: "041 é Curitiba. A Polícia Federal vai me prender". Pegou a mala com o dinheiro e se dirigiu ao quarto do Marcão. Entregou a mala e disse: "Vão me prender hoje às 6 da manhã. Fica com o dinheiro e liquida a operação. Você tem que pagar os caras, pelo amor de Deus". Seis horas da manhã: Polícia Federal, como já esperado. "Doutor, eu estou limpo, pode olhar o que o senhor quiser aí." Essa foi a fala de Youssef. A Polícia Federal queria saber o que Youssef estaria fazendo no Estado do Maranhão, ao que ele responde: "Estou aqui pra ver uns investimentos, uns terrenos para comprar". Ninguém sabia do Marcão, que deixou sorrateiramente o hotel às 10 horas da manhã. O Beto foi preso e o Marcão saiu e, como combinado, foi lá e entregou R$ 1,4 milhão para João Abreu. Ainda levou uma caixa de vinho na barba deles. Tudo bonitinho, tudo certinho.

Meire soube dessa história primeiro pela boca de Augusto Pinheiro, depois pela boca de Enivaldo Quadrado. Com o tempo já havia muita gente sabendo dessa história. Mas essa era a versão de Youssef. Porém, Meire teve a confirmação, já que também escutou a mesma história da boca do outro protagonista da Operação Lava Jato: o delegado Márcio Adriano Anselmo.

Youssef engana a PF

Em São Paulo, nos dias que se seguem, a UTC/Constran não cumpriu a promessa de arcar com as despesas do escritório de Youssef. Meire passou a pagar tudo sozinha, em valores que ultrapassam R$ 200 mil.

Na quarta-feira, após a deflagração da Operação Lava Jato, a grande surpresa: o advogado de Enivaldo Quadrado renunciou a sua defesa. Meire começou a procurar outro advogado para defendê-lo.

Quadrado havia sido preso temporariamente, ou seja, por cinco dias, podendo ter esse prazo prorrogado por igual período. Depois da prorrogação, se não fosse solto, seria decretada a prisão preventiva, sem prazo para sair. A imprensa já noticiava que Quadrado era o "mentor" da Operação Lava Jato!

Vencido o primeiro prazo, na sexta-feira, 21 de março de 2014, o inevitável aconteceu: a prisão de Quadrado foi prorrogada por mais cinco dias, vencendo o prazo no dia 26 de março de 2014. Ainda não havia um advogado constituído para sua defesa, e começava o fim de semana...

Na segunda-feira, 24 de março de 2014, no final da tarde, Meire contratou uma advogada para a defesa de Quadrado. Foi ela mesma quem pagou os honorários. Trabalhou lado a lado com a advogada. Na terça-feira, final de tarde, outra surpresa: a Polícia Federal, no momento da prisão, encontrou na casa de Quadrado uma anotação com dados de uma conta no Wachovia Bank of Georgia. Com essa informação, os policiais passaram a investigá-lo também por evasão de divisas.

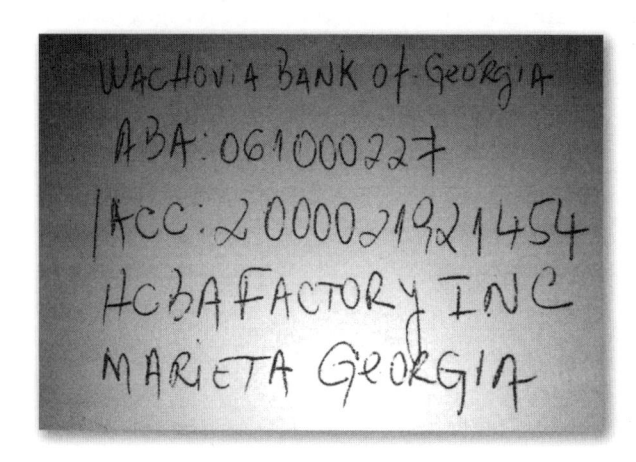

Meire completou:

– Liguei para a mulher do Enivaldo e falei: "Malu, você conhece alguma Marieta? Que tenha conta fora do país, na Geórgia?". Ao que ela respondeu: "Eu não sei quem é, não". "Malu, calma. Não é uma tia sua, sei lá, uma prima, uma amiga distante?". E Malu reafirmou: "Meire, eu não sei quem é..."

Depois de 50 minutos de choro ao telefone, a mulher de Enivaldo no final disse: "A única Marieta que eu conheço é a cidade onde a minha filha vai estudar".

E Meire perguntou: "Malu, onde fica essa cidade?", fala. E veio a resposta: "Na Geórgia".

Meire mandou a informação para a advogada. As anotações referiam-se a uma conta corrente em que Quadrado eventualmente enviaria dinheiro para a filha quando ela estivesse na Geórgia. Enivaldo Quadrado prestou depoimento no dia 26 de março de 2014, a partir das 9 horas da manhã. Às 13 horas ele foi liberado.

A verdade é que NINGUÉM, nem mesmo Enivaldo, soube dizer do que se tratava aquela anotação. Com absoluta certeza não tinha nada a ver com a viagem da filha. Isso tudo foi uma grande coincidência. Mas o fato é que foi uma coincidência que o livrou da cadeia!

A mulher de Enivado ainda pediu um favorzão a Meire: buscá-lo em Curitiba. Meire estava em São Paulo. Ela foi de avião para Curitiba, e, chegando lá, alugou um carro e guiou estrada adentro, por sete horas, até a casa da família de Quadrado, em Assis. Meire relembra o fato:

– Enivaldo ficou na casa dele. Só voltou para São Paulo na segunda-feira, dia 31 de março de 2014. Fiquei muito feliz, pois, a partir daquele momento, teria alguém para dividir os meus medos, a minha aflição. Teria um amigo para compartilhar toda aquela situação surreal que eu estava vivendo. Infelizmente não foi isso que aconteceu. Enivaldo nunca teve olhos capazes de enxergar milímetros além de seu próprio umbigo. Depois de tudo isso, algumas semanas depois ele pegou todas as suas coisas e foi morar definitivamente em Assis, sem nunca ter olhado para trás, sem sequer ter se lembrado dessa passagem.

As conversas de Quadrado e Youssef na prisão

Logo que foi solto, em 26 de março de 2014, ao entrar no carro que Meire alugou para levá-lo para casa, Enivaldo começou a falar dos principais assuntos: primeiro contou que, no dia seguinte à prisão, na primeira oportunidade que teve de conversar com Youssef, perguntou sobre o cheque do cliente de Meire, pois ela teria que prestar contas. Youssef respondeu que não lembrava o que tinha feito com o cheque, mas que Meire não precisava se preocupar, pois ele ficaria pouco tempo preso e, assim que saísse, acertaria com ela o valor. O segundo assunto era sobre um pedido de Youssef, no dia da saída de Enivaldo. Pediu para que ele procurasse o Antonio Português e cobrasse dele uma dívida de US$ 1,5 milhão. Pediu que usasse esse dinheiro para pagar os honorários de seu advogado, Antonio Figueiredo Basto.

Antonio Vieira, ou Antonio Português, executivo do Carregosa, banco português, foi apresentado a Youssef por Enivaldo quando passava por algumas dificuldades e precisava de US$ 2 milhões. Enivaldo contou que fez a apresentação e que Youssef enviou o valor para o Português, que já havia devolvido US$ 500 mil, mas ainda faltavam US$ 1,5 milhão. Existia uma mágoa por parte de Enivaldo, pois esperava que o Português o ajudasse, já que havia intermediado tal empréstimo. A ajuda nunca chegou!

Enivaldo tinha outros planos. Disse que cobraria Português, mas que jamais entregaria o dinheiro ao advogado de Youssef.

Enivaldo tinha vários problemas causados por Youssef. Afirmava que a dívida que tinha com a Receita Federal, proveniente de operações realizadas em Bolsa de Valores, era, na realidade, de Youssef, já que operava em seu nome. A dívida de Enivaldo chegava perto de R$ 4 milhões. Após ter entrado num parcelamento com a Receita Federal, Enivaldo pediu a Youssef que pagasse as parcelas mensais, o que foi feito durante algum tempo. Depois que Youssef enfartou, parou de pagar as parcelas do imposto devido. Existiam ainda outras mágoas, o que levava Enivaldo a afirmar categoricamente que jamais entregaria o valor para Youssef.

Enivaldo falou para Meire sobre o pedido de Youssef. Também contou para Rafael Ângulo e João Procópio. Por fim, os três se uniriam numa "força-tarefa" para receber o valor de Português.

Meire não soube dizer se o valor foi pago. Desconfiou que tenham recebido uma parte e que a outra parte o Português deixou guardada para saldar a dívida com Youssef no momento em que ele deixasse a carceragem.

Na semana seguinte, dia 31 de março de 2014, Enivaldo retorna à cidade de São Paulo. Voltou cheio de recalques, revoltado, dizendo que não ficaria mais em São Paulo, que só esperaria mais um pouco para ver onde é que essa história toda pararia.

Nesse mesmo dia, Meire tomou a decisão que mudaria os rumos da Operação Lava Jato, e também os rumos de sua própria vida: procuraria a Polícia Federal, o delegado da PF Otávio Russo, e passaria a colaborar com as investigações.

Nessa mesma semana um advogado entrou em contato com João Procópio e pediu para que ele fosse ao seu escritório, pois precisavam conversar sobre um pedido que João havia feito.

Logo João Procópio deduziu que devia ser o contato enviado pela Camargo Corrêa, para atender ao seu pedido de dinheiro. Marcou o encontro no escritório do advogado, na Rua da Consolação, em São Paulo, e pediu a Meire que o acompanhasse.

Foi nessa ocasião que Meire conheceu o advogado Carlos Alberto Costa e Silva, que se apresentou como sendo um "representante" das empreiteiras UTC, Camargo Corrêa e OAS. Disse que ele é quem viabilizaria o dinheiro que havia sido solicitado por Meire na UTC.

Na manhã do dia 2 de abril de 2014, Meire saiu do seu escritório, parou o carro numa rua próxima ao escritório da GFD, e ligou para o delegado da PF Otávio Russo. Logo ficou sabendo que ele saíra de férias e retornaria somente depois da Páscoa. Ela relatou:

– Naquela hora, comecei a pensar que talvez eu estivesse fazendo a coisa errada, e por isso não tinha dado certo. Bateu um medo muito grande, afinal de contas eu não conhecia o delegado, e ele já tinha me mostrado uma vez que não era tão confiável assim. Mas eu estava determinada. Não queria mudar de ideia. Marquei bem a data. E comecei a contar os dias para ligar pra ele.

Meire continuou normalmente ao lado de João Procópio e Enivaldo Quadrado. Independente de qualquer atitude que viesse a tomar, Meire ajudava seus amigos. Ainda tinha esperança de conseguir tirar Carlos Alberto

Pereira da Costa da cadeia. (É importante mostrar a coincidência – são dois "Carlos Costa": um é o Carlos Alberto Pereira da Costa, que trabalhava com o Youssef na GFD – o Carlos Costa. O outro é Carlos Alberto Costa e Silva, o advogado indicado para fazer os acertos das empreiteiras – o Costa e Silva.)

Nessa época, Meire já estava com um prejuízo de R$ 360 mil, mais algumas contas que já vinha pagando, como parte dos honorários da advogada de Enivaldo Quadrado. Esse valor aumentou muito no decorrer da operação, ultrapassando os R$ 600 mil. Então ligou para Costa e Silva, pressionando o pagamento. Ele devolveu: – O Beto não autorizou dar dinheiro nenhum para você. Ela contra-atacou dizendo: – Ah, não autorizou? Então eu ponho o teu cliente na primeira página do *Estadão* amanhã, você quer apostar comigo que faço isso?

Meire e João Procópio foram chamados novamente ao escritório de Costa e Silva, um ou dois dias depois desse episódio, às 13 horas. O advogado só chegou às 17 horas:

– Eu, sentada, ele pôs o dedo no meu nariz e falou: "Olha aqui, sua vadia, você não me ameaça, não, sua filha da puta". Levantei e fui embora, sem falar absolutamente nada. Mas guardei esse episódio... Em determinado momento, após meus depoimentos terem se tornado "públicos", voltei a conversar com o Costa e Silva. E ele me deu R$ 10 mil para "amenizar" o prejuízo de mais de R$ 600 mil que eu tinha.

Em 22 de abril de 2014, Meire ligou para o delegado Otávio, na Superintendência da Polícia Federal de São Paulo, aquele a quem ela denunciara tudo dois anos antes. O diálogo foi este:

Meire: – Dr. Otávio, você não vai se lembrar de mim, o meu nome é Meire.
Otávio: – Eu sei quem é você, Meire. Você veio aqui falar sobre o Youssef já faz algum tempo.
Meire: – É, sou eu.
Otávio: – Inclusive, tem uma operação que nós deflagramos tempos atrás, de fundos de investimentos (e teve realmente), e eu até lembrei de você, pensei muito em você.
Meire: – Que bom que se lembrou de mim. Então, eu queria falar com você. Quero ir até aí.
Otávio: – Quer falar sobre a Lava Jato, né?

Meire: – É, sim.

Otávio: – Meire, não é comigo. Infelizmente essa operação é lá em Curitiba, não vou poder te ajudar.

Meire: – Doutor, eu só conheço você de delegado da Polícia Federal. Não conheço mais ninguém. Queria muito que você me recebesse.

Otávio: – Mas eu não posso te ajudar em nada!

Meire: – Então faz assim: você me dá cinco minutos do seu tempo. Se realmente acreditar, depois desse tempo, que não pode me ajudar em nada, ou que não tenho nada a dizer para ajudar a Polícia Federal, vou embora e você nunca mais vai ouvir falar de mim.

Otávio: – Tá bom, Meire. Então vem amanhã, às 10 horas da manhã.

Dia 23 de abril de 2014: Meire foi à Superintendência da Polícia Federal em São Paulo, no 6º andar. Foi recebida por Otávio e disparou: – Você sabe que eu era a contadora da empresa do Alberto Youssef. Eu trouxe alguns documentos para você ver, e, além disso, tenho muita coisa para contar, que sei que vai contribuir com a investigação. Veja, isso aqui fui eu que fiz, essas notas aqui são minhas, eu emiti. Isso aqui não fui eu que fiz, isso aqui foi tudo operação do Beto. A minha parte eu pago, você olha aí e vê quanto é a minha conta. Por isso aqui eu pago. Por isso aqui não, isso quem tem que pagar é o Beto.

Otávio orientou Meire a levar de volta as notas que disse terem sido emitidas por ela. Disse que vai passar o número de seu telefone para o delegado Márcio Anselmo, o responsável pela Operação Lava Jato, e que, caso Márcio se interesse, entrará em contato com ela.

– Eu já tinha ouvido algo bem parecido em 2012 – lembrou-se Meire. – Fui embora desanimada. Duvidava muito que teria algum retorno da Polícia Federal...

25 de abril de 2014: Meire estava almoçando num restaurante japonês, acompanhada de seu fiel escudeiro, Marcelo, quando recebeu uma mensagem pelo WhatsApp. Veio de um DDD 41. Só dizia: "Boa tarde, Meire".

– Logo imaginei que fosse do delegado Márcio Anselmo, e respondi: "Boa tarde", mas a conversa parou por aí. Bom, fiquei animada, porque pelo menos ele havia feito contato!

No final daquela tarde, Márcio retomou o contato com Meire pelo WhatsApp. Marcou para encontrá-la na Superintendência de São Paulo, no dia 29 de abril de 2014, às 14 horas, no 6º andar, na sala do delegado Otávio.

Devemos lembrar aqui um fato importantíssimo: o escritório de Meire havia sido contratado para fazer a contabilidade de Waldomiro Oliveira, dos últimos cinco anos de suas empresas, inclusive a época em que ele estava enrolado na CPI do Cachoeira. Meire guardou tudo. Tinha ouro em mãos; Waldomiro jamais quis pegar com ela as caixas de sua própria contabilidade...

Outra decepção com a PF

Dia 29 de abril de 2014, uma terça-feira, Meire foi se encontrar com o delegado Márcio. Levou toda a documentação que tinha em seu poder, inclusive os documentos das empresas de Waldomiro, que ela guardara por quase dois anos. Estão os delegados Márcio e Otávio e o agente Prado, que Meire chamou de "Deus Grego". Com o tempo, veio a saber que Rodrigo Prado foi ator da Rede Globo, namorou Wanessa Camargo, foi casado com a filha de Tufi Duek...

Depois das apresentações – Otávio explicou a Márcio e a Prado como Meire chegou até ele –, a conversa começou. Márcio quis saber como Meire podia colaborar com as investigações. Aproveitou para lembrá-la de que "era para terem feito uma busca e apreensão na Arbor – empresa de Meire, mas não sabe o que aconteceu, não sabe como foi que isso passou batido!".

Meire é uma mulher que não se deixa intimidar, portanto esse comentário não mudou sua postura. Disse que estava ali com o único objetivo de contribuir. Mais uma vez apresentou as notas que havia emitido e disse que responderia por aquilo sem nenhum problema.

Em algum momento Otávio saiu da sala e deixou os três – Meire, Márcio e Prado – conversando. A conversa foi longa. Ficaram até as 19 horas. Meire relembrou:

– Márcio sentou na cadeira do Otávio, de frente pra mim. O Prado ficou em pé, atrás do Márcio. E o Otávio sentou na cadeira ao meu lado. Eu estava tranquila. Provavelmente naquele momento eles estivessem muito mais ansiosos do que eu! O Márcio começou me perguntando o que eu tinha pra contar. Eu devolvi a pergunta: o que eles queriam saber? Disse que seria mais fácil começarmos por aí. Até aquele momento eu não sabia absolutamente nada sobre a Petrobras. Sabia pouco sobre a existência do Paulo Roberto Costa e que ele teria sido diretor de alguma área na estatal. Eles começaram me perguntado exatamente sobre o Costa. Por que o Youssef teria comprado um carro para ele? Eu só sabia o que ouvi falar na GFD: que o Beto havia dado a Range Rover Evoque de "presente"... Inclusive, naquele dia, o Márcio e o Prado vieram de Curitiba no carro do Paulo Roberto. Soube disso no final da nossa conversa, pois entreguei todo o material que havia levado e estava ainda no porta-malas do meu carro. Então, quando terminamos aquela que seria a nossa primeira conversa, o Prado desceu comigo até o estacionamento onde estava o meu carro. Levei o carro para o estacionamento da Polícia Federal, encostei ao lado da Evoque e o Prado pegou todas as caixas e colocou no porta-malas do outro carro.

Meire imaginava um outro tipo de crime, algo muito menor do que o que presenciamos hoje:

– Eu pensava que o Beto simplesmente fizesse um "caixa 2" para as empreiteiras para que elas pudessem fazer pagamentos aqui e acolá, provavelmente para subornar um ou outro político, já que via alguns políticos na GFD e também escutava alguns comentários, mas minha imaginação não alcançava a Petrobras.

E Meire contou como ficou sabendo que Paulo Roberto Costa era um ex-diretor da Petrobras:

– Em 2013, o Beto mudou de escritório. Saiu da Av. São Gabriel, onde mantinha seus negócios separados das atividades da GFD, e foi ocupar uma sala no escritório da empresa, na Rua Dr. Renato Paes de Barros, também no Itaim Bibi, em São Paulo. Essa mudança merece um detalhamento: Beto, independentemente de quais atividades exercia, era uma pessoa dedicada. Acordava cedo, chegava cedo, estava sempre ligado. Porém, no escritório da GFD, não era bem isso que acontecia. Eram quatro diretores: o Mário Lúcio, o Carlos Costa, o Enivaldo Quadrado e o João Procópio. Teoricamente, cada um tinha uma função. O Mário Lúcio era o CEO da Marsans, ficava no Rio de Janeiro e só cuidava daquela empresa. No começo, ele até se envolvia em um assunto ou outro ligado à administração das empresas da GFD. Ele era um cara inteligente, esforçado. Arrogante por natureza. Sentia-se "o último biscoito do pacote", e acredito que era, sim, um ótimo executivo. O Beto o conheceu na administração da rede Blue Tree. O que eu percebi no Mário Lúcio foi que ele era ótimo para administrar uma empresa sólida. Acredito que a grande dificuldade dele foi administrar uma empresa quebrada, como era o caso da Marsans. O Carlos Costa seria o responsável pela área jurídica. Também cuidava da Marsans. Ficava, com o Mário Lúcio, no Rio de Janeiro. O Carlos era um menino! Ele tinha grande admiração pelo Mário Lúcio, e, por causa disso, era tão arrogante quanto aquele. Também era muito dedicado. Provavelmente faltasse nele um pouco de humildade para fazer com que as coisas da empresa andassem melhor. Ele e o Mário eram centralizadores, e é difícil trabalhar com pessoas assim. Depois de algum tempo, o Carlos virou meu grande amigo, uma pessoa que amo muito. O Enivaldo era uma incógnita. Não sei ao certo o motivo de o Beto tê-lo chamado para trabalhar na GFD. E, com o tempo, o próprio Beto também se perguntava isso. Diziam, no começo, que o Enivaldo teria sido contratado para "operar bolsa" com o dinheiro que teoricamente sobraria no caixa da GFD. O fato é que, realmente, durante um curtíssimo período de tempo, ele fez isso. Concluiu alguns negócios na bolsa por meio da Planner Corretora. Inclusive essas operações renderam à Planner uma grande injustiça cometida por algum jornaleco: noticiaram que os valores pagos pela GFD à Planner seriam oriundos de negociações com a OAS! Pura fantasia e maldade. Foram operações legítimas realizadas na Bolsa de Valores, e com as quais o Enivaldo conseguiu resultados positivos. Acho que essa foi a única vez que "sobrou" algum dinheiro no caixa da GFD! Depois disso, o Enivaldo – que nessa época vivia os dramas do julgamento da Ação Penal 470 – simplesmente "ficava" no escritório. Chegava a ser engraçado: ele estava sempre "antenado". Sabia quais eram os melhores restaurantes, entendia tudo sobre vinhos, pegava receitas diariamente em sites especializados e chegava até a mandar dicas sobre o meu horóscopo! João Procópio, diziam, fora contratado para cuidar das "relações com o mercado"! Eu, particularmente, nunca entendi isso. O fato é que ele, devido à idade, tinha muitas dificuldades. Não sabia mexer no computador, não conhecia muito bem alguns assuntos... Mas era de uma simpatia ímpar! Sempre foi um senhor adorável. De uma educação fora de série. Ele era meio "atrapalhadinho", mas todas as qualidades que tinha superavam os defeitos. Aparentemente, Beto gostava muito de conversar com ele. Mas, a bem da verdade, quem é que não gostava? Nunca se perdia tempo conversando com o Sr. João... Muito pelo contrário: ganhava-se experiência! Ele passava o dia se atualizando na internet. Via vídeos, lia notícias. Também cuidava dos negócios próprios. Ele tinha alguns bens de família e cuidava da administração. Isso lá da GFD! Até mesmo, depois de algum tempo, ele começou a fazer um curso de inglês on-line! Fazia isso também lá no escritório da GFD... Bom, esse era o "quadro fixo" de diretores da GFD. Todos tinham salário. O Enivaldo e o João Procópio recebiam algo em torno de R$ 12 mil. Já o Carlos Costa ganhava menos: recebia R$ 6 mil, mas era o único que tinha registro em carteira. Os outros emitiam notas de suas empresas de prestação de serviços. Não sei quanto ganhava o Mário Lúcio, já que os ganhos dele saíam direto da Marsans, mas ouvia dizer que ele recebia algo em torno de R$ 30 mil. Merecidamente, aliás, posto que era o único que trabalhava de verdade! Mas o caso é que, quando o Beto foi pro escritório da GFD, começou a perceber tudo isso. O Enivaldo e o João Procópio "de boa"... O Carlos – que foi a maior vítima do Beto – também na ocasião não tinha muito o que fazer. O Beto havia determinado que ele não ficaria mais na Marsans. Entretanto, a GFD não tinha demanda jurídica. Além disso, a pedido da Taiana, namorada do Beto, tinha sido contratado um outro advogado, o Dr. Mateus. Se não tinha demanda pra um, imagine pra dois... A GFD era meio que uma bagunça. Penso que se o Beto tivesse contratado as pessoas certas, tivesse profissionalizado a empresa, não tinha chegado aonde chegou. Gosto de dizer sempre que a GFD tinha atividades lícitas: independentemente da origem do dinheiro que fora colocado ali, existiam os hotéis, a Marsans, o galpão do Rio de Janeiro... Havia os funcionários. Enfim, o fato é que, em 2013, o Beto ocupava uma sala na GFD e começou a observar quanto pagava para tão pouco trabalho. E o dinheiro começava a escassear. E logo ele começou a ficar muito incomodado com essa situação. Logo arrumou uma função diferente para o João Procópio: pediu para que ele abrisse algumas contas no exterior, no que foi prontamente atendido. Então o

Procópio passou a ser peça importante na "engrenagem Beto". Porém, o Carlos e o Enivaldo não tiveram a mesma "sorte"! Carlos já arrumou briga logo no primeiro momento em que o Beto foi pra GFD. Ele era voto contra. Sempre falou que o Beto não podia misturar os negócios que fazia com a GFD, que isso uma hora ia dar merda! Assim o Beto também começou a implicar – e muito – com o Carlos. O grande problema era que ele não era apenas o administrador da GFD. Era também o procurador dos fundos estrangeiros, dono da empresa. Então não era tão simples assim mandar uma pessoa dessas embora. Mas o Beto dizia que o faria. Repetiu isso muitas vezes. Dizia que não aguentava mais nem olhar na cara do Carlos! Ironia do destino, né?

Uma vez o Carlos precisava de R$ 10 mil emprestados e o Beto se recusou a fazer o empréstimo. Mas dizia que assim que entrasse dinheiro daria logo R$ 2 milhões pro Carlos e o "mandaria embora". Sempre dizia que os processos dele estavam no final e que, quando tudo acabasse, passaria a GFD diretamente para o seu próprio nome. Não ia mais depender de ninguém! Já o Enivaldo... a coisa era muito mais triste! Ele ficava lá o dia todo sem nada pra fazer. Saía pra almoçar e bebia. Era no mínimo uma garrafa de vinho em cada almoço. À noite era o que tivesse álcool. Tinha rendimento zero. Ficava ali sem fazer nada. Fazia uns poucos pagamentos quando tinha dinheiro na conta da GFD. Os pagamentos de praxe: aluguel, condomínio, luz, telefones, salários... Mas eram dois, talvez três pagamentos por dia. E o Beto incomodado. Muito incomodado. Dizia o mesmo: não aguentava mais ver a cara do Enivaldo. Também daria R$ 2 milhões pra ele e o mandaria embora. Então o Beto já chegou "causando". Por outro lado, o Enivaldo e principalmente o Carlos também tinham pressa em ir embora e mais pressa ainda em receber o dinheiro. E foi aí que o Enivaldo pensou num "plano infalível". Nem o Cascão e o Cebolinha seriam capazes de bolar algo tão incrível: uma carta anônima endereçada ao Beto... Ameaçando contar sobre a Taiana, sobre o Paulo Roberto Costa, entre outras coisas. No final, lembro que ele mandava um recado: "Pague logo para quem você deve para que nada disso aconteça!". O objetivo era que o Beto ficasse assustado, preocupado, e, na dúvida sobre quem teria feito tal maldade, saísse pagando pra todo mundo que devia, inclusive para o próprio

Enivaldo, óbvio. E, claro, eu fui a escolhida para digitar e postar a carta! O Enivaldo foi ao meu escritório em janeiro de 2014 e "ditou" o texto. Antes ele se preparou: pegou nos arquivos do Rafael Ângulo – que foi pra GFD junto com o Beto – um boleto de condomínio da moça para pegar os dados do apartamento que o Beto teria lhe dado de "presente". E, entre algumas outras coisas, ele citou o Paulo Roberto Costa. Eu já tinha ouvido falar dele. Inclusive o vi na GFD uma ou duas vezes. Sabia – pelo Enivaldo – que havia um acordo com uma "ex-namorada" do Paulo e que era "honrado" pelo Beto. Um Fiat Uno foi comprado na loja de veículos do Enivaldo, em Assis, e dado como parte do pagamento do acordo. Além disso, a moça recebia alguns valores mensalmente. Mas era só o que eu sabia sobre o Paulo Roberto Costa. Quando o Enivaldo o citou na tal "carta anônima", eu perguntei o motivo. Se a carta era pra "assustar" o Beto, então essa pessoa devia ser importante. O Enivaldo me respondeu que era um cara da Petrobras com quem o Beto fazia negócios. E só. Nunca me deu detalhes. Aqui cabe dizer que a fidelidade do Enivaldo com o Beto sempre foi admirável. Mesmo depois de ter sido preso na Operação Lava Jato, continuou calado. Não posso dizer o mesmo do Beto...

No episódio da "carta anônima", porém, eles deram azar:

– Só que, por um azar desgraçado, no dia em que o Beto recebeu a carta em mãos, eu estava na sala, com o Enivaldo e o Dr. Mateus. No momento em que vi a copeira entregando o envelope, logo o reconheci. Lembro-me bem de que o selo era de Natal. Então, quando a D. Maria entregou aquele envelope pro Beto, pensei: "Não vou aguentar, vou rir, vou rolar de rir! Melhor sair". A situação era patética! Falei imediatamente: "Gente, preciso ir embora, tchau" e saí.

Depois Meire ficou sabendo por Enivaldo o final da história: Youssef abriu o envelope, começou a ler e chamou o Enivaldo e o Mateus: "Niva, Mateus, venham ver o que eu recebi. Quem será que foi o filho da puta que me mandou isso?". Mateus logo sugeriu que Youssef rasgasse a carta e a jogasse no lixo. Ele suspeitou de algumas pessoas, em especial do Mário Lúcio. O único de quem não suspeitou foi Enivaldo....

Após perguntar sobre o carro de Paulo Roberto Costa, o delegado e o agente continuaram fazendo outras tantas perguntas. No final, Márcio Anselmo perguntou: "Meire, você quer ajudar a gente?". E a resposta: "Puxa, doutor, tô tentando isso desde 2012..."

Meire não poderia saber quais eram os procedimentos normais da Polícia Federal. Na sua única tentativa de denunciar alguém, nada havia acontecido. Não sabia se a PF deveria ter "formalizado" tudo que ela contou. O agente Prado pegou as caixas com documentos, colocou no porta-malas da Evoque e foi embora! O delegado Márcio Anselmo a orientou a abrir uma conta de e-mail no Gmail e simplesmente disse: "Meire, vamos nos falando".

No dia 30 de abril de 2014, Meire providenciou a conta de e-mail conforme orientação de Márcio. A primeira mensagem foi trocada com Prado.

De: Rodrigo Prado Pereira <xxxxxxx@xxxxxxxx>
Enviado em: quarta-feira, 30 de abril de 2014 16:17
Para: Ale Rabello
Assunto: Re: CONVERSA DE 29/04/2014 - DPF SP

Prezada Meire,
Nossa conversa foi muito boa. Vamos mantendo contato por aqui. Assim que tiver qualquer novidade quanto aqueles quesitos, me avise por favor.
Atenciosamente,
APF PRADO
MAT. 19.006

Em 30/04/2014 às 07:15 horas, "Ale Rabello" <xxxxxxxx@xxxxxxxx> escreveu:

Prado, bom dia!
Primeiro quero agradecer - a você e ao Dr. Márcio - pela disposição em conversar comigo, a atenção que deram e, principalmente, por ter me ajudado a não me sentir tão mal... Em relação ao solicitado, estarei hoje providenciando algumas coisas que estejam mais fáceis, como por exemplo os últimos extratos bancários das contas da Arbor. Alguns dos pagamentos efetuados, como foram no ano passado (os maiores, especialmente), estou solicitando cópias nos bancos. Logo terei também alguns itens daquilo que me solicitou.
Não sei se pode me adicionar no skype, o endereço é xxxxxxx@xxxx.com.br.
Fico à disposição para ajudá-los, posto que esperei - ansiosamente, diga-se de passagem - por dois longos anos para poder apresentar o que sei, e mesmo que

não tenha ainda contribuído tanto quanto eu queria, tenho certeza que algumas coisas poderei acrescentar!!
Abraços,
Meire.

A primeira
anotação feita
pela PF

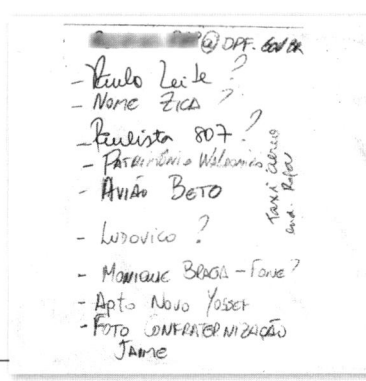

```
- ████████@DPF.gov.br
- Paulo Leite ?
- Nome Zica ?
- Paulista 807 ?
- Patrimonio Walcones
- Avião Beto
- Ludovico ?
- Monique Braga - Fone ?
- Apto Novo Yosset
- Foto Confraternização
  Jaime
```

— No dia 5 de maio de 2014, comecei a falar com o Márcio pelo WhatsApp.

05/05/14 15:05:04: Meire: Boa tarde, Dr. Marcio. Espero que esteja tudo bem com vc!! Enviei algumas coisas por email e estou providenciando outras. Das coisas que fiquei de passar, creio que consiga tudo até sexta-feira!! Abcs.

05/05/14 15:12:04: Dr. Marcio: Ok
05/05/14 15:12:13: Dr. Marcio: Estou processando o material
05/05/14 15:12:40: Dr. Marcio: Devemos acertar para a prox semana uma viagem a sp para formalizar a apreensao daqueles documentos

05/05/14 15:13:03: Meire: Falamos antes??

05/05/14 15:13:14: Dr. Marcio: Sim

05/05/14 15:13:21: Meire: Ok. Te aguardo!!
05/05/14 15:13:27: Meire: Abcs!!

05/05/14 15:13:53: Dr. Marcio: Se puder ja separe todo o material dos contratos da gfd
05/05/14 15:13:55: Dr. Marcio: Emissoes de notas
05/05/14 15:13:56: Dr. Marcio: Etc

05/05/14 15:14:14: Meire: Pode deixar.
05/05/14 15:15:52: Meire: Quer ver antes??

05/05/14 15:19:45: Dr. Marcio: A gente vai conversando
05/05/14 15:21:25: Dr. Marcio: Vc mandou para o meu email?

05/05/14 15:22:24: Meire: Pro Prado.
05/05/14 15:22:29: Meire: Não tenho o seu B
05/05/14 15:22:33: Meire: Email.

05/05/14 15:34:39: Dr. Marcio: xxxxxxxxxxxx@xxxxxxxxx

Ele foi me pedindo informações e fui passando; ele foi pedindo, e eu, passando. Então, sem que existisse uma explicação bem clara da parte deles, comecei a perceber que estava "infiltrada", aquela coisa de filme! Que loucura! É bacana isso, estou lá no meio das pessoas envolvidas na operação e ele me pede para descobrir informações, e, como as pessoas confiam em mim porque estamos todos no mesmo barco, é muito fácil conseguir o que os policiais me pedem. E, do lado de lá, estavam todos aflitos, ansiosos. Todo mundo estava com vontade de falar. Cada um contava uma história para parecer mais importante do que o outro! O Márcio e o Prado absorvendo tudo aquilo. E começaram situações do tipo: "Quem é quem?". "Quem é que abria as contas no PKB*?". "Era o Zé Luiz".

Zé Luiz é filho de um grande amigo de João Procópio e funcionário da Queluz, empresa de investimentos, que tem como sócio o PKB. Ele foi casado com uma cidadã suíça e morou naquele país. Era o cara que abria as contas para Youssef nessa instituição financeira.

Só com o nome, o delegado Márcio não estava conseguindo localizar a pessoa. Dizia que existiam muitos homônimos. Pedia para que Meire tentasse descobrir algo mais sobre o Zé, para ir atrás da informação. Meire então convenceu o Zé Luiz, quando ele foi à Arbor, a abrir uma empresa. E, com isso, conseguiu uma cópia dos documentos dele e, ato contínuo, os enviou por WhatsApp para o delegado Márcio. Mais um trabalho da "agente" Meire.

— Foi fácil convencê-lo. Zé Luiz me entregara os documentos para que fossem copiados com o objetivo de abrir a tal empresa, claro.

```
12/05/14 18:10:31: Dr. Marcio: Meire
12/05/14 18:10:39: Dr. Marcio: Desculpa incomodar novamente
12/05/14 18:10:50: Dr. Marcio: Vc sabe o vinculo do jose luiz c queluz

12/05/14 18:13:22: Meire: Noooooossa eu estava escrevendo pra vc!!!!!!
12/05/14 18:13:57: Meire: O Zé Luiz trabalha la como autônomo.

12/05/14 18:18:18: Dr. Marcio: Hunnn
12/05/14 18:18:30: Dr. Marcio: Pq nao encontrei nenhum vinculo drle
12/05/14 18:18:32: Dr. Marcio: Dele
12/05/14 18:18:39: Dr. Marcio: C a queluz
12/05/14 18:18:50: Dr. Marcio: Qual a idade delw mais ou menos?
```

---

* N. do editor: banco suíço.

12/05/14 18:19:07: Meire: Uns 47 anos.
12/05/14 18:19:18: Meire: Vc não o conhece??

12/05/14 18:19:24: Dr. Marcio: Obrigado
12/05/14 18:19:26: Dr. Marcio: Nao
12/05/14 18:19:35: Dr. Marcio: Ainda nao fui apresentado
12/05/14 18:19:45: Dr. Marcio: Mas adoraria prende-lo
12/05/14 18:21:41: Dr. Marcio: Estou tentando identificalo
12/05/14 18:22:01: Dr. Marcio: Vc sabe se ele tem algum so renome alem do pires?

12/05/14 18:22:32: Meire: Não sei.

12/05/14 18:23:34: Dr. Marcio: <mídia omitida>
12/05/14 18:23:36: Dr. Marcio: Esse?

12/05/14 18:23:44: Meire: Naaaaaaaao!!!!!!!
12/05/14 18:25:17: Meire: Ta no Google!!!!!!!!!!!!
12/05/14 18:25:28: Meire: Coloca o nome e vai em imagens!!!!!!

12/05/14 18:25:32: Dr. Marcio: Serio?

12/05/14 18:25:40: Meire: ME CONTRATA, DR.
12/05/14 18:25:54: Meire: Ta.
12/05/14 18:25:58: Meire: Entra aí.

12/05/14 18:26:06: Dr. Marcio: Tem varios

12/05/14 18:26:17: Meire: Acompanha comigo.

12/05/14 18:26:44: Dr. Marcio: Pires veiga?

12/05/14 18:26:58: Meire: Vou mandar no seu email.

12/05/14 18:27:54: Dr. Marcio: Blz
12/05/14 18:29:14: Dr. Marcio: E esse?

12/05/14 18:29:31: Meire: Mandei no seu email o Zé Luiz.
12/05/14 18:29:43: Meire: Esse eu não conheço.

12/05/14 18:29:59: Dr. Marcio: Hrheheh
12/05/14 18:37:43: Dr. Marcio: <mídia omitida>

12/05/14 18:38:01: Meire: EH ELEEEEE!!!!!!!

12/05/14 18:38:08: Dr. Marcio: Heheh
12/05/14 18:38:13: Dr. Marcio: Achei no facebook
12/05/14 18:49:39: Dr. Marcio: Ele e brasileiro?
12/05/14 18:49:49: Dr. Marcio: Nao consigo achar o passaporte dele

12/05/14 18:49:51: Meire: O Zé Luiz?? Eh de Jau.

12/05/14 18:50:01: Dr. Marcio: Estranho
12/05/14 18:50:13: Dr. Marcio: Ele tem passaporte, positivo?

12/05/14 18:50:27: Meire: Deve ter. Viajou esses dias.
12/05/14 18:50:38: Meire: Ahhhhhhh vai sempre pro Panamá.

12/05/14 18:50:44: Dr. Marcio: Pode ter dupla nacionalidade
13/05/14 12:40:28: Dr. Marcio: Teu amigo ze luis

13/05/14 12:40:35: Dr. Marcio: Esta dando um banho na gente
13/05/14 12:43:59: Meire: Por que?????
13/05/14 12:44:09: Meire: Falei com ele hoje...
13/05/14 12:44:33: Dr. Marcio: Esse cara viaja c passaporte falso entao
13/05/14 12:45:07: Meire: Hmmmmm... Será que eu consigo o CPF dele??
13/05/14 12:45:44: Dr. Marcio: Vc nao tem nada dele
13/05/14 12:45:47: Dr. Marcio: ?
13/05/14 12:45:52: Dr. Marcio: Data de nascimento
13/05/14 12:45:55: Dr. Marcio: Etc
13/05/14 12:46:20: Meire: Não tenho, mas posso dar um jeitinho de saber qual eh a empresa dele...
13/05/14 12:47:04: Dr. Marcio: O possivel endeeeco dele pelo cpf que achei esta em bocaina
13/05/14 12:47:50: Dr. Marcio: E nao e socio de nenhuma pj
13/05/14 12:48:55: Meire: Não eh????? Vc já olhou?? Ele me disse que tem uma empresa...
13/05/14 12:48:50: Dr. Marcio: O problema e que o cpf nao bate
13/05/14 12:49:14: Dr. Marcio: Entao nao e
13/05/14 12:49:15: Dr. Marcio: Rs
13/05/14 12:49:24: Dr. Marcio: Pesquisei aquele cara da foto que vc mandou
13/05/14 12:49:45: Meire: Hmmmmm...
13/05/14 12:50:09: Meire: Mas aquele eh ele mesmo. Eh o mesmo do face que vc achou.
13/05/14 12:55:04: Dr. Marcio: Muito estranho
13/05/14 12:55:32: Meire: Muitoooo!!!!!!!
13/05/14 12:55:18: Dr. Marcio: Eu olhei todos os jose luiz que possuem passaporte
13/05/14 12:55:43: Meire: Vc tem o celular dele???
13/05/14 12:55:45: Dr. Marcio: Jose luiz pires
13/05/14 12:56:07: Dr. Marcio: Nao esta no nome dele
13/05/14 12:56:08: Dr. Marcio: Rs
13/05/14 12:56:34: Dr. Marcio: Mas vc faz contabilidade da queluz?
13/05/14 12:57:06: Meire: Não!!
13/05/14 12:57:19: Meire: Tenho contato só com ele.
13/05/14 13:17:55: Meire: Vc ta procurando Jose Luiz Pires de Campos né???
13/05/14 13:18:23: Dr. Marcio: Sim
13/05/14 13:55:47: Meire: Dr. Marcio, quanto vc gosta de mim???????
13/05/14 13:56:56: Meire: Eu tenho...
13/05/14 13:57:29: Meire: cópia do RG e CPF do José Luiz...
13/05/14 13:58:23: Meire: Ahhhhh e o endereço também!!!!!!!
13/05/14 14:01:51: Dr. Marcio: Kkkkkk
13/05/14 14:01:57: Dr. Marcio: Como assim

> 13/05/14 14:02:09: Dr. Marcio: O que vc andou fazendo c ele?
> 13/05/14 14:02:16: Dr. Marcio: Boa noite cinderela?
> 13/05/14 14:02:30: Dr. Marcio: So faltou a senha da conta do beto na suica
>
> 13/05/14 14:02:36: Meire: Eu o convenci a abrir uma empresa
>
> 13/05/14 14:02:58: Dr. Marcio: Me diz o cpf
> 13/05/14 14:03:02: Dr. Marcio: Deixa eu ver aqui
> 13/05/14 14:03:15: Dr. Marcio: So falta ele usar passaporte falso
>
> 13/05/14 14:04:33: Meire: 05916743866
> 13/05/14 14:05:29: Meire: Fala... Eu sou 10!!!!
> 13/05/14 14:05:41: Meire: Pode elogiar. Eu não ligo.
>
> 13/05/14 14:07:25: Dr. Marcio: Rs
> 13/05/14 14:07:25: Dr. Marcio: Ele e filho
> 13/05/14 14:07:25: Dr. Marcio: Hunnn
> 13/05/14 14:07:25: Dr. Marcio: Por isso nao dava certo
> 13/05/14 14:07:37: Dr. Marcio: Vc deveria fazer concurso pra pf
>
> 26/05/14 15:32:05: Meire: DESCOBRI... O Zé Luiz tem passaporte suisso!!!
> 26/05/14 15:32:34: Meire: Ele trabalhou lá durante alguns anos. A ex mulher e os filhos moram lá.
> 26/05/14 15:32:53: Meire: O Enivaldo me contou!! H
>
> 26/05/14 15:33:06: Dr. Marcio: Kkkkkkk
> 26/05/14 15:33:10: Dr. Marcio: Como assim?
>
> 26/05/14 15:33:21: Meire: Como assim que parte???
>
> 26/05/14 15:33:15: Dr. Marcio: Esse puto vai fugir

Meire vai xerocando, levantando, fichando. E repassando tudo para a PF.

Ela já estava infiltrada havia quase um mês quando o delegado Márcio informou que o Ministério Público Federal queria encontrá-la. Ela respondeu no ato que não estava fazendo troca nenhuma – deixou claro que não tinha moeda de troca:

– Fala quanto é a minha conta, se eu tiver que ser presa, eu vou ser presa. A minha conta – a minha –, eu vou pagar. Deixe que cada um pague a sua, não estou te entregando informações para livrar o meu lado, não. Pode deixar o Beto preso, se ele ficar 50 anos, para mim já está bom.

Meire perguntou se deveria ir acompanhada de advogado, ao que Márcio diz que não, que isso não seria necessário. Fala para Meire não se preocupar que ele estaria "negociando" sua situação com o MPF.

Combinaram sua ida à Curitiba. Em 26 de maio de 2014 ela embarcou. Logo se encontrou com as estrelas da promotoria da Lava Jato: Deltan Dallagnol, Andrey Borges, Carlos Fernando e Roberson Pozzebon. Além dos procuradores, também participaram da reunião o delegado Márcio e o agente Prado.

Todos sentados, em silêncio. Quem começou a falar foi Deltan. Disse para Meire começar sua história por onde achasse mais adequado. Tudo "informal". Nesse momento, Andrey avisou Meire de que faria algumas anotações, só para não se esquecer de nenhum detalhe.

Ela começou a falar:

– Minha história começou em março de 2012, quando denunciei Alberto Youssef à Polícia Federal de São Paulo e não aconteceu nada.

Primeiro silêncio mortal. Primeira interrupção. Todo mundo olhou para a cara do Márcio. O Deltan foi o primeiro a falar: – Como assim? Você sabia disso, Márcio? O Márcio respondeu: – É, eu sabia. Ela esteve lá com um colega nosso, mas, putz, ele estava cheio de trabalho e não levou isso para a frente. Silêncio. Alguém disse: – Mas não levar à frente uma denúncia sobre Alberto Youssef é muito sério, né? Silêncio. E Meire continuou: – Então, denunciei em 2012...

E começou a contar tudo, sem esconder nada, cada detalhe daquilo que viu e viveu por mais de dois anos...

– Trabalhei, emiti nota, fiz... E ficou todo mundo prestando muita atenção. Carlos Fernando foi quem mais se empolgou: – Legal! Vamos pegar todo mundo! Dá pra deixar a Meire lá, discretamente, circulando entre todo mundo e, de repente, fazer aquele esquema de gravar pelo celular!

E ficou claro qual seria, dali para a frente, o papel de Meire na Operação Lava Jato. Ela seguiria infiltrada e grampeando todos, a pedido do MPF e da PF, com o seu celular pessoal, sem que ninguém se preocupasse se estaria em segurança ou não.

Um pouco antes da Páscoa de 2014 – antes que Meire tivesse o primeiro contato com a Polícia Federal –, João Procópio informou que precisava fechar o escritório da GFD porque não tinha mais como pagar R$ 21 mil de aluguel todo mês. Mesmo sem saber, foi aí que veio a chance de ouro da Lava Jato, como Meire explica:

– Quando a Polícia Federal esteve na GFD fazendo a busca e apreensão, em 17 de março de 2014, todos procuravam pelas atividades de "doleiro" do Beto. Não olhavam diretamente outras atividades. Levaram alguns documentos que julgaram pertinentes, mas a verdade é que nem sabiam ao certo o que procuravam. Embora no momento em que o João Procópio decidiu fechar o escritório eu ainda não tivesse muita clareza sobre isso, eu já tinha decidido: ia falar com a Polícia Federal. Então não podia perder aquela oportunidade. Disse pra ele que poderia levar todos os arquivos pro meu escritório. A Arbor teve seus "anos dourados", mas passava por um momento difícil: um dos maiores clientes havia saído, o outro estava em dificuldades e sem pagar mensalidade e o terceiro maior cliente... estava preso! Então eu também havia reduzido o quadro de colaboradores. O escritório ocupava dois conjuntos comerciais na avenida Santo Amaro, Vila Nova Conceição, em São Paulo. Com a redução do quadro de pessoal, estávamos ocupando apenas um conjunto e o outro estava sendo desativado para que em breve fosse devolvido. Para não perder a chance, sugeri ao João Procópio que levasse tudo que fosse da GFD para esse conjunto. E assim foi feito. Ele sequer participou da "mudança". Quem fez tudo fui eu com a ajuda do Marcelo e alguns outros colaboradores. Fizemos isso no fim de semana da Páscoa. Então eu tinha a posse de TODOS os arquivos da GFD. Tudo aquilo que a Polícia Federal não levou agora estava comigo.

Quando Meire esteve com Márcio Anselmo, disse que tinha tudo, todos os documentos. Fosse o que ele precisasse, ela poderia fornecer.

05/05/14 18:38:14: Meire: Encontrei as pastas com toda a documentação dos fundos estrangeiros que são os sócios da GFD. Vc precisa disso??
05/05/14 18:38:24: Meire: Tem em inglês e traduções.

05/05/14 18:38:27: Dr. Marcio: Interessante
05/05/14 18:38:36: Dr. Marcio: Algo liga direto o youssef?
05/05/14 18:38:41: Dr. Marcio: Eu tenho alguns

05/05/14 18:38:57: Meire: To olhando. Tem bastante coisa!!!!!
05/05/14 18:39:17: Meire: São duas pastas. E o meu inglês não eh dos melhores...

05/05/14 18:40:14: Dr. Marcio: Deixa separado

05/05/14 18:40:36: Meire: Já deixei!!!!! H

É por ela que a PF chega ao que não sabia ainda...

Com o tempo, depois que conversaram pela primeira vez e depois que tinham a posse dos documentos das empresas de Waldomiro de Oliveira, a PF começou a mudar o rumo da investigação. Quando Meire disse que tinha todos os documentos, Márcio e Prado se animaram. As conversas no WhatsApp começavam bem cedo e iam até tarde da noite. De segunda a domingo. Meire não tinha folga. E os esforçados policiais devoravam cada informação, estudavam com afinco cada documento. Discutiam com Meire sobre todas as possibilidades.

Em determinado momento, Meire começou a "relacionar" tudo o que tinha ali para Márcio e Prado. Foi quando falou sobre as empresas CSA e CRA, ambas aos cuidados de Carlos Alberto Pereira da Costa, cujos documentos estavam em seu escritório para que verificasse a possibilidade de encerramento daquelas empresas. Ela sabia que Carlos Costa tinha essas empresas desde o tempo em que trabalhou com José Janene. Esses documentos também foram para a Polícia Federal.

De Meire começaram a brotar nomes famosos: ligações de Youssef com Luiz Argôlo, com Jaques Wagner... coisa que até então ninguém desconfiava, nem em sonho:

– Eles me perguntaram se eu sabia quem era LA e eu disse que, seguramente, era Luiz Argôlo, e comecei a contar sobre as ligações entre Youssef e Argôlo. Num outro momento, no dia 26 de maio de 2014, quando fui para Curitiba para falar com os procuradores do MPF, Márcio e Prado foram me buscar no aeroporto. No caminho, Prado me perguntou se eu sabia sobre a ligação entre o Beto e o Jaques Wagner. Contei que o Beto havia me pedido para apresentar o FIP Marsans em Camaçari. Disse que conseguiria fechar a operação, pois tinha contato com o governador da Bahia, Jaques Wagner. Então eu sabia que os dois conversavam, sim, mas não sabia que tipo de negócios tinham juntos. Também contei sobre a Malga Engenharia, que era uma empresa do Beto com o Luiz Argôlo, que tinha algumas obras no Estado da Bahia, com anuência do Jaques Wagner...

Perguntaram também sobre outros políticos, como o deputado Eduardo Cunha.

> 17/06/14 10:24:43: Rodrigo P.: Bom dia
> 17/06/14 10:27:52: MEIRE - LJ entrou
> 17/06/14 10:28:01: Rodrigo P. entrou
> 17/06/14 10:28:14: Meire: Bom diaaaaa!!
> 17/06/14 11:41:14: Marcio: Vc sabe de alguma relacao do deputado eduardo cunha c fundos?
> 17/06/14 11:42:30: Meire: Esse é que é do RJ??
> 17/06/14 11:42:37: Marcio: Sim
> 17/06/14 11:43:03: Meire: Sei que conversaram, mas não fizeram negocio.
> 17/06/14 11:43:11: Meire: Não tem op dele no FIP.
> 17/06/14 11:45:21: Marcio: Algum outro fundo?
> 17/06/14 11:45:38: Marcio: Ligado a ele
> 17/06/14 11:46:19: Meire: Que o Beto vendesse não. Pode ter acontecido dele ter feito negócio com o Ari, mas aí eu não tenho acesso.
> 17/06/14 11:56:37: Marcio: Hunnn

O Márcio me perguntou, pelo WhatsApp, se eu sabia algo sobre o Eduardo Cunha. Na verdade, eu sequer sabia quem era o Eduardo Cunha, tanto que perguntei: "Esse é aquele do Rio de Janeiro?", ao que o Márcio me responde que sim, e pergunta se ele fazia negócios com o Beto. Eu não sabia de nada sobre ele.

É a própria Polícia Federal que conta a Meire sobre o envolvimento da Petrobras em todo esse esquema. É quando "cai a ficha" de Meire. Ela começa a entender alguns episódios que até então não conseguia interpretar.

Lembrou da carta anônima, o "plano infalível" de Enivaldo. Ali soube por que ele citava Paulo Roberto Costa, a importância desse nome em todo o contexto. Naquele momento soube que Enivaldo, embora não participasse, sabia sobre o esquema da Petrobras.

O tempo foi passando depressa. Meire estava gostando de tudo aquilo:
– Parecia tudo muito surreal. Eu estava ajudando a Polícia Federal! Eu estava "investigando", participando ativamente de uma investigação. Aquilo era tudo muito louco. Eu me divertia! O Márcio foi uma das pessoas mais divertidas que eu conheci. Espirituoso, engraçadíssimo, atencioso. Nunca o vi de mau humor, ou de mal com a vida. Ele me contou um pouco

sobre a sua vida em Cambé, no interior do Paraná. Eu o achava uma pessoa ímpar. E toda essa simpatia me fazia querer ajudá-lo mais e mais.

Eis que chegou uma hora em que o delegado Márcio falou: – Meire, precisamos esquentar os documentos que você me entregou. Não posso simplesmente usar esses documentos sem uma justificativa. Tenho que fazer uma busca e apreensão no seu escritório". E ela concordou. Ainda antes disso eles pediram para instalar uma escuta ambiental no seu escritório. E ela respondeu: – A hora que vocês quiserem, podem colocar.

Mas, no meio do caminho, eles mudaram de ideia. Marcaram, porém, a data para "esquentar os documentos": fica combinado que será feita uma "busca e apreensão" na sede da Arbor no dia 1º de julho de 2014.

```
27/06/14 20:20:19: Meire: O que eu faço com esses cheques????
27/06/14 20:20:28: Meire: To numa tremenda saia justa.
27/06/14 20:28:45: Rodrigo P.: Segura eles
27/06/14 20:28:47: Rodrigo P.: Vamos buscar tudo isso semana que vem
27/06/14 20:28:58: Rodrigo P.: Nao da nada pra ninguem
27/06/14 20:29:11: Rodrigo P.: Enrola ate semana que vem
27/06/14 20:29:59: Rodrigo P.: Inventa uma desculpa na segunda feira dizendo que nao deu e que vc vai depositar na terca
27/06/14 20:30:05: Rodrigo P.: Terca cedo to ai
27/06/14 20:30:15: Rodrigo P.: Importante isso Meire
27/06/14 20:30:18: Rodrigo P.: Reta final
27/06/14 20:30:24: Meire: Eu sei
27/06/14 20:30:31: Meire: Por isso to preocupada
27/06/14 20:30:33: Rodrigo P.: Ja vai separando tudo que vc acha importante
27/06/14 20:30:56: Meire: Já ta tudo separado
27/06/14 20:31:26: Meire: Prado, sem viatura e sem roupa preta?? O
27/06/14 20:31:30: Meire: Pode ser??
27/06/14 20:32:29: Rodrigo P.: Isso nao depende de mim
27/06/14 20:32:31: Rodrigo P.: Mas vou levar sua solicitacao a quem decide
27/06/14 20:32:56: Meire: A viatura o Marcio tinha prometido que não viria...
27/06/14 20:33:00: Rodrigo P.: Vou pessoalmente para garantir que nao tera confusao
27/06/14 20:33:12: Meire: Legal...
29/06/14 12:32:23: Rodrigo P.: Meire
29/06/14 12:32:34: Rodrigo P.: Quando puder falar avisa
29/06/14 13:11:30: Meire: Oi
29/06/14 13:11:56: Meire: Posso!!!! O
```

29/06/14 13:14:09: Rodrigo P.: O que acha que podemos encontrar ainda com Joao Procopio?
29/06/14 13:14:27: Rodrigo P.: Ele ja deve ter se livrado de tudo
29/06/14 13:14:44: Rodrigo P.: Lembro que tinha comentado sobre os tokens, etc

29/06/14 13:14:52: Meire: Hmmmmm... Nada!! Já mandou tudo embora, certeza.
29/06/14 13:15:58: Meire: Amanhã ele vai pro escritório.

29/06/14 13:16:13: Rodrigo P.: Otimo
29/06/14 13:16:26: Rodrigo P.: Ele que vai ou vc que chamou?

29/06/14 13:16:36: Meire: Ele que vai.
29/06/14 13:16:53: Meire: Quer mexer na empresa, lembra que falei???
29/06/14 13:17:35: Meire: Vc não vai querer pega-lo no meu escritório né?? O

29/06/14 13:19:05: Rodrigo P.: Otimo

29/06/14 13:19:18: Meire: O que é ótimo???

29/06/14 13:19:22: Rodrigo P.: Nao vamos fazer nada com ele la no teu escritorio

29/06/14 13:19:35: Meire: Blz!!

29/06/14 13:19:46: Rodrigo P.: Otimo, porque preciso de um levantamento dos bens dele

29/06/14 13:19:59: Meire: Ahhh ta...

29/06/14 13:20:04: Rodrigo P.: E saber onde ele esta ficando
29/06/14 13:20:13: Rodrigo P.: E sobre o que ainda tem em casa
29/06/14 13:20:26: Rodrigo P.: Onde esta deixando o dinheiro dele

30/06/14 15:16:33: Meire: Prado, desculpe a insegurança... Mas em relação à amanhã... Além das coisas que combinamos e que já estão separadas, tem algumas outras coisas que vc é quem vai selecionar... Bom, tenho um cliente agendado às 15 horas. Mantenho?? Em relação aos funcionários, como é que funciona??

30/06/14 15:22:08: Rodrigo P.: Vai ser tranquilo Meire
30/06/14 15:23:13: Rodrigo P.: Calma
30/06/14 15:23:16: Rodrigo P.: Ja falo
30/06/14 15:23:18: Rodrigo P.: Um segundo
30/06/14 15:57:37: Rodrigo P.: Meire, nao posso falar direito agora, mas fique tranquila. Vou pessoalmente ai
30/06/14 15:57:49: Rodrigo P.: Vc vai tratar diretamente comigo
30/06/14 15:58:07: Rodrigo P.: Vc esta nos ajudando bastante

30/06/14 15:58:14: Meire: Funcionários?? Normal??

30/06/14 15:58:15: Rodrigo P.: Nao vamos te sacanear
30/06/14 15:58:28: Rodrigo P.: Somos os mocinhos, ta lembrada?
30/06/14 15:58:30: Rodrigo P.: Normal
01/07/14 07:08:00: Rodrigo P.: Meire
01/07/14 07:08:03: Rodrigo P.: Bom dia
01/07/14 07:08:13: Rodrigo P.: Vamos tomar um cafe?

01/07/14 07:08:27: Meire: Bom dia!!!
01/07/14 07:08:38: Meire: Kd vc?

01/07/14 07:08:50: Rodrigo P.: Vc ja esta na Arbor?

01/07/14 07:08:57: Meire: Sim

01/07/14 07:09:17: Rodrigo P.: Otavio pediu pra vc esquentar um cafe

01/07/14 07:09:38: Meire: Ele vem mesmo???? PQP!!!!!!!

01/07/14 07:09:48: Rodrigo P.: Quantos funcionarios tem ai?

01/07/14 07:10:01: Meire: 9

01/07/14 07:10:15: Rodrigo P.: Ok. Tranqilo

01/07/14 07:11:23: Meire: As pessoas chegam as 9
01/07/14 07:11:29: Meire: Os func

01/07/14 07:11:43: Rodrigo P.: Ok

01/07/14 07:27:02: Meire: Tem estacionamento ao lado. Multipark.

01/07/14 07:27:52: Marcio: Viatura nao precisa de estacionamento
01/07/14 07:27:57: Marcio: Kkkkkkk

01/07/14 07:51:37: Rodrigo P.: Nao vai abrir?

01/07/14 07:51:49: Meire: Vc tocou????

01/07/14 07:51:57: Rodrigo P.: Qual numero?
01/07/14 07:51:58: Rodrigo P.: 7 ?

01/07/14 07:52:09: Meire: To abrindo
01/07/14 09:38:11: Meire: Pradooooooo
01/07/14 09:38:15: Meire: A pasta....
01/07/14 09:38:22: Meire: Ficou tirando cópia!!!!!
01/07/14 09:38:32: Meire: Quer que eu envie ou vc volta????

01/07/14 09:38:55: Rodrigo P.: Estamos voltando
01/07/14 09:39:00: Rodrigo P.: Traz pra gente na entrada

01/07/14 09:39:09: Meire: Perae.
01/07/14 10:21:03: Meire: Minha via do que foi apreendido não ficou. Se eu puder mandar buscar me avisa

01/07/14 11:05:45: Rodrigo P.: O ze luiz ta se fazendo de santo aqui

01/07/14 11:05:59: Meire: LEVARAM ELE?????!!!

01/07/14 11:06:07: Rodrigo P.: Aham

01/07/14 11:06:21: Meire: Quem mais?????

01/07/14 11:06:38: Rodrigo P.: Ta santo aqui
01/07/14 11:06:38: Rodrigo P.: <mídia omitida>
01/07/14 11:06:56: Rodrigo P.: Dizendo que nunca imaginou joao procopio trabalhando pro beto

01/07/14 11:34:38: Marcio: Ridiculo o depoimento do ze luis
01/07/14 11:34:41: Marcio: Da uns tapas nele

01/07/14 11:37:47: Meire: Agora não tenho mais como gravar. A PF levou meu gravador!

01/07/14 11:37:55: Marcio: Como assim?
01/07/14 11:38:00: Marcio: Prado?

01/07/14 11:38:05: Rodrigo P.: Apreendemos o celular

01/07/14 11:38:07: Meire: O Prado levou meu celular

01/07/14 11:38:22: Rodrigo P.: So aquele das gravacoes

01/07/14 11:38:36: Meire: É. SÓ AQUELE!!!!!

01/07/14 11:38:42: Marcio: Kkkkkkk

01/07/14 11:45:24: Rodrigo P.: Meire
01/07/14 11:45:24: Rodrigo P.: Preciso que vc venha daqui a pouco aqui

01/07/14 11:45:51: Meire: Hmmmm... Sei. Pra??
01/07/14 11:46:17: Meire: Por quer que eu vá aí?

01/07/14 11:46:24: Rodrigo P.: Meire
01/07/14 11:46:28: Rodrigo P.: Agora serio

01/07/14 11:46:30: Meire: Oi
01/07/14 11:46:33: Meire: Sim

01/07/14 11:46:34: Rodrigo P.: Vamos ouvir vc aqui
01/07/14 11:46:38: Rodrigo P.: Formalmente

01/07/14 11:46:42: Meire: Ta.

01/07/14 11:46:47: Rodrigo P.: A tarde

01/07/14 11:46:55: Meire: Que horas?

01/07/14 11:47:07: Rodrigo P.: Calma

01/07/14 11:47:20: Meire: Prado, vcs não vão me fuder né?????

01/07/14 11:47:22: Rodrigo P.: Ja te confirmo

01/07/14 11:47:39: Meire: Marcio?
01/07/14 11:49:51: Meire: Seguinte: eu confio em vcs, mas não conheço ninguém aqui em SP. Fico preocupada com a condução disso...

01/07/14 11:51:15: Rodrigo P.: Isso é tudo nosso do Parana

01/07/14 11:51:34: Meire: Posso ir sozinha?

01/07/14 11:52:33: Rodrigo P.: Pode
01/07/14 11:52:43: Rodrigo P.: Ou nos podemos ir te buscar

01/07/14 11:53:07: Meire: Eu prefiro, se pudermos ir no meu carro.
01/07/14 11:53:19: Meire: Senão eu fico sem explicação entende??
01/07/14 11:53:53: Meire: Me pediram pra ir depois da busca e apreensão e eu fui sozinha... Teria que ser muito burra!

01/07/14 11:54:15: Rodrigo P.: Ok

01/07/14 11:54:26: Meire: Vc vem?

01/07/14 11:54:25: Rodrigo P.: Nos vamos ate ai depois do almoco

01/07/14 11:54:35: Meire: Blz.

> 01/07/14 11:55:15: Meire: Podemos ir no meu carro?? Por causa da volta...
> 01/07/14 11:59:18: Rodrigo P.: Ok
> 01/07/14 11:59:25: Rodrigo P.: Podemos ir em 2 carros
> 01/07/14 11:59:43: Meire: Blz. Brigadaum.
> 01/07/14 12:05:23: Rodrigo P.: So para o seu deleite
> 01/07/14 12:05:53: Meire: Hein?
> 01/07/14 12:06:12: Rodrigo P.: Veja o video

É importante destacar que Meire tinha um cuidado: todas as suas conversas do Black Berry Messenger – BBM – sempre foram gravadas e viravam e-mail. Ela se automandava e salvava todas as mensagens trocadas. Essa sempre foi uma forma de segurança para evitar discussões sobre alguns assuntos, quando alguém poderia ter dito alguma coisa e depois simplesmente dizer que não falou aquilo. Para que não houvesse dúvidas, as conversas estariam ali devidamente salvas. Quando passou a utilizar o WhatsApp, continuou fazendo a mesma coisa. Sempre salvava as conversas. E assim foi durante todo o tempo em que conversou com a Polícia Federal. Todas as conversas do WhatsApp foram salvas.

Meire fora orientada pelos policiais a gravar a maior quantidade de conversas que pudesse. Para isso, utilizava dois smartphones. Um iPhone 5C, que lhe fora presenteado por Youssef, e um outro, 5S, que ela mesma havia comprado.

Meire gravava assim: desligava um celular na frente de quem ela iria grampear. E deixava o outro, gravando, dentro de uma bolsa Louis Vuitton, de R$ 10 mil, coleção exclusiva, cheia de furinhos. Colocava o celular no "Modo Avião" e acionava o gravador. Mesmo quando pediam para que retirasse o celular da sala, era simples: tirava um e mantinha o outro lá na bolsa, gravando. Ninguém nunca desconfiou!

Outros tantos fatos, curiosos e engraçados, aconteceram durante esse período.

Parte dos envolvidos no caso passaram a frequentar o escritório de Meire. Taiana Camargo foi uma dessas pessoas. Em determinado dia, Taiana estava lá quando um jornalista ligou e conversou com Elaine, secretária de Meire. Disse que havia tomado conhecimento de uma troca de e-mail entre Youssef e uma pessoa do Grande Moinho Cearense. Nessa mensagem, Youssef dizia ao interlocutor que determinada quantia em dinheiro deveria ser depositada na conta corrente da Arbor, e passava os dados. O jornalista queria saber qual o motivo da transferência de recursos. Meire entrou em pânico. Como Taiana estava lá naquele momento, foi a primeira pessoa a saber desse assunto. Imediatamente disse para Meire entrar em contato com o deputado Luiz Argôlo, pois tanto o Grande Moinho Cearense quanto o Moinho Dias Branco eram "do Argôlo". Disse que sabia dessas coisas, porque o Beto sempre comentava com ela e, além disso, tinha uma amiga que já havia namorado Argôlo. Meire trocou mensagem com Márcio. Primeiro querendo saber o que deveria de fato fazer, já que o seu nome e o de sua empresa estariam na imprensa em breve. E, depois, contando a descoberta: era Argôlo o intermediário dos negócios com aquelas empresas!

Márcio disse para Meire ficar calma. Disse que iria verificar.

– O caso é que o jornalista nunca mais me ligou! – Meire esclareceu.

– E a notícia não saiu em nenhum lugar. No meu entendimento, a Polícia Federal era quem determinava quais notícias apareceriam ou não. E naquele momento não era interessante para eles que aquilo fosse noticiado. Ainda era importante que eu não aparecesse.

Taiana passou os números de telefone de Argôlo para Meire. O delegado achou que seria uma boa Meire tentar fazer contato com Argôlo.

– Mandei uma mensagem via WhatsApp para ele, mas não obtive resposta. Passados alguns dias, ainda sem resposta, recebi uma mensagem de um advogado: Aluísio Lundgren – Sou advogado. Você enviou uma mensagem para meu cliente. Gostaria de lhe falar. Posso te ligar?

Meire respondeu que sim. Conversou com o advogado numa sexta-feira por volta das 12h30. Ele estava em Brasília e combinou de ir para São Paulo naquele mesmo dia para conversar pessoalmente com Meire. Ele chegou em Congonhas às 20 horas. Meire foi buscá-lo, com ordens expressas do delegado Márcio de que gravasse toda a conversa, e já estava com tudo pronto para isso. Mas um episódio em especial fez com que ela tivesse 100% de certeza de que ele lhe criaria problemas mais tarde, portanto teve mais certeza ainda da necessidade de gravar a conversa com o advogado. Ela ficou parada, dentro do carro, no Aeroporto de Congonhas, em São Paulo, esperando o advogado que não conhecia. Portanto, enviou via WhatsApp dados para reconhecimento: avisou que estava num BMW branco e informou a placa. Ficou observando, até que percebeu um homem que se dirigia diretamente para seu veículo. Naquele momento, então, Meire desceu do carro e já se dirigiu para a parte traseira do veículo, com o objetivo de abrir o porta-malas, uma vez que o advogado trazia bagagem. Desta forma, encontraram-se, para as apresentações, atrás do veículo de Meire. Meire estendeu a mão para cumprimentar o advogado, quando ouviu dele: – Você é que é a Dona Meire? Ela sorriu e disse que "sim". Ele então completou, da forma mais rude que uma pessoa pode se dirigir a outra: – Achei que fosse uma velha, mas você é muito é da gostosa!

Meire narrou sua impressão:

– Fiquei completamente sem palavras. Não fosse a minha "missão" de ajudar o Márcio, naquela hora teria jogado a mala dele no meio da rua e ido embora. Que homem horroroso era aquele? De onde vinha aquele extraterrestre? Mas me mantive calma. Fria. Convidei-o para entrar no carro. Ele chegou já passava um pouco das 20 horas, portanto a melhor alternativa para poder fazê-lo soltar a língua e gravar a nossa conversa foi convidá-lo para jantar. Assim eu fiz. E ele sugeriu que fôssemos ao restaurante La Caballeriza, na Alameda Campinas.

O advogado, provavelmente não acostumado a beber vinho, caprichou na bebida e começou a falar pelos cotovelos – com Meire obviamente gravando tudo.

– É impressionante como as pessoas subestimam umas às outras. Gravei o Aluísio da forma mais simples que existe: chegamos ao restaurante, sentamos um de frente pro outro. Preparei o celular na frente dele. *Modo Avião, Gravador...* E coloquei o aparelho com a tela virada pra baixo EXATAMENTE NO MEIO DA MESA, entre nós dois, e com a abertura do gravador virada pra ele. Era como se eu o estivesse entrevistando. E ele sequer se preocupou com isso. Veja: ele não quis falar comigo pelo telefone para que não fosse "grampeado". Veio de Brasília a São Paulo para uma conversa particular. E não reparou que havia um celular entre nós. Longe demais de mim, que era a proprietária. Perto demais dele. Normalmente deixamos o celular perto da gente, né? Além disso, temos o hábito – pelo menos eu tenho – de ficar a cada instante mexendo no aparelho, verificando se não tem mensagem etc. Ficamos falando por 4 horas. Em nenhum momento mexi no aparelho, exceto nas vezes em que saí da mesa. E ele não observou isso.

Lá pelas tantas, ébrio, disparou para a Meire:

– O Luiz Argôlo não é homem, não, é moleque, frouxo e todo mundo na Câmara sabe que ele faz negócio com o Youssef, todo mundo lá faz negócio com o Youssef.

Aluísio Lundgren pediu para ir ao banheiro. Meire estava raivosa, porque o advogado estava dando em cima dela. Pegou o gravador do celular e desabafou ao delegado, na mesma gravação em que constava a longa conversa de Aluísio Lundgren: – Doutor Márcio, seu filho da puta, você me paga! Você me paga essa!

Depois, ainda, quando Aluísio retornou, foi a vez de Meire ir ao banheiro. E fez muitas piadas direcionadas ao delegado e ao agente, já que o objetivo era encaminhar a gravação aos dois.

A fita jamais pôde ser usada pela Lava Jato.

Ela prosseguiu assim na conversa, obviamente gravada:

– Dr. Aluísio Lundgren, antes de o senhor continuar, eu tenho que te falar uma coisa: não quero nada, não quero um centavo de ninguém, só quero saber como resolvo esse caso do Moinho Cearense e do Moinho Dias Branco, só isso. Me manda documento para sustentar a emissão da nota e está tudo certo. Não quero um centavo de ninguém, inclusive, essa conta aqui do jantar quem vai pagar sou eu.

Lundgren devolveu:

– Não, minha querida, de jeito nenhum, a gente não precisa dar dinheiro para ninguém, a gente pode pegar a pessoa, mandar dois meses para a Europa, para a pessoa ficar passeando por lá.

Antes de deixar Aluísio Lundgren, Meire ainda teve de se defender: ele tentou lhe arrancar um beijo.

Mais à frente Meire foi chamada para ser testemunha de acusação contra o Luiz Argôlo no Conselho de Ética. Dias depois de seu depoimento, foi a vez de Luiz Argôlo ir para o plenário se defender e começou a falar o seguinte: – Essa mulher é louca, essa mulher, ela é completamente louca, ela já foi expulsa de dentro da GFD porque ela é louca, inclusive, ela só veio prestar esse depoimento porque tentou me chantagear, ela tentou me extorquir, ela esteve com o meu advogado e pediu a ele R$ 250 mil pra ela ficar de boca fechada. E tem mais: na hora em que eu sair daqui, vou contar para a imprensa quem é essa mulher perante os homens.

Possessa, Meire pegou o primeiro avião a Brasília no dia seguinte. Foi ao encontro do deputado Marcos Rogério, do PDT, que era o relator. O deputado disse que ela não dispunha de direito de defesa pública daquelas acusações. Ela recorreu à imprensa: ligou para dois jornalistas amigos. Avisou que ia dar uma coletiva no Salão Verde da Câmara. Levou o celular com a gravação do advogado de Argôlo, Aluísio Lundgren e disparou:

– Escolhi o trecho em que ele me ofereceu uma viagem para a Europa para eu ficar de boca fechada. O trecho que ele falou que o Luiz Argôlo era frouxo também foi legal. Ainda coloquei o trecho em que digo que não quero nada de ninguém e aquele em que ele falou que todo mundo da Câmara sabia que o Argôlo fazia negócio com o Youssef e, que, inclusive, todo mundo lá fazia negócio com o Youssef.

Antes, Meire informou ao delegado federal Márcio que iria tornar públicos trechos da gravação que ela fez contra Aluísio Lundgren, ao que ele respondeu: – Taca-lhe pau!

– Tornei tudo aquilo público e nem assim a Polícia Federal me pediu, oficialmente, a gravação. Por quê? Eles não podiam usar aquela gravação, porque na gravação eu falei: "Márcio, Prado, eu vou matar vocês dois, vocês tinham que estar aqui aguentando esse cara asqueroso nojento! Ou seja, "queimei" a gravação".

Busca e apreensão combinada – mais uma decepção com a Polícia Federal

É montada a busca e apreensão no escritório de Meire, para que assim a PF pudesse formalizar as informações que ela lhes dera como informante.

Ficou combinado que iriam sem alarde. Nada de viatura ostensiva. Nada de "homens de preto com o cinto do Batman", como Meire define o uniforme estiloso dos policiais.

Contrariando o combinado, a PF faz da busca e apreensão um espetáculo. Chegam em grande estilo: o agente Prado vem com os "trajes do

Batman", segundo Meire. O mesmo delegado a quem Meire denunciou o esquema dois anos antes da Lava Jato, o delegado Otávio, chega a interromper o trânsito para buscar testemunhas na rua.

Meire até acha engraçado que o delegado Otávio, que a ignorara dois anos atrás, agora posasse de seu "amigo e protetor". E logo se lembrou de uma conversa que tivera com o agente Prado, em Curitiba:

"Na segunda vez em que estive no MPF falando com o Januário Paludo e o Carlos Fernando, fui, como sempre, até então, ciceroneada pelo Prado. Depois da conversa, quando ele estava me levando para o hotel, faz o seguinte comentário:

"Meire, você sabe que o que o Otávio fez foi crime de prevaricação, não é?".

Então eu, que vivia num mudo completamente à parte, falo para ele: "Não, não sei".

E ele diz:

"Então, é assim: quando você procura uma autoridade para denunciar um crime, a autoridade é obrigada a levar isso a termo, fazer, tomar suas declarações e tal, um inquérito, e ele não fez isso, então isso é crime de prevaricação".

"Puxa, Prado, eu não sabia".

"Mas, olha, você pode denunciar isso se quiser".

Falei:

"Mas, Prado, por que eu faria isso?".

"Então, o Otávio é um cara super gente boa, tem duas filhas, casado. Se denunciar, ele pode até ser expulso da corporação, ficar na merda. Mas você tem que saber que você pode. Mas ele é um cara superbacana..."

Isso foi o que ele falou. O que eu "escutei" foi o seguinte:

"Para de contar para todo mundo que você foi lá em 2012, porque alguém vai querer tomar uma atitude, então, para de falar essa merda!".

A busca e apreensão havia sido combinada pra iniciar às 7 horas da manhã. Não foi exatamente assim. Num horário próximo das 7, Meire recebe uma mensagem de Prado perguntando se o café já estava pronto.

Meire pergunta se eles já tinham chegado. Ela já estava no escritório, sozinha, aguardando. Então Prado responde que estão a caminho e que Otávio pediu para que ela preparasse o café. Foi só nesse momento que ela soube que Otávio participaria do procedimento. Perto das 8 horas da manhã, finalmente chegaram. Já subiram com duas moças que serviriam como testemunhas. Aquelas que o delegado Otávio recrutou parando o trânsito. Inclusive, no decorrer da busca, uma dessas testemunhas faz uma observação: "Nossa, que moça calma! Ah, se fosse comigo, acho que eu desmaiava! Ela tá tão calma, dando risada!". E nesse momento Prado chama Meire e Otávio numa sala e pede para que "disfarcem". Diz que estão "dando muita bandeira". Na entrada já havia rolado beijos e abraços entre Meire, Prado e Otávio. Durante o procedimento de busca, em dois momentos, Otávio abraçou Meire. Num outro momento o delegado "encosta a cabeça" dela no próprio peito, numa atitude de grande intimidade. Mas a partir daquele momento começaram a se comportar de modo diferente.

O que mais deixou Meire frustrada: nessa busca e apreensão montada, prometeram não levar nada pessoal dela. Era o combinado. Na hora o jogo muda e o agente Prado diz: "Meire, eu vou ter que apreender o teu celular". E leva o iPhone 5C, presente de Youssef, gravador utilizado durante todo aquele tempo.

Mal sabiam os federais que todas as conversas que mantiveram pelo WhatsApp, com Meire, estavam salvas em arquivo word e guardadas até hoje...

***

Adriana, noiva de Carlos Costa, se transformou numa grande amiga de Meire, posto que era a pessoa com quem dividia todo o sofrimento da Lava Jato. A moça ficou numa situação muito complicada com a prisão do noivo, que a ajudava financeiramente. Diante disso, Meire passou a ajudá-la, inclusive nas visitas que fazia semanalmente a ele, em Curitiba. Volta e meia ia buscar algum dinheiro com Meire, que a ajudava com muito boa vontade. Numa dessas idas, Adriana confidencia a Meire: "Eu estou tão feliz! Ontem à noite o Carlos me ligou!". Ao que Meire pergunta: "Como assim? Como ele conseguiu te ligar?". E a amiga responde: "Meire, o Beto conseguiu um celular lá na carceragem! Parece que tem um carcereiro que fez amizade com ele e vendeu um celular!".

Meire, estarrecida por já saber de tantas mordomias que Youssef tinha na carceragem da Polícia Federal, chama Márcio pelo WhatsApp – na época o delegado estava em viagem pela Europa:

"Cara, isso não é uma carceragem, é um hotel 5 estrelas! Os caras têm até celular. Que lugar bacana!".

> 23/06/14 11:00:37: Meire: Bom dia!!!!! Ô gente, que moleza, hein??? Celular na carceragem??? Pode??? O
> 23/06/14 11:03:56: Marcio: Como assim?
> 24/06/14 12:50:44: Marcio: Alga noticia?
> 24/06/14 12:51:06: Marcio: Estou curioso para saber onde estao escondendo o celular
> 24/06/14 12:51:27: Rodrigo P.: Nada ainda chefe
> 24/06/14 12:51:39: Rodrigo P.: Deu negativo a vistoria
> 24/06/14 12:52:28: Meire: Não é "emprestado" de algum funcionário??
> 24/06/14 12:53:30: Marcio: Nao fica ninguem la no domingo!

Pronto! Está formada a confusão. E Meire nunca imaginou que uma coisa "tão simples" em seu olhar pudesse se transformar num monstro!

Agora a Polícia Federal quer pegar o celular e o carcereiro que vendeu o aparelho.

E continuam contando com a ajuda de Meire...

Depois da busca feita na sede de seu escritório, a pedido dos seus agora "amigos", Márcio e Prado, Meire conta para várias pessoas que houve o procedimento. E pede especialmente a Adriana, noiva do Carlos, que tente conversar com Youssef para que ele a oriente sobre o que fazer, ou melhor, que ligue pra ela, do celular que tem lá com ele! A PF pede para que Meire force Youssef a lhe telefonar da cadeia para gerarem prova. Mas a ideia não dá certo. Ele não faz a ligação.

> 26/06/14 09:33:14: Meire: Já passei um número pro Beto me ligar no fds.
> 26/06/14 09:44:47: Rodrigo P.: Ok
> 26/06/14 09:45:09: Rodrigo P.: Se alguem for ai retirar alguma coisa nos avise
> 26/06/14 09:45:16: Rodrigo P.: Imediatamente
> 26/06/14 09:50:50: Meire: Podexá!
> 26/06/14 13:31:18: Meire: O Beto vai me ligar. Mas disse pra eu ficar atenta, porque ele pode ligar a qualquer momento, e não necessariamente no final de semana!!
> 26/06/14 13:31:36: Meire: Eu não sei gravar ligação!!!

```
26/06/14 13:38:41: Rodrigo P.: Vc sabe instalar aplicativo no iphone?
26/06/14 13:39:04: Meire: Sei!!!!
26/06/14 13:39:22: Rodrigo P.: Vou tentar achar um aplicativo que faca isso
26/06/14 13:39:48: Meire: Legal. Ele disse que quer me pedir uns favores.
26/06/14 13:40:27: Rodrigo P.: Hmmm
26/06/14 13:40:33: Rodrigo P.: Entao grave urgente
26/06/14 13:40:44: Rodrigo P.: Entra na app store
26/06/14 13:40:57: Meire: Ta
26/06/14 13:41:23: Rodrigo P.: Chama "tapeacall" de Tape A Call
26/06/14 13:41:38: Rodrigo P.: Tem o gratuito e o pago
26/06/14 13:41:44: Meire: Hmmmm. Legal.
26/06/14 13:41:44: Rodrigo P.: <mídia omitida>
26/06/14 13:42:49: Rodrigo P.: Se nao der o gratuito tenta o pago
26/06/14 13:42:54: Rodrigo P.: Custa um pouquinho
26/06/14 13:43:05: Rodrigo P.: Mas o investimento vale a pena
26/06/14 13:43:16: Meire: Podexá...
26/06/14 13:45:00: Rodrigo P.: Tenta baixar logo porque acho que ele vai te ligar agora a tarde
26/06/14 13:45:20: Rodrigo P.: Hoje é meio expediente porque tem jogo em Curitiba
26/06/14 13:45:34: Rodrigo P.: Predio esta vazio como se fosse final de semana
26/06/14 13:45:40: Meire: Já vou fazer isso. To almoçando, mas volto e baixo.
26/06/14 13:45:45: Rodrigo P.: Ok
```

A PF ainda sonda Meire. Querem saber se ela tem mais alguma prova. Ela passa a remexer suas gavetas. É quando lembra de um envelope, guardado numa pasta, lacrado, onde se lê "Enivaldo – Confidencial", escrito com sua própria letra.

Ela abre o envelope e depara com um contrato com uma única assinatura, e lembra da cena em que Enivaldo Quadrado lhe entrega o papel. Ela vê o contrato e se pergunta: "O Enivaldo é tão babaca! Como é que ele vai derrubar o Lula com isso aqui?".

Meu seguro contra o Lula

A cena toda vem a sua mente.

"Um dia o Enivaldo veio até o meu escritório e pediu um favor: me entregou um envelope e pediu para que eu guardasse "como se fosse a minha vida", pois aquele era o seguro dele contra o Lula. Disse que, com aquele papel, ele derrubaria o Lula e todo o PT. Disse também que aquele papel tinha a ver com a morte do prefeito de Santo André, Celso Daniel. Naquele momento achei muito engraçado. Imagine a cena: ele superferrado no Mensalão, cujo julgamento ainda estava acontecendo, duro feito um "tamanco holandês", eu pagando as mínimas despesas dele, e me falando que tinha um "seguro contra o Lula". Era inimaginável. Preferi nem abrir o envelope! Só o coloquei dentro de outro envelope, no qual escrevi: "Enivaldo – Confidencial" com a minha própria letra, e joguei dentro de uma pasta no meu gaveteiro. Ele então me explicou que não queria deixar na casa dele, pois se um dia acontecesse alguma coisa, o primeiro lugar onde procurariam seria exatamente na sua residência. Também não queria deixar no escritório, pois o Beto fazia negócios que envolviam o Lula, e se tomasse conhecimento daquele papel, era bem capaz de vendê-lo para o Chefão. Por esses motivos, preferia deixar o envelope comigo, onde julgava que estivesse muito mais seguro.

Ela fotografa o documento, coloca a imagem no grupo de WhatsApp onde estão, além dela, Márcio e Prado, e pergunta se aquele papel era algo interessante, pois não via ali nada de valor.

Tanto o delegado Márcio quanto o agente Prado "piraram" ao ver aquele contrato. E dizem que querem, sim, o documento para juntar aos inquéritos.

Meire se vê numa situação inusitada: se entregar, pode complicar a vida de Enivaldo, por quem ainda nutre certa paixão! Mas se não entregar poderá deixar impunes os responsáveis pela morte do prefeito Celso Daniel, posto que já soube que o tal documento remeteria a este caso.

Combina com Márcio e Prado que, da próxima vez que for à Superintendência da PF em Curitiba, levará o documento para que decida se entrega ou não!

Meire, então, vai à capital do Paraná, leva os documentos e os deixa no hotel. Ao se encontrar com os policiais da federal, depois de muita conversa, se recorda que Enivaldo, ao sair da cadeia, largou a chave do apartamento na mão de Meire e pediu para que ela devolvesse a chave à imobiliária, deixando todos os problemas para trás, sem ao menos dizer muito obrigado por tudo que ela lhe fizera.

Naquele instante, a cabeça de Meire calou seu coração. Ela voltou ao hotel, pegou os contratos que Enivaldo pedira para ela guardar dizendo que eram o seguro contra o Lula e os entregou à PF.

Estava encontrado o elo que faltava no caso Celso Daniel.

14/07/14 19:54:03: Meire: Marcio, to te enviando dois contratos... Pra mim não quer dizer nada, mas me foi solicitado que guardasse debaixo de sete chaves, pois isso assustaria o PT. Da uma olhada e vê se significa alguma coisa pra vc...
14/07/14 19:54:17: Meire: <mídia omitida>
14/07/14 19:54:18: Meire: <mídia omitida>
14/07/14 19:54:18: Meire: <mídia omitida>
14/07/14 19:54:19: Meire: <mídia omitida>
14/07/14 19:54:19: Meire: <mídia omitida>
14/07/14 19:54:20: Meire: <mídia omitida>
14/07/14 19:58:54: Marcio: Quem pediu pra voce guardar isso?
14/07/14 19:59:22: Meire: Enivaldo.
14/07/14 19:59:30: Meire: O que é?
14/07/14 19:59:30: Marcio: Quando?
14/07/14 19:59:42: Meire: Vixi... Há anos atrás.
14/07/14 19:59:53: Marcio: Kkkkkkk
14/07/14 19:59:54: Marcio: Pra saber
14/07/14 19:59:57: Meire: Uns dois anos.
14/07/14 20:00:05: Meire: Vc sabe o que é?
14/07/14 20:00:33: Marcio: Poe meire
14/07/14 20:00:41: Marcio: Tb nao sou uma enciclopedia ne
14/07/14 20:00:46: Marcio: Mas vou procurar saber
14/07/14 20:00:47: Marcio: Rs
14/07/14 20:00:50: Meire: Kkkkkkkkkkkkkkkk
14/07/14 20:01:07: Meire: Olha, tem a ver com o Celso Daniel.
14/07/14 20:01:11: Meire: Lembra??
14/07/14 20:01:26: Marcio: Sim
14/07/14 20:01:33: Marcio: Mas ele foi matado b antes rs
14/07/14 20:01:43: Meire: Pois é.
14/07/14 20:01:59: Meire: Tem a ver com o pgto

14/07/14 20:02:15: Meire: Da "passagem" dele.

14/07/14 20:43:41: Marcio: Meire

14/07/14 20:43:52: Marcio: O que mais vc sabe sobre esse documento?

14/07/14 20:59:36: Meire: Sobre o documento eu sei que tem a ver com o pagamento pela encomenda da morte do Celso Daniel.

14/07/14 20:59:55: Meire: Prado, pode falar.

14/07/14 21:01:03: Rodrigo P.: Vc tem esse documento original? Onde esta? Ai na sua casa? No escritorio?

14/07/14 21:01:23: Meire: Hmmmm. Tenho o original. Mas calma.

14/07/14 21:01:46: Rodrigo P.: Precisamos dele. Quem sabe podemos dizer que foi apreendido na Arbor

14/07/14 21:13:15: Marcio: Meure

14/07/14 21:13:28: Marcio: Qual a relacao daquele doc c o enivaldo?

14/07/14 21:14:09: Meire: Ele me falou que foi ele quem intermediou a operação
14/07/14 21:14:16: Meire: E fez as liquidações.
14/07/14 21:14:23: Meire: Mas eu nunca perguntei muito.

14/07/14 21:15:03: Marcio: Mas ele comentou sobre a relacao efetiva disso c o celso daniel?
14/07/14 21:15:42: Meire: Disse que foi o pgto pra matarem o Celso Daniel.

14/07/14 21:15:56: Marcio: Certo

14/07/14 21:16:27: Meire: Me pediu pra guardar comigo.
14/07/14 21:16:47: Meire: Sabe o que é... Ele paga a multa da pena do mensalão.
14/07/14 21:17:04: Meire: Então. Ele me pediu pra ir receber todos os meses.
14/07/14 21:17:10: Meire: O PT que paga.
14/07/14 21:17:12: Meire: 3
14/07/14 21:17:20: Meire: Já fui dois meses.

14/07/14 21:17:22: Marcio: Quem paga?

14/07/14 21:17:32: Meire: O Breno Altman.

CONTRATO DE MÚTUO

MUTUANTE: Empresa 2 S Participações Ltda., localizada na Rua Sergipe n.°295- 4° andar- Belo Horizonte/MG, cep.: 30130-171, inscrita sob o CNPJ n.° 05.221.885/0001-72. representado por seu sócio Marcos Valério Fernandes de Souza, RG No. M 1 651.871 e CPF No. 403.760.956-87.

MUTUÁRIO: Remar Agenciamento e Assessoria Ltda., localizada na Rua Joaquim de Castro, n.°24- sala 02- Centro- Rio Bonito, cep.: 28800-000, inscrita sob o CNPJ n.° 28.259.075/0001-00 representada por seu sócio Oswaldo Rodrigues Vieira Filho, CPF n.° 161449617-04.

As partes acima identificadas têm, entre si, justo e acertado o presente Contrato de Mútuo, que se regerá pelas cláusulas seguintes e pelas condições descritas no presente.

CLÁUSULA PRIMEIRA - CARACTERÍSTICAS DO CRÉDITO - Valor do Empréstimo: R$ 6.000.000.00 (seis milhões de reais).
Fluxo de carência: 6 (seis) meses, com pagamento da seguinte forma:
R$ 120.000,00 (cento e vinte mil reais) em 30/11/2004;
R$ 120.000,00 (cento e vinte mil reais) em 30/12/2004;
R$ 120.000,00 (cento e vinte mil reais) em 30/01/2005;
R$ 120.000,00 (cento e vinte mil reais) em 28/02/2005
R$ 120.000,00 (cento e vinte mil reais) em 30/03/2005;
R$ 120.000,00 (cento e vinte mil reais) em 30/04/2005
Parcelas fixas- 60(sessenta) parcelas.
Valor de cada parcela fixa -R$ 172.607,79 (cento e setenta e dois mil e seiscentos e sete reais e setenta e nove centavos).
Início das Parcelas Fixas: 31/05/2005.
Término das Parcelas Fixas: 30/04/2010.
Forma de liberação do crédito: Depósito em conta corrente.

CLÁUSULA SEGUNDA – CONDIÇOES A QUE AS PARTES SE VINCULAM

Parágrafo Primeiro -Natureza da operação - O mutuante concede em favor do mutuário um empréstimo cujo valor, prazo, vencimento e forma de pagamento estão mencionados e caracterizados na cláusula primeira, mediante crédito a favor da conta-corrente do mutuário.

Parágrafo Segundo - Encargos Financeiros - Sobre o valor principal mutuado incidirão encargos financeiros, previstos na cláusula primeira, calculados no período compreendido entre a presente data, até a data do vencimento da quantia devida por força do presente contrato. Os juros serão calculados, sempre e invariavelmente, de forma mensal, como permitido em lei.

Parágrafo Terceiro -Forma de pagamento- Todos os pagamentos devidos pelo mutuário, na forma e vencimento mencionados na cláusula primeira do presente

Os contratos fotografados

contrato, serão realizados mediante depósito em conta corrente ou integralmente se ocorrer qualquer das hipóteses de pagamento antecipado. Fica assegurado ao mutuário o direito à liquidação antecipada do débito, mediante redução proporcional dos juros.

Parágrafo Quarto – Garantia - Para garantir o pagamento do principal e acessórios do seu débito, além de eventuais penalidades moratórias, despesas de cobrança, custas, honorários advocatícios e tudo o mais que fique a dever por força do presente contrato de mútuo, o mutuário constitui a favor do mutuante a seguinte garantia: (notas promissórias, etc.).

Parágrafo Quinto - Encargos Moratórios - Qualquer quantia devida pelo mutuário, por força do presente contrato, vencida e não paga, na época própria, será considerada automaticamente em mora, ficando o débito sujeito, do vencimento ao efetivo pagamento, à atualização monetária segundo índices oficiais regularmente estabelecidos e que reflitam a desvalorização da moeda, a juros de mora de 1,00% a.m , aplicável sobre o capital devidamente corrigido, além da multa irredutível de 2% sobre o total apurado, de acordo com as despesas de cobrança na fase extrajudicial e, também, as custas e honorários de advogado. Se o recebimento do crédito se der através de processo extrajudicial, os honorários advocatícios serão pagos, na base de 10%, sobre o valor total devido.

Parágrafo Sexto - Para efeitos do presente contrato, entende-se por mora, o retardamento do mutuário na liquidação da dívida. A configuração da mora independerá de qualquer aviso, notificação ou interpelação ao mutuário, resultando ela do simples inadimplemento.

Parágrafo Sétimo - Vencimento Antecipado da Dívida - O mutuante poderá considerar, independente de notificação ou interpelação judicial ou extrajudicial, antecipadamente vencida a dívida, de pleno direito, nas seguintes hipóteses:

a) se o mutuário deixar de pagar, em seu vencimento, qualquer quantia devida por força do presente contrato.
b) se o mutuário deixar de cumprir qualquer obrigação decorrente desta operação de crédito, no tempo e modo convencionados.
c) se for movida contra o mutuário, medida judicial que possa afetar os direitos creditórios do credor.
d) se o mutuário falir, impetrar concordata, se tornar insolvente, entrar em estado de liquidação, suspender em suas atividades por mais de trinta dias, ou sofrer protestos de qualquer título.
e) se houver a dissolução da sociedade, a transferência do controle societário, a alteração social ou a modificação da finalidade ou da estrutura da empresa de qualquer um dos co-obrigados, sem o prévio consentimento do mutuante, por escrito.
f) se o mutuário propuser qualquer medida judicial em face do mutuante configurando assim, a quebra do relacionamento comercial entre as partes.
g) se por qualquer ato do mutuário for alteradas as condições iniciais quer seja com relação as garantias oferecidas, dados contábeis, societários, dentre outros, que tenham sido informados e constatados, quando da concessão do crédito decorrente do presente título.

h) ou, ainda, por iniciativa de qualquer das partes sem prejuízo das garantias constituídas, mediante prévio aviso por escrito com prazo de 48 (quarenta e oito) horas de antecedência.

Parágrafo Oitavo - Da Certeza e Liquidez do Crédito – Fica expressa e plenamente assentada, a certeza e liquidez da presente dívida, compreendendo o cálculo de juros, taxa, e demais encargos que, com o principal formarão o débito.

Parágrafo Nono Fica estipulado que o presente contrato será rescindido de pleno direito, sem qualquer ônus para as partes, caso seja descumprido qualquer cláusula do Contrato de Mútuo no qual a Remar Agenciamento e Assessoria Ltda., figura como mutuante e a empresa **Expresso Nova Santo André Ltda.**, como mutuário.

Parágrafo Décimo - Declaração - O mutuário declara para os devidos fins que ao assinar o presente contrato compreendeu o sentido e o alcance de suas disposições após terem lido e discutido, sob todos os aspectos e conseqüências, as condições que regem a presente operação de crédito.

Parágrafo Décimo Primeiro -Eleição do Foro - Para dirimir quaisquer controvérsias oriundas do CONTRATO, as partes elegem o foro da comarca da cidade do RIO DE JANEIRO.

As partes aceitando as condições ora estipuladas e declarando ter conhecimento do contrato de mútuo que segue anexo, firmado entre **Remar Agenciamento e Assessoria Ltda.** (mutuante) e **Expresso Nova Santo André Ltda.**,(mutuário), firmam a presente em duas vias de igual teor.

Rio de Janeiro, 22 de outubro de 2004.

MUTUANTE : 2 S Participações Ltda
CNPJ n.º 05.221.885/0001-72

MUTUÁRIO: Remar Agenciamento e Assessoria Ltda
CNPJ n.º 28.259.075/0001-00

Testemunhas:

1. _____ 2. _____
   Rg :   Rg:

CONTRATO DE MÚTUO

MUTUANTE: Empresa 2 S Participações Ltda., localizada na Rua Sergipe n.º295- 4º andar- Belo Horizonte/MG, cep.: 30130-171, inscrita sob o CNPJ n.º 05.221.885/0001-72. representado por seu sócio Marcos Valério Fernandes de Souza, RG No. M 1 651.871 e CPF No. 403.760.956-87.

MUTUÁRIO: Remar Agenciamento e Assessoria Ltda., localizada na Rua Joaquim de Castro, n.º24- sala 02- Centro- Rio Bonito, cep.: 28800-000, inscrita sob o CNPJ n.º 28.259.075/0001-00 representada por seu sócio Oswaldo Rodrigues Vieira Filho, CPF n.º 161449617-04.

As partes acima identificadas têm, entre si, justo e acertado o presente Contrato de Mútuo, que se regerá pelas cláusulas seguintes e pelas condições descritas no presente.

CLÁUSULA PRIMEIRA - CARACTERÍSTICAS DO CRÉDITO - Valor do Empréstimo: R$ 6.000.000.00 (seis milhões de reais).
Fluxo de carência: 6 (seis) meses, com pagamento da seguinte forma:
Parcelas fixas- 54 (Cinqüenta e quatro) parcelas.
Valor de cada parcela fixa -R$ 223.824,12 (Duzentos e vinte e três mil, oitocentos e vinte e quatro reais e doze centavos).
Início das Parcelas Fixas: 30/04/2005.
Término das Parcelas Fixas: 30/09/2009.
Forma de liberação do crédito: Depósito em conta corrente.

CLÁUSULA SEGUNDA – CONDIÇOES A QUE AS PARTES SE VINCULAM

Parágrafo Primeiro -Natureza da operação - O mutuante concede em favor do mutuário um empréstimo cujo valor, prazo, vencimento e forma de pagamento estão mencionados e caracterizados na cláusula primeira, mediante crédito a favor da conta-corrente do mutuário.

Parágrafo Segundo - Encargos Financeiros - Sobre o valor principal mutuado incidirão encargos financeiros, previstos na cláusula primeira, calculados no período compreendido entre a presente data, até a data do vencimento da quantia devida por força do presente contrato. Os juros serão calculados, sempre e invariavelmente, de forma mensal, como permitido em lei.

Parágrafo Terceiro -Forma de pagamento- Todos os pagamentos devidos pelo mutuário, na forma e vencimento mencionados na cláusula primeira do presente contrato, serão realizados mediante depósito em conta corrente ou integralmente se ocorrer qualquer das hipóteses de pagamento antecipado. Fica assegurado ao mutuário o direito à liquidação antecipada do débito, mediante redução proporcional dos juros.

Parágrafo Quarto – Garantia - Para garantir o pagamento do principal e acessórios do seu débito, além de eventuais penalidades moratórias, despesas de cobrança, custas, honorários advocatícios e tudo o mais que fique a dever por força do presente contrato de mútuo, o mutuário constitui a favor do mutuante a seguinte garantia: (notas promissórias, etc.).

Parágrafo Quinto - Encargos Moratórios - Qualquer quantia devida pelo mutuário, por força do presente contrato, vencida e não paga, na época própria, será considerada automaticamente em mora, ficando o débito sujeito, do vencimento ao efetivo pagamento, à atualização monetária segundo índices oficiais regularmente estabelecidos e que reflitam a desvalorização da moeda, a juros de mora de 1,00% a.m, aplicável sobre o capital devidamente corrigido, além da multa irredutível de 2% sobre o total apurado, de acordo com as despesas de cobrança na fase extrajudicial e, também, as custas e honorários de advogado. Se o recebimento do crédito se der através de processo extrajudicial, os honorários advocatícios serão pagos, na base de 10%, sobre o valor total devido.

Parágrafo Sexto - Para efeitos do presente contrato, entende-se por mora, o retardamento do mutuário na liquidação da dívida. A configuração da mora independerá de qualquer aviso, notificação ou interpelação ao mutuário, resultando ela do simples inadimplemento.

Parágrafo Sétimo - Vencimento Antecipado da Dívida - O mutuante poderá considerar, independente de notificação ou interpelação judicial ou extrajudicial, antecipadamente vencida a dívida, de pleno direito, nas seguintes hipóteses:

a) se o mutuário deixar de pagar, em seu vencimento, qualquer quantia devida por força do presente contrato.
b) se o mutuário deixar de cumprir qualquer obrigação decorrente desta operação de crédito, no tempo e modo convencionados.
c) se for movida contra o mutuário, medida judicial que possa afetar os direitos creditórios do credor.
d) se o mutuário falir, impetrar concordata, se tornar insolvente, entrar em estado de liquidação, suspender em suas atividades por mais de trinta dias, ou sofrer protestos de qualquer título.
e) se houver a dissolução da sociedade, a transferência do controle societário, a alteração social ou a modificação da finalidade ou da estrutura da empresa de qualquer um dos co-obrigados, sem o prévio consentimento do mutuante, por escrito.
f) se o mutuário propuser qualquer medida judicial em face do mutuante configurando assim, a quebra do relacionamento comercial entre as partes.
g) se por qualquer ato do mutuário for alterada as condições iniciais quer seja com relação as garantias oferecidas, dados contábeis, societários, dentre outros, que tenham sido informados e constatados, quando da concessão do crédito decorrente do presente título.
h) ou, ainda, por iniciativa de qualquer das partes sem prejuízo das garantias constituídas, mediante prévio aviso por escrito com prazo de 48 (quarenta e oito) horas de antecedência.

Parágrafo Oitavo - Da Certeza e Liquidez do Crédito – Fica expressa e plenamente assentada, a certeza e liquidez da presente dívida, compreendendo o cálculo de juros, taxa, e demais encargos que, com o principal formarão o débito.

Parágrafo Nono Fica estipulado que o presente contrato será rescindido de pleno direito, sem qualquer ônus para as partes, caso seja descumprido qualquer cláusula do Contrato de Mútuo no qual a Remar Agenciamento e Assessoria Ltda., figura como mutuante e a empresa **Expresso Nova Santo André Ltda.**, como mutuário.

Parágrafo Décimo - Declaração - O mutuário declara para os devidos fins que ao assinar o presente contrato compreendeu o sentido e o alcance de suas disposições após terem lido e discutido, sob todos os aspectos e consequências, as condições que regem a presente operação de crédito.

Parágrafo Décimo Primeiro -Eleição do Foro - Para dirimir quaisquer controvérsias oriundas do CONTRATO, as partes elegem o foro da comarca da cidade do RIO DE JANEIRO.

As partes aceitando as condições ora estipuladas e declarando ter conhecimento do contrato de mútuo que segue anexo, firmado entre **Remar Agenciamento e Assessoria Ltda.** (mutuante) e **Expresso Nova Santo André Ltda.**,(mutuário), firmam a presente em duas vias de igual teor.

Rio de Janeiro, 22 de outubro de 2004.

MUTUANTE : 2 S Participações Ltda
CNPJ : CNPJ n.º 05.221.885/0001-72

MUTUÁRIO: Remar Agenciamento e Assessoria Ltda
CNPJ n.º 28.259.075/0001-00

Testemunhas:

1. _____
Rg : 0896143 2

2. _____
Rg: 13232132-4

Escutas federais no corpo: tudo valeu a pena?

Após a suposta busca e apreensão realizada pela PF no dia 1º de julho de 2014, na sede do escritório de Meire, os contatos com o agente e o delegado continuaram. Meire foi instruída a dar continuidade aos contatos com os envolvidos, gravando todos quando possível. E assim foi feito.

Sem saber que Meire vinha ajudando a PF, Adriana (noiva do Carlos), a única pessoa que realmente ficou preocupada, conseguiu ajuda do advogado Costa e Silva – aquele mesmo que, no início da Operação, teria a chamado de "vadia" – para Meire. Algumas conversas foram gravadas e uma delas, em especial, foi disponibilizada à imprensa. Após convivência na PF, Meire está convicta de que tal gravação vazou pelas mãos dos próprios policiais da PF. O advogado Costa e Silva disse que seria o "defensor" de Meire, por solicitação da UTC, mais especificamente de Walmir Pinheiro. Nomearia um outro advogado, Dr. Fernando Braga, mas ele é quem seria o mentor de sua defesa. Foi feita uma procuração, a qual Meire assinou, dando poderes ao Dr. Fernando Braga para representá-la na Operação, mesmo sem ter sido sequer indiciada!

Meire não foi intimada para ser ouvida após o procedimento de busca e apreensão. Foi convidada a ir até a Superintendência de Curitiba apenas em 23 de julho de 2014. Informalmente. Não foi emitido nenhum documento intimando sua presença. Nessa data ela embarcou logo cedo e foi para o hotel Victoria Villa, na Av. 7 de Setembro, onde os agentes Mario Nunes, Luiz Milhomem e Fernando foram buscá-la e "escoltá-la" até a sede da PF. Entraram pela garagem e, antes que Meire saísse do elevador, certificaram-se de que não havia nenhum advogado por perto para testemunhar os fatos.

"A partir dessa data, o Mário e o Milhomem viraram meus "cuidadores". Na verdade, foram meus anjos da guarda nos meus "momentos Polícia Federal". Foram eles que me encorajaram muitas vezes. Almoçávamos e jantávamos juntos durante o tempo em que eu ficava por lá. Realmente cuidavam de mim. Parece que gostavam mesmo de mim. Eu, sinceramente, adoro os dois!".

Ali foi recebida pela delegada Érika, que a levou para uma sala e reuniu os delegados Eduardo Mauat, Felipe Hayashi, Igor Romário e os agentes Rodrigo Prado e Luiz Milhomem. Basicamente, naquele momento essa era a equipe da Lava Jato. Só o delegado Márcio não participa, por estar de férias.

Começariam a discutir se Meire continuaria sua missão ou se deveria oficializar seus depoimentos a partir daquele momento.

A delegada Érika diria que o MPF queria que Meire continuasse, mas agora utilizando-se de uma escuta em seu próprio corpo. Quando ouviu aquilo, Meire se apavorou. Primeiro, porque as coisas estavam tomando dimensões muito maiores do que ela imaginava; segundo, porque a "ajuda" da PF que Meire teria, teoricamente, viria de Curitiba, sendo que ela estaria em São Paulo, o que, por si só, tornava a operação arriscada. Isso gerou muita insegurança em Meire, que, afinal de contas, convenhamos, não poderia assumir o risco físico de ser uma agente infiltrada sem que tivesse a capacitação policial e sem ter o manto da ordem judicial. Era colocar aquela mulher no corredor da morte, apenas esperando a data do seu fuzilamento.

Meire expressou sua preocupação em palavras, inclusive, já sentindo-se insegura e usada com o grau de risco que corria sem qualquer proteção.

"Lembro bem que falei que aquilo era, pra eles, o jogo Detetive. Que no final eles juntariam as peças e colocariam dentro da caixa, que iria para a prateleira. O grande problema era que eu seria uma das peças que estaria, junto das outras, dentro da caixa. Nessa hora eu acho que a Érika se sensibilizou, porque ela falou: "Chega. Vamos parar por aqui. Vou avisar o MPF agora mesmo que estamos parando e vamos oficializar os seus depoimentos!". Aquilo me deu um grande alívio, pra falar a verdade. O delegado Igor queria que eu continuasse "só mais um pouco", mas a cara que eu fiz o convenceu de que era melhor não continuar!".

Érika decidiu que era hora de parar e que, a partir daquele momento, Meire se tornaria oficial dentro da Operação Lava Jato. Em seguida, Meire foi levada à sala do delegado Mauat. Ele explicou que, antes de mais nada, deveriam gravar em vídeo a renúncia ao advogado, Dr. Fernando Braga, que teria sido ofertada pela UTC. Foram várias tentativas para gravar esse vídeo, posto que Mauat disse que ela deveria fazer cara de assustada e, portanto, a cada tentativa havia muitos risos e descontração, o que indicava quanto ela já tinha liberdade com as autoridades federais.

Depois que gravaram o vídeo, Mauat esclarece que vão iniciar seus depoimentos pelos documentos anteriormente entregues por Meire, mas que já haviam sido incluídos no termo de busca e apreensão relativo à sua empresa.

Ali começou a fase mais incrível e surreal da participação de Meire na Lava Jato. Ela começou a ajudar a montar um processo do qual nunca imaginou as consequências.

Explicava o que significava cada documento. Alguns mal sabia o que eram, mas algum policial esclarecia e colocava em seus depoimentos e ela assinava. Algumas vezes Meire perguntava se precisava de advogado e ouvia como resposta do delegado Márcio e do agente Prado que não, pois "advogado só atrapalha". Chegou, inclusive, a ter a promessa do delegado Márcio que, se fosse denunciada, ele mesmo pediria "seu perdão judicial".

> 23/02/15 16:19:59: Meire: Oi. Márcio fiquei preocupada com a resposta do Dr. Sérgio Moro.
> 23/02/15 16:20:16: Meire: Sei não...
> 23/02/15 16:20:57: Marcio Adriano Anselmo: Com o q?
> 23/02/15 16:21:39: Meire: Ele pediu pro MPF explicar porque não fui denunciada!!! ##
> 23/02/15 18:02:04: Marcio Adriano Anselmo: Se te denunciarem me coloca de teatemunha que vou pedir o perdao judicial
> 23/02/15 18:10:16: Meire: Sei. Melhor vc advogar pra mim.
> 23/02/15 18:10:28: Meire: Não tenho como pagar o advogado... ###

Mauat defendia que deveriam indiciar e denunciar Meire para que sua colaboração não ficasse "muito evidente". Inclusive na segunda conversa com o MPF da qual participaram os procuradores federais Carlos Fernando e Januário Paludo, além de Érika e de Prado, antes ainda de que Meire se tornasse "oficial", o procurador Januário Paludo perguntou se Meire se achava ré na ação, ao que a mesma respondeu que "sim". Naquela oportunidade, Carlos Fernando, ao ouvir a resposta de Meire, perguntou se ela queria fazer um "acordo de delação premiada", tendo dito, inclusive, que, se ela quisesse, ele chamaria um defensor público e providenciaria o acordo. Meire pediu um tempo para poder conversar com o delegado Márcio. O próprio Márcio algumas vezes sugeriu a Meire que fizesse um acordo, mas depois mudou de ideia, ao que todos concordaram, pois concluíram que o valor dela como testemunha era muito maior do que como uma ré colaboradora. E foi assim que Meire se transformou em testemunha de acusação da Lava Jato, vítima do aparelhamento das instituições pelo governo do PT e marcada para morrer.

Embora Márcio não achasse necessário que Meire tivesse advogado para acompanhá-la em órgãos ligados à Justiça, como o Ministério Público e a própria Polícia Federal, houve um episódio em que essa opinião mudou drasticamente.

Em maio de 2015, Meire foi intimada a comparecer no DEIC-SP, onde seria ouvida por uma equipe da Polícia Civil do Maranhão, para prestar esclarecimentos sobre a operação envolvendo o pagamento do precatório da Constran. Quando relatou ao delegado Márcio o ocorrido, foi imediatamente orientada a não ir sozinha, a contratar um advogado, pois a Polícia Civil de lá – segundo ele – não era confiável. Ainda mais a de lá. Puro preconceito de detetive barato. Aliás, quando a PF nasceu, a Polícia Civil já estava perto de completar 150 anos de existência.

Meire fez o que foi sugerido e se dirigiu ao DEIC acompanhada de um advogado:

"Fui muito preocupada, assustada mesmo. Não só o Márcio, mas outros policiais federais me deixaram assim. Inclusive pediram que eu fizesse contato no exato momento em que terminasse o depoimento. O curioso foi o desenrolar desse depoimento. Fui ouvida por dois delegados do Maranhão, dr. André Gossain e dr. Martins. Além de muito simpáticos, foram de um profissionalismo impressionante. Fizeram perguntas pertinentes, foram objetivos, além de terem total domínio dos fatos. Lembro-me de que, ao sair, comentei com o advogado que me acompanhava que, certamente, aqueles policiais eram muito mais focados que os "meninos" da PF. Nitidamente pra mim era a diferença entre "homens" e "garotos", entre "profissionais" e "amadores". Penso que naquele depoimento eu tranquilamente poderia não estar acompanhada de um advogado, para quem eu, logicamente, tive que pagar honorários apenas para esse acompanhamento.

Profissionalismo nenhum, amadorismo total

Durante o tempo em que Meire prestou depoimentos na Superintendência da PF de Curitiba, ela se divertia muito, conversava muito e almoçava diariamente com Prado, Mário e Milhomem. Vez ou outra, o agente Maia os acompanhava, bem como Mauat. Não frequentavam lugares badalados, pois não poderiam ser vistos juntos.

Nos intervalos entre um depoimento e outro, Meire ia para a sala dos agentes, à qual ela se referia como "sala dos meninos", no terceiro andar, onde executava algumas tarefas, como, por exemplo, escanear os inquéritos para enviar ao e-Proc, um sistema onde devem ficar arquivadas cópias de todos os inquéritos e das peças deles decorrentes. Também em várias ocasiões, durante os depoimentos, Meire se recordava de um ou outro documento que não estava relacionado no auto de apreensão.

Nesses casos, ela mesma subia para o terceiro andar, onde procurava o documento, entre aqueles que havia entregue aos federais, bem como dentre outros que haviam sido apreendidos por eles em diversas diligências.

Localizado o tal documento, o agente Mário tinha que refazer o auto de apreensão. Isso aconteceu algumas vezes. É o que se pode chamar de auto de apreensão continuado, ambulante, ou seja, feito a gosto do freguês, nesse caso, a Polícia Federal.

Em outras ocasiões, mantendo a linha de brincar com a legalidade e usar Meire como instrumento de seu jogo, a PF fazia com que ela resgatasse na memória mensagens importantes. Assim, Meire ia se recordando de e-mails trocados com determinadas pessoas, e nesses casos entrava em contato com seu funcionário Marcelo, no escritório em São Paulo. Em Curitiba, pedia para que ele lhe encaminhasse as mensagens de que precisava.

Como boa aluna, passou a sair-se melhor do que os professores, e um dia pergunta ao delegado Mauat por que não tinham apreendido o seu computador ou ao menos o HD, pois lá havia várias informações. O delegado achou uma excelente ideia e pediu que Meire solicitasse à Arbor o envio do HD original. Disse que não podia ser cópia. Tinha que ser o original. Sugeriu que mandasse alguém de sua absoluta confiança fazer uma cópia e enviasse o original pelo correio, para o hotel onde ela estava hospedada. Isso foi feito, mas, quando o Sedex chegou ao hotel, Meire se arrependeu, já que teria que apresentar a totalidade do conteúdo de seu computador para pessoas com as quais já tinha intimidade e, portanto, se sentia constrangida com isso. Dessa forma, decidiu que não o entregaria naquele momento, e levou o HD de volta para São Paulo, tendo dito ao delegado Mauat que o funcionário que estava providenciando o envio se atrapalhou e não conseguiu enviar a tempo, mas que assim que chegasse a São Paulo providenciaria o encaminhamento. Mauat a orientou a enviar diretamente para a Superintendência da Polícia Federal, aos seus cuidados, mas que não identificasse o remetente como sendo a Arbor. Meire pensou em não enviar, mas a pressão foi forte e, dias depois, acabou cedendo. Colocou o HD numa caixa e encaminhou via Sedex, lembrando de colocar o nome de um outro remetente.

Posteriormente arrependeu-se da ação porque o material do HD, ao que consta, nunca foi utilizado oficialmente, e mais do que isso: havia muitas coisas pessoais e íntimas, que, além de terem sido vistas por todos os policiais da PF que trabalhavam na equipe, ainda foram objeto de comentário. Alguns agentes passaram a chamar Meire em seu WhatsApp para comentar fotos íntimas dela que estavam no HD.

> 07/01/15 20:06:32: Luiz Milhomem: Beleza, vamos nos encontrar e botar o papo em dia. Suas fotos ficaram so comigo
> 07/01/15 20:06:59: Meire: Mentiraaaaaaaaa!!!!! O Gabriel ja me contou que viu...
> 07/01/15 20:07:00: Luiz Milhomem: Nao deixo ninguem ver. Kkkkk
> 07/01/15 20:07:23: Luiz Milhomem: So se foi antes de mim
> 07/01/15 20:07:43: Meire: Disse que ta com o meu HD...
> 07/01/15 20:08:03: Luiz Milhomem: So se for isso
> 07/01/15 20:08:18: Luiz Milhomem: Eu tive que devolver
> 07/01/15 20:08:57: Luiz Milhomem: Mas as fotos estao excelentes!!!
> 07/01/15 20:09:52: Luiz Milhomem: Huuuummmm

Pela primeira vez Meire ficou chocada com a atitude dos federais e sentiu total falta de profissionalismo.

Isso é muito grave. Como provas não são juntadas ao processo? A quem isso interessava?

Algum tempo depois de ter iniciado seus depoimentos, ou seja, sua "participação oficial na Operação Lava Jato", Meire decide entregar o envelope de Enivaldo Quadrado, onde havia os contratos de mútuo, denunciados por Marcos Valério como sendo dinheiro pago para que Ronan Maria Pinto não envolvesse Lula, Gilberto Carvalho e José Dirceu no caso Celso Daniel, como já narrei.

Novamente foi solicitado que o Auto de Apreensão fosse refeito, e o contrato passou a fazer parte dos documentos supostamente apreendidos.

Para Meire, a vivência e convivência com agentes e delegados da Polícia Federal foi uma experiência incrível, pois ela, como a grande maioria das pessoas, enxergava a PF como uma instituição inabalável, mas porque não se dava conta de que era integrada por seres humanos normais e também falíveis.

Essa percepção da realidade Meire teve com o tempo, quando consegue realmente enxergar cada um e identificar suas individualidades e comportamentos, como as inseguranças de Márcio, a religiosidade de Mauat, a vaidade de Prado, e assim por diante.

Percebe também que lá existem ciúme, fofoca, brigas, intrigas, inimizades como em qualquer outra empresa.

A quarta decepção com a PF

Quem escutava Meire na maioria das vezes era o delegado Mauat, que havia namorado a delegada Érika. Meire passava muito tempo com ele.

E percebe, ao longo de alguns dias, que o tratamento dispensado pela delegada Érika, que antes era mais amável, se tornou frio.

Escuta então dos agentes Mário e Milhomem que Érika estava com ciúme dela.

Percebe-se que alguns profissionais da PF deixam sentimentos pessoais erroneamente interferir em suas ações profissionais. Isso é altamente deletério, pois pode contaminar as ações, principalmente nos momentos de decidir os encaminhamentos probatórios. Não é razoável que uma instituição de Estado tenha profissionais sem o preparo adequado para que saibam separar sentimentos pessoais de razões profissionais. Meire se refere constantemente aos policiais federais como "garotos" e isso demonstra claramente que a convivência também a fez perceber que em alguns momentos eles mesmos pareciam encenar um filme de péssimas intrigas. A coisa era tão escandalizada do ponto de vista profissional, que, em dado momento, o agente Prado disse a Meire para ela tomar cuidado com o delegado Márcio, pois ele só a estava usando, fazendo aquilo que eu sempre afirmei – que uma polícia instrumentalizada acaba usando as pessoas e descartando-as. Pior que isso, deixam brechas instrumentais para macular ações que muitas vezes a sociedade clama. Tanto é fato que hoje Meire reconhece e fala "eu deveria ter escutado o agente Prado".

Meire havia sido procurada por um jornalista de determinada revista. Quando isso aconteceu, a primeira coisa que Meire fez foi avisar o delegado Márcio, que a orientou a conversar com o jornalista, pois, nas palavras dele, "ter um bom relacionamento com a imprensa é sempre muito importante".

E assim ela fez. Marcou um café com o tal jornalista quando conversaram e agendaram uma entrevista para dali a alguns dias. Ocorre que, dois ou três dias depois da conversa, o jornalista lhe telefonou e disse que não poderia esperar para publicar a matéria e, portanto, soltaria "algumas coisinhas" na próxima edição, ao que Meire concordou. Tentou conversar pessoalmente com Márcio, já que estava em Curitiba, mas não conseguiu. Porém as inúmeras mensagens que trocou com o delegado deixaram bem claro o que estava acontecendo. O fato é que a matéria saiu. E foi MUITO maior do que o jornalista havia prometido. E causou um grande alvoroço. Na vida de Meire e na Polícia Federal. Os policiais a chamaram e conversaram num tom mais duro. Meire foi acusada de tê-los traído, embora na mesma semana tenham "vazado" TODOS os seus depoimentos, e para isso a PF nunca deu explicação. Mas Márcio, que sabia que ela havia conversado com o jornalista por sua sugestão, simplesmente se calou. Em nenhum momento conversou com os outros delegados para defender Meire. Com o passar dos dias o agente Prado desconfiou da participação de Márcio no episódio. Pressionou Meire, que mesmo assim se recusou a contar o que havia acontecido de fato. Assimilou a "bronca" que levou de Prado. Depois foi levada à sala do delegado Igor, para quem o agente havia contado sobre a participação de Márcio. Lá Meire não confirmou o ocorrido. Ela não sabe dizer se em algum momento o delegado assumiu perante os colegas que sabia da conversa com o jornalista.

O agente Prado chegou a ter uma séria conversa pessoal com Meire, desconfiado que estava que o delegado Márcio a tinha incentivado a conceder aquela entrevista. Meire, apesar de saber que Prado tinha razão, naquele momento agiu com lealdade e não entregou o delegado que a usou.

Youssef - Banco Máxima

Por volta do dia 10 de janeiro de 2014, já à noite, Alberto Youssef liga para Meire. Seco e grave, pede uma gentileza: diz que precisa pôr dinheiro na Marsans. Colérico, ele está tentando há tempos um empréstimo com o Banco Máxima. Mas Saul não quer mais fazer aportes diretos para a Marsans. Já está com seus limites tomados de empréstimos para a empresa.

Veio a solução de sempre: Alberto Youssef apela a Meire. Determina que ela faça esse empréstimo em nome da sua empresa, a Arbor. Meire é taxativa: refere não ter patrimônio, não dispõe de lastro para tomar 4 milhões de reais – na verdade ela mal conseguiria tomar 100 mil reais no seu banco...

Alberto atalha, em tom terminante: "Não se preocupe com isso porque o Saul está aqui comigo, ele está ouvindo o que a gente está conversando e falou que vai te explicar como é que você dá um jeito para o banco aprovar esse empréstimo!".

Meire fica numa saia justa, impenitente: afinal está trabalhando com o Alberto, fidedignamente. Está ali como um suporte *full time* para ele e de repente Youssef avança o sinal e precisa de um favor desse naipe. Como é que ela vai dizer "não faço?". Acaba assentindo com mais esse. Youssef esfrega as mãos.

No dia seguinte Meire recebe as instruções. E tudo isso por e-mail (ela guarda até hoje um dossiezinho dessas trocas de mensagens). Meire assimila as orientações, questionários. Era dia 11. E o fato é que no dia 15 de janeiro o Banco Máxima abre uma conta em nome da Arbor e deposita 2 milhões de reais. E bingo: no momento em que o Banco Máxima deposita na conta da Arbor, tudo vai imediatamente para a Marsans.

Depois, no dia 28, entram mais 2 milhões de reais. Mas essa segunda parcela o Saul não permite que seja transferida da mesma forma que a primeira.

Pede que o dinheiro entre na conta da Arbor no Banco Máxima. E, passo seguinte, demanda que dessa conta esses 2 milhões de reais sejam transferidos para os bancos com os quais a Arbor trabalha, Bradesco e Caixa Econômica Federal – e dessas contas, agora sim, os valores seriam transferidos para a Marsans.

Para uma dessas operações Alberto Youssef deu como garantia um hotel em Porto Seguro. E na outra operação foi feita uma fiança bancária no Banco BRJ. Essa operação venceria só em outubro de 2014.

Em março acontece a Operação Lava Jato. E o pior: a Arbor, empresa de Meire, está devendo 4 milhões de reais para o Banco Máxima, este, ordinariamente, vai para cima da Arbor.

O inevitável: Meire tenta negociar com Saul. Mas este, hierático, pedregoso, atende a Meire só uma vez. E nunca mais na vida ninguém do Banco Máxima lhe dirige a palavra.

Explica-se: o fato de Saul ter tratado a Meire glacialmente foi como uma proteção. Saul não pode deixar pontas soltas, jamais. Eis o que ele diz a Meire: "Olha, eu não tenho nada a ver com isso, eu nem conhecia o Alberto Youssef, eu não sabia quem era ele". No mais fundo entender de Meire, ela codificou que Saul lhe endereçava a seguinte mensagem: "Eu não tenho nada a ver com a Operação Lava Jato, eu não vou atender ninguém".

Mas Meire, ultrarreativa quando se sente injustiçada, endereçou carta ao credor. Na missiva contava em detalhes, desde o começo dos negócios, sobre como aconteceu a operação: "Prezados senhores do Banco Máxima, no dia tal, o seu Alberto Youssef me ligou, me pediu isso..."

São Paulo, 09 de junho de 2014.

Srs.
Luiz David (███████@marsans.com.br)
Marcelo Balan (███████@uol.com.br)
Nuno dos Santos Pimenta (███████@bancomaxima.com.br)
Saul Dutra Sabbá (███████@bancomaxima.com.br)
Thomas Gibello Gatti Magalhães (███████@bancomaxima.com.br)
Matheus Oliveira dos Santos (███████@gmail.com)
João Procópio J. Pacheco de Almeida Prado (███████jau.com.br)
Enivaldo Quadrado (███████investimentos.com.br)
Advocacia Figueiredo Basto – R. Dr. Roberto Barrozo, 1385 - Curitiba
Delivar de Mattos Advocacia – R. Capitão Souza Franco, 848 - Curitiba
Carlos Alberto Pereira da Costa (Carceragem DPF Curitiba)
Alberto Youssef (Carceragem DPF Curitiba)

Prezados Senhores,

Os objetivos desta correspondência são:

1 – esclarecer a operação de empréstimo entre a **ARBOR** e o **BANCO MÁXIMA**;

2 – solucionar o problema que estou vivendo na minha empresa em função de tal operação.

Em janeiro/2014, **GFD** e **Banco Máxima**, ambos sócios da Marsans, e a pedido do Sr. *Luiz David*, na ocasião diretor da Marsans, decidiram injetar **R$ 4.000.000,00** (quatro milhões de reais) para socorrer a empresa em questão.

Para tanto, a opção seria que o Banco Máxima fizesse um empréstimo à Marsans.

Concluindo que tal operação de empréstimo diretamente à Marsans não seria possível, optaram em fazer o empréstimo à GFD, que então repassaria os recursos, também a título de empréstimo, à Marsans.

Tenho todas as mensagens trocadas e, inclusive, as solicitações de documentos da GFD para a concretização da operação.

Entretanto, posteriormente, em reunião entre os **Srs. Saul Sabbá**, **Alberto Youssef** e **Carlos Costa**, foi observado que a operação não daria certo, já que tanto GFD quanto **Banco Máxima** eram diretamente ligados ao Grupo Marsans, sendo a GFD o maior quotista do FIP Viaja Brasil, na ocasião detentor das ações da Marsans.

Diante disso, o Sr. Alberto Youssef me ligou ainda durante a reunião e **solicitou que a operação saísse em nome da ARBOR**, uma vez que ele vinha já há algum tempo emitindo notas fiscais para atender clientes dele (Alberto Youssef) pela Arbor, e, portanto, dando sustentação ao faturamento desejado pelo Banco Máxima para aprovação do empréstimo.

Argumentei que, considerando o tamanho da ARBOR, que é uma pequena empresa, com 4 (quatro) colaboradores apenas e folha de salários de aproximadamente R$ 8.000,00, ocupando uma sala de 50 metros na Avenida Santo Amaro, dificilmente o Banco aprovaria um empréstimo no valor de R$ 4.000.000,00 (quatro milhões), pois tive grande dificuldade em conseguir pequenos empréstimos no Bradesco e na Caixa Econômica Federal, e o Itaú sequer me concedeu limite de cheque especial!!!

Algum tempo após minha argumentação, o Sr. Carlos Costa me ligou, ainda na reunião, e garantiu que não haveria nenhum problema, pois a operação já estava *"acertada"* entre as partes.

Diante disso, não tive mais argumentos, senão concordar, e a operação, conforme me foi avisado, foi aprovada sem demora, apenas dois dias após essas conversas.

Fez uma carta de uma sentada só, com cinco páginas, socou como anexo no e-mail e enviou para um monte de gente. Inclusive mandou como carta registrada para o advogado do Alberto Youssef e para o advogado do Carlos Costa. A carta bateu até nas autoridades.

Bem, foi o tempo do advogado do Saul ler e entrar em contato com ela e marcar reunião. No encontro, a primeira coisa que eles disparam é: "Nós vamos resolver... mas tem uma condição: você vai ter que se retratar daquele e-mail, vai ter que mandar um e-mail dizendo que não foi nada daquilo".

Meire, sentindo cheiro de pólvora no ar, vira-se para ele e diz o clássico *Nem fodendo!* "Não vou fazer isso, não vou me retratar porque tudo que está escrito lá é verdade."

A partir daí a trupe de Saul começa a tentar não resolver o problema, enrola, negocia como touros espanhóis. E daí brota uma estratégia enlouquecida – tentar passar para a Meire soluções "fantásticas", como por exemplo: "Se declara falida, faz uma declaração que você está falida". Depois dizem, em outra louca assertiva: "Já temos a solução: são duas CCBs de 2 milhões cada uma! Nós vamos pegar as CCBs e vamos colocar num FIDC (Fundo de Investimento em Direitos Creditórios)".

Explicando: temos os fundos bons e os fundos ruins, então vejam só: ele vai pegar um título falso porque sabe que nunca vai receber aquilo e ele vai colocar num FIDC podre.

É falso porque o empréstimo não foi feito para a Arbor (a Arbor foi só uma conta de passagem para o empréstimo ir para a Marsans). E é podre porque a Marsans quebrou e a Arbor não vai assumir aquilo.

E daí ele pega esse crédito que nunca vai ser recebido, coloca num FIDC, ou seja, ele diz "Olha, eu tenho esse direito de crédito, eu estou repassando para o fundo". Aí Fulano vai lá, investe nesse fundo e esse fundo quebra porque aquele crédito já não existia! Eis toda a mágica da engrenagem Saul – Youssef.

Meire nunca mais teve "notícias" dessa operação. Não sabe o que aconteceu. O banco nunca mais entrou em contato. As conversas aconteceram até a véspera dos depoimentos de Meire se tornarem públicos. Depois disso, nas vezes em que tentou algum contato, não foi mais atendida.

Milhões no banco da Mercedes para a OAS

Há uma cena engraçada e didática sobre esse episódio. Naquele dia 15 de janeiro estavam sendo creditados 2 milhões de reais na conta corrente da Arbor junto ao Banco Máxima. E Meire, atrasadíssima com a documentação que deveria ser entregue ao banco, está indo com a papelada debaixo do braço para a Avenida Paulista. Encontra Youssef saindo de carro da GFD. Meire quase engoliu o envelopinho, disfarçou para ele não ver, no que ele pergunta: "Amiga, você está indo aonde?".

Ela devolve, nervosa: "Ah, eu estava indo aqui na GFD". Youssef devolve: "Entra aí no carro, vamos comigo num cliente". Ela foi.

Ela entra na Mercedes prata de Youssef e começam a papear. Ele pergunta se ela entregou a papelada que ainda traz debaixo do braço. Tranquila, ela diz que tudo já foi feito.

Youssef diz que está indo à Avenida Angélica, em Higienópolis, na construtora OAS. Ela reclama: "Pô, Beto, você vai demorar lá, eu tenho um monte de coisa para fazer".

Ele responde: "Não, é rapidinho, amiga, só vou entregar isso aqui, olha". Youssef traz olhos acesos. E aponta para o banco de trás. Meire se vira e olha: há uma mala. Youssef explica: "É dinheiro vivo, amiga". Aí ela olha para ele e pontua: "Você é louco! E você deixa em cima do banco?". O sorriso de Youssef floresceu. Ele dá um ar garantidor: "Não se preocupe porque meu carro é blindado".

Meire mente que precisa ir à Livraria Cultura, na Avenida Paulista, e pede para que Youssef a deixe ali, na esquina da Rua Augusta com a Paulista, vá até a OAS e a encontre na volta, na Rua Haddock Lobo. Ele concorda. Então ela segue para o Banco Máxima, correndo, para entregar a papelada atrasada. Youssef segue de carro para a OAS para despejar sua mala de milhões. Na volta, como combinado, ele a apanha na Rua Haddock Lobo, e seguem de volta para a GFD...

Quando explodiu a Lava Jato, Waldomiro de Oliveira, que marcou encontro com Meire no McDonald's do Shopping Bourbon, implorou que ela fosse buscar para ele uma dinheirama que a OAS lhe devia. Deveria tratar com José Ricardo. Meire não foi, alegando um "Seu Waldomiro, eu não posso ir lá, bater e falar para o cara dar o dinheiro. Esquece isso".

Waldomiro foi condenado a 11 anos e seis meses de cadeia, em abril de 2015, pelos crimes de lavagem de dinheiro e por pertencer a organização criminosa. Em seu depoimento à Justiça Federal, Waldomiro declarou ter "fornecido" as empresas MO Consultoria, Empreiteira Rigidez e RCI Software para que Youssef pudesse receber dinheiro de empreiteiras. "As empreiteiras deviam dinheiro para ele, e ele precisava de documentos, contratos e notas fiscais para poder receber. Ele precisava de alguém para dar respaldo", confessou. As empresas comandadas por ele não executaram nenhum dos serviços apontados nos contratos e notas fiscais, serviam apenas de ponte para que Youssef pudesse receber os valores. O percentual recebido por Waldomiro variava entre 10% e 15%.

Jaques Wagner

Youssef ia sempre esgrimindo nomes de poderosos em seu portfólio verbal. Eram tantos, e tão variados, que mal se poderá saber o que era verdade ou mentira que privasse de tais intimidades. Mas o fato é que, dentre essas grifes do poder, um dia ele passou a mencionar Jaques Wagner.

Lembremos: Alberto Youssef tem ligação com o Luiz Argôlo, que é da Bahia, e daí a GFD acalentava interesse máximo em colocar o FIP, junto do Banco Máxima, em território baiano.

Em 16 de novembro de 2015 a Justiça Federal do Paraná condenou o ex-deputado federal Luiz Argôlo por crimes investigados na Operação Lava Jato. Argôlo foi condenado pelos crimes de corrupção passiva e lavagem de dinheiro. A pena considerada pelo juiz Sérgio Moro é de 11 anos e 11 meses de reclusão em regime inicialmente fechado, além do pagamento de multa de R$ 459.740,00.

Moro manteve a prisão preventiva de Argôlo assim: "Agrego que, em um esquema criminoso de maxipropina e maxilavagem de dinheiro, é imprescindível a prisão cautelar para proteção da ordem pública".

O juiz ainda considerou o risco de Luiz Argôlo assumir uma cadeira na Câmara dos Deputados, já que ele é suplente. "Em liberdade, pode, a depender das circunstâncias, assumir o mandato parlamentar, o que seria intolerável. Não é possível que pessoa condenada por crimes possa exercer mandato parlamentar. A sociedade não deveria correr jamais o risco de ter criminosos como parlamentares".

A mira de Youssef era a cidade de Camaçari. Afinal, a cidade tem um PIB de 12 bilhões, é o primeiro complexo petroquímico planejado do Brasil, o maior complexo industrial integrado do hemisfério sul, com quase cem empresas instaladas. E abriga instituto de previdência riquíssimo.

A primeira coisa: Youssef pede para que a Meire vá, como sempre, apresentar o seu projeto em Camaçari. Pimpão, Youssef diz, com indisfarçável orgulho, que já está conversando com o Jaques Wagner.

O negócio foi andando. Estamos em 2013, época da Copa das Confederações. Meire é acionada para aportar na Bahia. Brasil e Uruguai iriam jogar no Mineirão às 16 horas. Meire desembarca ligadíssima, mas logo foi brecada pelo jeito baiano, deboísta ao osso. O rapaz que a recebe dispara: "Agora junta as tuas coisas que nós vamos embora". "Não, como assim vamos embora?". "É que tem jogo do Brasil hoje." A Bahia parava diante da TV.

No dia seguinte seguiram até Camaçari. Foi feita a apresentação do FIP ali, em grande estilo, e Meire sempre no seu gume afiado. Quando ela volta para São Paulo e diz para o Alberto que apresentou os planos, refere que não sentiu firmeza em Camaçari. Youssef a tranquiliza assim: "Pode deixar que eu vou falar com o Jaques Wagner".

Se ele falou ou não, não dá para saber, mas a operação não saiu, Camaçari não investiu no FIP Marsans. Meire, porém, sabia que o Luiz Argôlo travava negócios com o Alberto Youssef, inclusive mantinham uma empresa chamada Malga Engenharia. Ela operava em algumas obras de Salvador. A empresa não está em nome do Youssef, está em nome do Ludovico (Meire ainda guarda e-mails que se referem a esse Ludovico). Diziam a Meire, na empresa de Youssef, que essas obras foram conseguidas em Salvador por algo simples: o Luiz Argôlo era sócio do Alberto, efetivamente, na Malga. Não estava em nome dele mas eram sócios em negócios. E tiveram o apoio do Jaques Wagner.

Eduardo Cunha

Meire conheceu Eduardo Cunha quando foi depor na CPI da Petrobras.

Antes disso, ela só ouvira falar de Cunha quando foi perguntada pelo delegado Márcio, através do WhatsApp, se ela sabia alguma coisa do parlamentar.

Ela guarda até hoje as mensagens do delegado, insistentes, querendo saber se Cunha tinha ligações com Youssef e os fundos de pensão. Ela respondeu assim: "Eduardo Cunha é aquele do Rio de Janeiro? Que eu saiba não, que eu saiba quem pode ter algum negócio com o Eduardo Cunha é o Ari Ariza, então pode ser que por intermédio do Ari tenha havido alguma operação entre o Eduardo e o Alberto Youssef. Não acredito, mas não tenho conhecimento".

E o Márcio diz: "E outros fundos, e outros negócios do Eduardo Cunha, você tem conhecimento?". Ela responde que não, que não tem conhecimento nenhum.

```
17/06/14 10:24:32: Marcio alterou o assunto para "MEIRE - LJ"
17/06/14 10:27:52: Marcio entrou
17/06/14 10:27:52: Rodrigo P. entrou
17/06/14 10:24:42: Marcio: Grupo criado
17/06/14 10:24:43: Rodrigo P.: Bom dia
17/06/14 10:27:52: MEIRE - LJ entrou
17/06/14 10:28:01: Rodrigo P. entrou
17/06/14 10:28:14: Meire: Bom diaaaaa!!
17/06/14 11:41:14: Marcio: Vc sabe de alguma relacao do deputado eduardo cunha c fundos?
17/06/14 11:42:30: Meire: Esse é que é do RJ??
17/06/14 11:42:37: Marcio: Sim
17/06/14 11:43:11: Meire: Não tem op dele no FIP.
17/06/14 11:45:21: Marcio: Algum outro fundo?
17/06/14 11:45:38: Marcio: Ligado a ele
```

> 17/06/14 11:46:19: Meire: Que o Beto vendesse não. Pode ter acontecido dele ter feito negócio com o Ari, mas aí eu não tenho acesso.
>
> 17/06/14 11:56:37: Marcio: Hunnn
>
> 17/06/14 12:23:41: Meire: O Otávio tem as op do Ari se vc quiser... O Beto fez negócio durante algum tempo com o Ari, mas brigaram por causa da op de Tocantins. O Ari recebeu a comissão e Tocantins não aportou tudo.

A insistência sobre Cunha vinha por outras vias. Andrey Borges, que é procurador da República da Operação Lava Jato, pede para Meire encontrá-lo na Rua Frei Caneca, em São Paulo. O contato é feito no feriado estadual de nove de julho. Marcam o encontro para 13 de julho de 2015.

Andrey a havia procurado por ter visto uma entrevista que Meire deu pra RedeTV.

O procurador é direto: "Meire, vamos prender o Eduardo Cunha". E daí ele começa a fazer mil perguntas sobre o deputado. Meire explica já ter ouvido, de bastidores no mercado financeiro, que o operador de Cunha é o Lúcio Funaro.

Falemos de Funaro: no dia 15 de dezembro de 2015 a Polícia Federal e o Ministério Público Federal cumpriram mandado de busca e apreensão na residência oficial do presidente da Câmara, deputado Eduardo Cunha. Também foram alvos de mandados dois ministros, um ex-ministro, um prefeito e parlamentares – a maioria é ligada ao PMDB. O doleito Lúcio Funaro foi um dos 17 atocaiados pela operação, batizada de Catilinárias.

O corretor Lúcio Bolonha Funaro já tinha um passado e tanto. Contou ao Ministério Público Federal e à Procuradoria-Geral da República que o tesoureiro João Vaccari Neto cobrava propina para intermediar negócios com fundos de pensão, comandados por seus colegas de partido. É o elo Bancoop-Mensalão. Funaro ouviu a proposta em reunião com o próprio Vaccari e o deputado federal Valdemar Costa Neto (PR-SP), réu no processo do Mensalão. "Ele (Vaccari) cobra 12% de comissão para o partido", disse Funaro. "Ele (Vaccari) chamava o Delúbio de 'professor'. É homem do Zé Dirceu. Faz as operações com fundos grandes – Previ, Funcef, Petros..."

Funaro fez acordo de delação premiada em 2005. Assim escapou do Mensalão na condição de réu colaborador.

Como é que Meire sabe disso, que Funaro era unha e carne com Eduardo Cunha? Primeiro porque isso é um comentário geral de mercado e depois porque alguns dias antes, ela não soube precisar quando, o operador Ari Ariza, já falamos dele, pede para conversar com a Meire, e marca um café.

Na conversa, Ari insistia em dizer que nada tinha de elo com Youssef, embora Youssef tivesse solicitado a emissão de uma nota da GFD contra a empresa EBCP a pedido de Ari. Mas lhe adianta o seguinte: "Inclusive, Meire, se você tiver dificuldade nessa operação e precisar de qualquer coisa, fala comigo porque sou amigo do Eduardo Cunha. O Eduardo negocia com o Funaro e eu sou amigo do Cunha também. Se precisar de qualquer coisa, me diz".

Quando Meire vai à procuradoria conversar com o Andrey Borges, ela diz exatamente isso: "O que eu sei é que ele tem negócios com o Ari e com o Lúcio Funaro".

Depois que Meire lhe conta tudo isso, o procurador, que estava sentado ao lado dela tomando cafezinho, levanta, dá a volta, senta na frente do computador dele e diz: "Vamos fazer um termo e você assina?". E ela responde: "Você está louco? Faz assim: investiga primeiro, depois que você investigar e descobrir tudo, se você tiver alguma prova contra o Eduardo Cunha, você me chama aqui e eu presto depoimento, porque eu não vou ficar aqui dizendo bobagem para você levar a termo e eu assinar. Depois o Eduardo Cunha vai entrar com uma ação contra mim e quem é que me defende, você?".

O Ministério Público estava buscando em Meire o papel de agente provocadora. Investigava Cunha, assim como fazia a Polícia Federal, sem autorização do Supremo. Queriam Meire como delatora, daí a resposta do procurador ao ser perguntado por Meire se ele a defenderia: "Não, mas quando eu tiver elementos, você presta de novo esse depoimento?" – diz o procurador.

E Meire responde: "Quando você tiver elementos você me chama, me diz quais são os seus elementos, me mostra as provas, se me convencer eu presto".

Veja que engraçado: quando Meire começa a contar as histórias para a Polícia Federal em 2012, eles não levam isso a sério, não deixam nada consignado, mas quando é de interesse usá-la, aí até o procurador a chama para fazer uma "proposta" de bastidores e diz: "Agora eu vou consignar, vou levar a termo e você assina".

Aliás, investigar agentes públicos e políticos com foro de prerrogativa sem a devida autorização parece ter se tornado uma regra geral na PF. Até um delegado federal do núcleo de Inteligência da PF de Pernambuco pediu a colaboração investigativa de Meire para delatar deputados, ministros e governadores.

De: Felipe Alcantara de Barros Leal <█████@█████>
Enviado em: terça-feira, 28 de julho de 2015 11:49
Para: █████@█████
Assunto: coloaboração investigativa

Olá Meire, tudo bem?

Pedir uma ajuda sua. Tens algum detalhe sobre NELSON MEURER???

E sobre LOBÃO, ROSEANA, FERNANDO BEZERRA, JOSÉ OTAVIO GERMANO, LUIZ FERNANDO RAMOS FARIAS e TIÃO VIANA?

Atenciosamente,

FELIPE ALCÂNTARA DE BARROS LEAL
Delegado de Polícia Federal
Mat. 12.995 – 1º Classe
Chefe do NIP/SR/DPF/PE
Fone █████

Houve outra conversa entre Meire e o procurador Andrey Borges, numa troca de mensagens em 13 de agosto de 2015. Meire o procura para falar da renúncia da advogada Beatriz Catta Preta, como reproduzo:

13/08/15 07:34:43: Meire : Bom dia Andrey. Tudo bem contigo? Já ouviu os boatos sobre a renúncia da Dra. Beatriz??

13/08/15 08:01:12: Andrey Borges: Oi Meire, bom dia!! Tudo sim e contigo?? Eu vi que o ec tava por tras. Mas nao vi nada mais. O q vc soube?

13/08/15 08:02:05: Meire : Que quem deu o recado foi o Lucio Funaro... Ele é cliente dela.

13/08/15 08:02:16: Andrey Borges: Hum...

> 13/08/15 08:02:18: Meire : Bom, esses são os boatos.
> 13/08/15 08:02:26: Andrey Borges: Nao duvido..
> 13/08/15 08:02:39: Meire : Nem eu!!! kkkkk
> 13/08/15 08:02:48: Andrey Borges: Sempre disseram q ele eh meio doido
> 13/08/15 08:02:52: Andrey Borges: Hehehee
> 13/08/15 08:03:25: Meire : Faz sentido.
> 13/08/15 08:04:05: Andrey Borges: Faz mesmo. Ela atuou no caso do funaro no mensalao. E a ligacao do sujeito com o ec vc sabe
> 13/08/15 08:04:21: Andrey Borges: Obrigado querida!
> 13/08/15 08:04:38: Andrey Borges: Mto obrigado!
> 13/08/15 08:04:40: Meire : Dia lindo pra vc!!
> 13/08/15 08:04:45: Meire : Bjs
> 13/08/15 08:05:00: Andrey Borges: Pra vc tb querida! Beijao grande

Meire: "Bom dia, Andrey, tudo bem contigo? Já ouviu os boatos sobre a renúncia da Dra. Beatriz?".

Andrey Borges: "Oi, Meire. Tudo, sim, e contigo? Eu vi que o EC (Eduardo Cunha) estava por trás, mas não vi nada mais, o que você soube?".

Meire: "A resposta é que quem deu o recado foi o Lúcio Funaro, ele é cliente dela... Bom, esses são os boatos".

Andrey Borges: "Não duvido... Sempre disseram que ele é meio doido, hehehe".

Meire: "Quem me contou foi um cliente dela, faz sentido".

Andrey Borges: "Faz mesmo, ela atuou no caso do Funaro no Mensalão e a ligação do sujeito com o Eduardo Cunha você sabe. Obrigado, querida".

O pagamento a Ciro Nogueira

Alberto Youssef afirmou em depoimento à Polícia Federal, em setembro de 2015, que o senador Ciro Nogueira (PP-PI) recebeu US$ 150 mil para integrar o partido. Youssef sustentou que o dinheiro foi cedido ao então líder do PP na Câmara, José Janene, falecido em 2010.

Youssef sugeriu que, caso Ciro desejasse, ele, Youssef, deixaria de operar o pagamento de propinas a membros do partido. Disse Youssef que Ciro teria passado a tratar diretamente com Paulo Roberto sobre a distribuição de recursos a parlamentares do PP. O "conflito interno" a que se refere Youssef era a disputa entre dois grupos do partido que se acotovelavam sobre a indicação para a Diretoria de Abastecimento. O objetivo seria concentrar o recebimento da propina extraída de contratos.

Em relação ao Ciro Nogueira, houve um fato muito injusto que ocorreu, e se Meire pudesse ter consertado na época, ela o teria feito. Mas os delegados disseram para ela ficar bem quietinha e não se meter nisso.

Elton Lira, amigo de João Lima (aquele cuja campanha Meire havia apoiado), sempre se dirigiu a todos como se falasse em nome de Cândido Vaccarezza. Meire lembra que ele tinha, inclusive, cartões de visita da Câmara dos Deputados com o nome dele sem obviamente nunca ter trabalhado na Câmara dos Deputados

Estamos em 2013. Meire estava apresentando o FIP, no Instituto de Palmas, Tocantins. Elton diz a Meire que irá lhe apresentar duas pessoas: Mauro Conde e Luiz Paulo, assessores dos senadores Ciro Nogueira e Cícero Lucena, respectivamente, que poderiam ajudá-la na venda de produtos para institutos de previdência.

Feito o contato, Meire decide não falar com os assessores sobre o FIP Marsans. Como tem outros amigos e clientes que têm produtos muito bons para institutos de previdência e anseiam pela oportunidade de poder apresentar seus produtos de forma honesta, posto que não repassam comissões e, infelizmente por esse motivo, têm grande dificuldade na colocação dos produtos, Meire acha oportuno levar os dois assessores até São Paulo para que, num almoço com outros agentes autônomos de investimentos, possam conhecer outros investimentos e, quem sabe, apresentar esses agentes autônomos em institutos de previdência que conheçam. Diante disso resolve convidar os dois assessores e pagar suas passagens aéreas. Almoçam sem o conhecimento de Youssef.

Com o passar do tempo Meire comenta com Youssef que fez contato com os assessores de Ciro Nogueira e Cícero Lucena, ao que ele diz: "Eu conheço bem o Ciro Nogueira, já fiz negócios com ele e não gostei. Ele não é bom de negócios!". É importante destacar ainda que nem tudo que Youssef fala se escreve.

Os jornais publicaram os bilhetes de avião aos dois assessores, encontrados na Arbor, durante aquela busca e apreensão combinada. Porém, os tais bilhetes não faziam parte da documentação que Meire pretendia entregar, foram levados por acaso. Com a divulgação, ambos os assessores são demitidos. Meire não perdoa isso: "Foi muito injusto, porque eles não tinham nada a ver com o Alberto Youssef". E tanto eram documentos inúteis, que nunca provaram nada e, com a infeliz divulgação, só acabaram na demissão deles.

Meire falou sobre esse assunto com o delegado Márcio, que garante que é melhor ela não se meter. "Se eles não fizeram bobagem nessa operação, já devem ter feito em outra, então deixa eles se virarem".

Acredita-se que Youssef tenha aproveitado tudo isso para, quem sabe, se vingar do senador Ciro Nogueira, pois julga ter sido ele o responsável por sua "saída" do controle das contas do PP.

Uma prova de Youssef citando Dilma

A Polícia Federal, como já visto, pede para Meire, reiteradamente, que siga arrecadando tudo, a olhar tudo, a verificar tudo, gravar pessoas, enfim, fazer todo o trabalho de investigação.

Quando João Procópio leva os documentos remanescentes da GFD para o escritório da Arbor, Meire inicia um trabalho de monja, checando item por item, folha por folha. Nesse meio de caminho ela acha, em meio ao espólio, um papel seminal: um *post-it* colado num sulfite. Ele traz, com a letra de Youssef, anotações sobre um embaixador. Embaixo se lê "Dilma 17", seguido de um endereço e de alguns nomes, como "Valmir" e "Zica".

Meire recolhe o papel e o remete à Polícia Federal. Ele não foi fotografado e colocado no WhatsApp, como de hábito: foi entregue na primeira reunião que a Meire teve na PF, na Superintendência da Lapa, com o Márcio Anselmo e com o agente Prado, que vieram para São Paulo em 29 de abril de 2014.

Foi uma festa: o delegado Márcio Anselmo vibrou com aquilo, o agente tremeu dentro dos sapatos, ambos emitindo loas do tipo "que coisa maravilhosa!".

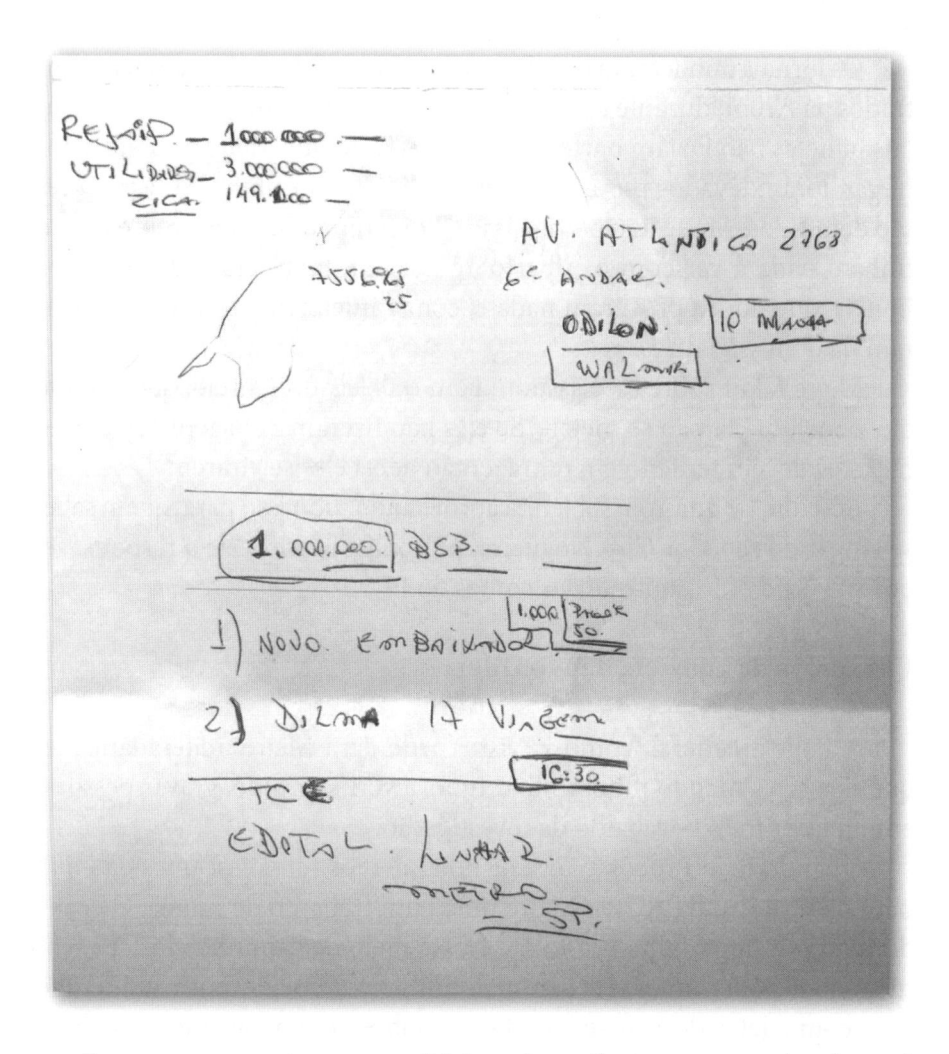

Bem no momento em que Meire vê aquilo, o que vem à cabeça é outra explicação, alguma coisa do tipo: a Dilma estava no esquema. Até pela lógica, naquele momento Meire não tinha conhecimento do envolvimento da Petrobras, mas Alberto Youssef dizia que o alcance dele era tão longo, os tentáculos dele alcançavam tão longe, que pressupõe-se que ele também tinha relações com a Dilma.

Ela se pergunta até hoje por que esse *post-it* não foi agregado às provas da Lava Jato.

Qual é a interpretação da Meire para esse papel?

"Seriam duas – primeira: a relação Odebrecht e Lula, quando o Marcelo Odebrecht diz que o Lula ia ter reuniões e ele pede para o ex-presidente falar bem da Odebrecht. Então essa primeira explicação viria de encontro a isso, algo como a Dilma vai estar com determinado embaixador e pede-se à Dilma algum favor, alguém diz: "Olha, Dilma, fala bem de mim, faz alguma coisa", essa seria uma explicação. A outra explicação seria algum pagamento que deveria ser feito à Dilma. Eu só podia pensar nessas duas coisas".

Como é que a Meire sabe que isso não aparece no corpo da Lava Jato? Porque, nesse meio de caminho, ela começa a ter contato com muitos jornalistas. E tem sempre aqueles que merecem um carinho a mais: os escolhidos por Meire foram a Andreza Matais, do *Estadão*, e Gabriel Mascarenhas, da *Folha*. "Numa conversa eu falo para eles sobre isso, eles reviram o e-Proc inteirinho e ninguém acha esse papel. Vamos pela lógica: se alguém tivesse visto esse papel no e-Proc, a imprensa já teria noticiado. Óbvio!".

Lembremos: o auto de apreensão pré-combinado, contra a empresa de Meire, foi feito genericamente, foram caixas e caixas. Depois rendeu um documento indexador de quase cem páginas. A partir de 23 de julho de 2014, Meire sentou com os agentes da PF em Curitiba: o Mário Nunes, o Luiz Milhomem, o Prado.... Ela sentou com eles e ajudou a elaborar o auto de apreensão. De que forma? A cada história contada por Meire havia um documento embasando. Outras nem tanto. O ritual era: Meire relatava os fatos, saía da sala do delegado Mauat, ia para o terceiro andar, abria as caixas, procurava aquele documento, levava de volta para o delegado e apresentava.

E o delegado pedia para o Mário descer, que é o agente que faz o auto de apreensão. Mário descia e o delegado dizia a ele: "Olha, vai ter que acrescentar mais este documento"; ele voltava e mudava a numeração e a ordem.

Intimidade federal

Meire dispunha de uma intimidade muito grande dentro da PF: trânsito 100% livre. Entrava na sala dos delegados na hora que quisesse. Saía e ia tomar um cafezinho, saía do cafezinho e ia para a sala dos agentes. Desse tempo que estamos falando não existia, como hoje, as barreiras com tantos crachás e senhas, em Curitiba, nascidas do consequente crescimento da Lava Jato. Proativa, Meire ia exercendo livremente aquela teoricamente improvável combinação entre uma pessoa que busca justiça, informante e amiga do peito dos federais.

Meire ia e vinha de Curitiba numa viatura descaracterizada, um Siena. Os agentes saíam com ela nesse Siena para almoçar, para ir ao shopping, para sair à noite... No começo da colaboração Meire não ia de carro para Curitiba: ela pagava seu tíquete de avião do próprio bolso. Sempre. O táxi do aeroporto até a PF custava 120, 130 reais e a PF ou Ministério Público nunca pagaram absolutamente nada para a Meire. Também as hospedagens eram pagas por ela própria. Hoje ela sofre as consequências de "ter jogado fora" tanto dinheiro por uma causa que se pergunta diariamente: será mesmo que valeu a pena?

Entrava pela garagem, usava os elevadores internos. Era sempre chamada: "Olha, vem ver aqui no computador, você conhece essa pessoa? Vem me ajudar a reconhecer, senta aqui do meu lado, vamos ver quem é esse!".

A maior parte dos seus depoimentos foi prestada para os delegados Eduardo Mauat e Felipe Hayashi. Quando os dois estavam investidos em tarefas de última hora, diziam a Meire: "Vai lá para a sala dos meninos" que era onde ficavam todos os agentes e todos os documentos dos quatro blocos de operação da Lava Jato, no terceiro andar do prédio da Superintendência da Polícia Federal de Curitiba.

Algumas vezes "os meninos" falavam: "Você está ocupada? Então ajuda aqui, vai digitalizando o documento para mandar para o e-Proc, vai numerando aqui, põe esses em ordem, coloca esses na pasta..."

Essa era a vida da Meire na PF. Almoçava com os federais todos os dias, em restaurantes onde policiais tinham desconto.

Colocando na ponta do lápis, gastou mais de 20 mil reais indo para Curitiba. Uma vez se dispôs a pagar o almoço de todos e o Prado diz que não poderia, porque se eles aceitassem seria considerado crime de prevaricação.

Ela se permitia ser acionada a qualquer hora: e pagava para isso.

Uma pessoa de má-fé falaria para Meire assim: "Claro que você pagou e se oferecia para falar. Estava tentando comprar a simpatia da PF para se safar de ser a contadora do Youssef". Óbvio que falaram muito isso, mas quando ela punha o dinheiro do próprio bolso e ia para lá, o que pensava? Brasileira, cidadania, qual o filminho que vinha à cabeça dela?

O afã dela era pegar Youssef, embora fosse esse um sentimento muito contraditório porque ela gostava dele.

Lembremos: Meire foi à PF sozinha denunciar tudo, dois anos antes da Lava Jato. Implorou para ser ouvida pela PF. Já em 2014, após a deflagração da Operação, a primeira conversa foi com o delegado Otávio Russo na Superintendência de São Paulo, conversa essa também solicitada por ela. Leva todos os seus documentos, separa e diz a ele:

"Doutor, essa parte aqui é minha, isso aqui fui eu que fiz e por isso eu pago, diga quanto é minha conta aqui, essa conta eu pago, essa outra parte não é minha".

Dr. Otávio lhe devolve assim: "Pega isso aqui e esquece, eu não vou nem olhar isso". Em algum momento o Márcio Anselmo diz para ela o seguinte: "Olha, você corre o risco de um dia trocar o procurador, trocar o delegado, trocar a equipe e alguém decidir te denunciar". E Meire estabelece: "Eu vou correr esse risco, porque eu não quero moeda de troca, a minha parte eu pago, se eu tiver que ser condenada, se eu tiver que ser presa, não tem nenhum problema. A minha parte eu pago".

Tanto que, quando o procurador Januário Paludo vem conversar com Meire, pergunta: "Você se considera ré nessa ação?". E ela diz: "Sim, eu sou ré porque cometi um crime". E daí passa a ser testemunha de acusação por escolha da PF e do Ministério Público, que dizem que o peso das suas declarações como testemunha é muito maior do que se for judiciada ou denunciada. Fora isso, existem inúmeras petições de inúmeros advogados questionando ao juiz por que é que ela não foi indiciada e nem denunciada e o juiz passa a bola para o Ministério Público, que escorrega e diz algo do tipo: "Eu denuncio quem eu quiser".

Houve uma comunicação estranha entre Meire e seu velho amigo, delegado Márcio Anselmo. Em 25 de setembro de 2015 ela lhe pede que envie à delegada Renata todo o material que havia entregue a Márcio, posto que naquele mesmo dia havia sido "intimada" por e-mail a comparecer à Superintendência de Curitiba para prestar esclarecimentos sobre fatos já inúmeras vezes esclarecidos. Márcio só responde em 1º de outubro de 2015, assim: "Vou verificar aqui e repasso para a Renata se os tiver.

Estive um pouco afastado por questões pessoais, soube que você passou por aqui e sequer cumprimentou o pessoal. Bem, livre-arbítrio e esteja sempre atenta aos caminhos".

De: Marcio A. Anselmo <████@████>
Enviado em: quinta-feira, 1 de outubro de 2015 09:27
Para: 'Meire - Arbor'
Assunto: RES: IPL 443/20105-SR/DPF/PR - Solicitação de documentos

Vou verificar aqui e repasso pra DPF Renata se os tiver. Estive um pouco afastado por questões pessoais. Soube que você passou por aqui e sequer passou para cumprimentar o pessoa.
Bem, livre arbítrio e esteja sempre atenta aos caminhos.

De: Meire - Arbor [mailto:████@████]
Enviada em: sexta-feira, 25 de setembro de 2015 16:11
Para: ████@████
Assunto: ENC: IPL 443/20105-SR/DPF/PR - Solicitação de documentos
Prioridade: Alta

Marcio, todos os documentos solicitados já lhe foram entregues fisicamente e também encaminhados por e-mail em diversas ocasiões.
Você poderia disponibilizá-los para a delegada que os solicita?

Aguardo retorno.

Meire Poza

De: Fernando Zamariolli [mailto:████@████]
Enviada em: sexta-feira, 25 de setembro de 2015 16:01
Para: ████@████
Assunto: IPL 443/20105-SR/DPF/PR - Solicitação de documentos
Prioridade: Alta

Senhora MEIRE POZA,

De ordem da Delegada de Polícia Federal RENATA DA SILVA RODRIGUES, no interesse dos autos do Inquérito Policial nº 443/2015-SR/DPF/PR, resta Vossa Senhoria notificada acerca do seguinte despacho, exarado dia 22/09/2015:

" - Ciente da certidão retro. Intime-se MEIRE POZA, na pessoa de seu advogado, para apresentar, no prazo de 15 dias, a documentação referida no item 3 do despacho da fl. 177. Encaminhe-se também cópia da tabela da fl. 5."

Despacho de fl. 177: "3 - Intime-se MEIRE POZA para prestar esclarecimentos. Na ocasião, solicite-se à intimada que traga comprovantes das transferências bancárias referentes às NFs 103, 104, 105, 106, 107, 108, 109, 110, 117, 119 e 122, todas emitidas pela ARBOR CONTÁBIL (conforme tabela fl. 5)".

Atenciosamente,

FERNANDO GUSTAVO ZAMARIOLLI
Escrivão de Polícia Federal

Meire pensa com seus botões: "Isso foi uma intimidação, isso foi um recado do tipo preste bem atenção no que você vai fazer".

Trechos de vídeos de pessoas sendo interrogadas, fotos do transporte de prisioneiro para Curitiba, comentários, histórias picantes de uma determinada pessoa: tudo isso o trânsito livre de Meire na PF a facultava presenciar.

Casa de Paulo Roberto Costa

Bebidas na casa de Paulo Roberto Costa

José Luiz Pires e João Procópio na sede da Superintendência da Polícia Federal em São Paulo, em 1º de julho de 2014

João Procópio sendo transportado de São Paulo para a Superintendência da Polícia Federal em Curitiba, pelo agente Prado

DPF Márcio Anselmo em viagem

O delegado Márcio chegava a lhe mandar fotos de suas visitas à Europa, pelo WhatsApp, dizendo: "Estou aqui em Paris e me lembrei de você!", "Liquidação na Louboutin. Pensei em você!" etc.

```
25/06/14 13:48:10: Marcio: Comecaram as liquidacoes hj
25/06/14 13:48:14: Marcio: Filas e filas de japoneses na louis vuitton
25/06/14 13:48:16: Marcio: Gucci
25/06/14 13:48:18: Marcio: Prada
25/06/14 13:48:27: Marcio: Ta um inferno ate pra andar ma rua
25/06/14 13:48:30: Marcio: Kkkkkkk

25/06/14 13:48:33: Meire: Eu gosto de Louis Vuitton
25/06/14 13:48:37: Meire: Amoooooooo
25/06/14 13:49:34: Meire: Caraca!!!! Que hora boa de ir hein???????
```

Meire era a mascote da Lava Jato.

O delegado Márcio, a cada nova fase da Operação, mandava uma mensagem para a Meire: "E aí, você gostou?".

Em determinado momento da Operação, o ministro Teori decidiu soltar os presos. Meire lembra que estava almoçando no restaurante Vento Haragano, zona oeste de São Paulo, quando recebeu a notícia chocante. Imediatamente mandou mensagem para o Márcio perguntando se ele teria ficado louco. O que estava acontecendo? Ao que ele responde que não era responsabilidade da PF, mas que fariam de tudo para que todos retornassem à cadeia.

O ministro muda de ideia e libera apenas o Paulo Roberto Costa. O delegado comemora com Meire.

Dia 20 de junho de 2015: Meire está na estrada, indo para a festa de 15 anos de sua filha, que acontecia naquele final de semana, num sítio fora de São Paulo. O delegado Márcio lhe envia sucessivas mensagens pelo WhatsApp, o que leva Meire a parar o carro. Márcio está eletrizado. No dia anterior a PF tinha feito busca e apreensão nos escritórios da Odebrecht e da Andrade Gutierrez. Começa a conversa assim: "E aí, gostou? Nós estamos todos em São Paulo!".

> 19/06/15 22:24:34: Marcio Adriano Anselmo: Gostou?
> 19/06/15 22:33:08: Meire: You're simply the best!!!!!
> 20/06/15 09:24:38: Marcio Adriano Anselmo: Ficamos na sede da empresa ate 10 da noite
> 20/06/15 09:24:39: Marcio Adriano Anselmo: Kkkkk
> 20/06/15 09:25:09: Meire: Ta louco!!!!!! """
> 20/06/15 09:29:35: Marcio Adriano Anselmo: Todo mundo la
> 20/06/15 09:29:50: Marcio Adriano Anselmo: Eu mauat milhomen prado gabriel
> 20/06/15 09:31:27: Meire: Já ta em Curitiba?
> 20/06/15 09:32:08: Marcio Adriano Anselmo: Nao
> 20/06/15 09:32:11: Marcio Adriano Anselmo: Dormimos aqui

Dia 21 de junho de 2015 é um domingo, e dia 22, segunda-feira. Meire vai para Curitiba a pedido do delegado. Leva um amigo para prestar alguns esclarecimentos. Convence seu amigo, sem a necessidade de intimação. Meire tinha depoimento no dia 23 na Justiça Federal. Dia 22, às 11 da manhã, está na PF. E o delegado Márcio começa a lhe relatar a Operação com pitadas de humor ácido, inclusive mostrando a ela os pacotes de café timbrados com o nome Odebrecht, que haviam acabado de confiscar.

Esse foi o último contato eivado de calor humano. A partir daí as coisas passam a esfriar glacialmente.

Os federais não a procuram nem a recebem mais. Bem no momento em que sua vida econômica começa a quebrar. Está sem amigos, sem emprego, sem dinheiro, e com a energia elétrica e os telefones para serem cortados por falta de pagamento. Estamos em julho de 2015. Aliás, a festa da filha só saiu porque foi patrocinada por uma vaquinha entre amigos.

Distanciamento e palestras

A cálida relação com a PF começa a se distanciar. Meire nunca foi intimada a ir à Superintendência em Curitiba, porque eles se falavam diariamente – não tinha lógica até então acioná-la pela via notarial, protocolar. Um belo dia, Meire é intimada para comparecer e prestar depoimento em Curitiba. A intimação vem por e-mail em 21 de setembro de 2015. É assinada pelo escrivão Fernando Gustavo Zamariolli, convocando Meire a depor à DPF Renata da Silva Rodrigues.

> **De:** Fernando Zamariolli [mailto:xxxxxxx@xxxxxxxxx]
> **Enviada em:** segunda-feira, 21 de setembro de 2015 11:34
> **Para:** xxxxxxx@xxxxxxxxx
> **Assunto:** Intimação
>
> Prezada Meire,
> Conforme entendimento, encaminho como documento anexo, a intimação para seu comparecimento no dia 29/09/2015, às 14h00.
> Att.
> FERNANDO GUSTAVO ZAMARIOLLI
> Escrivão de Polícia Federal

Apesar de toda a paleta de amizades travada por Meire na PF de Curitiba, aqueles dois nomes lhe eram desconhecidos. Suas defesas sensoriais a alertaram: a relação com a PF degenerara em algo meramente protocolar.

Intimavam Meire a apresentar documentos. Como, se ela entregara tudo aos magotes, por meses a fio, do delegado Márcio? A essa altura, em face das não respostas, Meire já o bloqueara de seu WhatsApp. Sua vontade imediata foi responder à intimação assim: "Olha, esses documentos foram entregues ao Márcio Anselmo em maio de 2014".

Meire pega um carro emprestado e ruma a Curitiba para depor. Chegando lá, pediu para um advogado acompanhá-la, o Dr. Haroldo Nater, advogado que representa o sócio do laboratório Labogen, Leonardo Meirelles. Seu depoimento se atém a dizer uma única coisa: ela já entregara toda a sua papelada ao delegado Márcio há mais de um ano.

Quando, depois de ter ido depor, numa situação que chama de "sem pé nem cabeça", algo vazio que não tinha nenhuma lógica, Meire recebe o e-mail do delegado Márcio, que sente como sendo uma "intimidação". Ela responde ao delegado: "Márcio, que bom que você me mandou um e-mail, porque é melhor ler isso do que ser cega... que pessoal que você diz que eu deveria visitar, as pessoas que não respondem mais as minhas mensagens? As pessoas que me ignoram? É esse pessoal a que você se refere? Que bom que nós temos o livre-arbítrio e você também, fique atento aos seus caminhos".

A ruptura com quem lhe pedia colo (e informações diárias) estava clara. Meire define a nova relação com a PF como um processo de "desconstrução" de sua pessoa.

Com o bolso minguado e as contas berrando na porta de casa, Meire começa a entrar num desespero armagedônico. Uma bela manhã se levanta, em ar de total desamparo. E uma ideia alumia sua mente do nada: "Já sei! Eureca! Vou dar palestra da Operação Lava Jato em escolas".

Meire prepara uma palestra sobre a Operação e começa a levar em escolas. Uma empresa que trabalha com palestras lhe diz: "Se você tiver ministrado pelo menos cinco, consigo te colocar no mercado e cobrar".

A primeira palestra foi em uma escola pública, na Vila Matilde, zona leste de São Paulo. Feita a primeira palestra, a *Folha de S. Paulo* solta na seção Painel: "A contadora Meire Poza está dando palestras em escolas públicas sobre a Operação Lava Jato".

No dia 28 de setembro o Painel do Leitor, da mesma *Folha*, traz uma nota da Secretaria da Educação desmentindo Meire: "Secretaria da Educação de SP informa que ex-contadora de Youssef nunca proferiu palestras em rede estadual".

No dia 30, na mesma seção, Meire contra-ataca dizendo que sim, deu palestras "orgulhosa e voluntariamente".

O próximo passo são palestras em escolas particulares. E, preparando umas dessas apresentações, brota em Meire uma curiosidade atroz: "Será que o Raul e a Nelma Kodama foram presos por conta da interceptação que a polícia fez com o Chater?".

Meire achou pertinente contar a história dos dois em suas palestras.

Só para lembrar: Chater acumula duas condenações na Lava Jato, que somam pena de dez anos e três meses. Num processo de tráfico de drogas, Chater recebeu a pena de cinco anos e seis meses em regime fechado. O restante do tempo de prisão consta em uma sentença sobre a lavagem de dinheiro do ex-deputado federal José Janene, morto em 2010. Em ambas as sentenças ainda cabem recursos.

Ele é dono do Posto da Torre, um posto de gasolina em Brasília, que foi usado para lavagem de dinheiro. Por ter um serviço de lava jato, o local inspirou o nome da operação.

A doleira Nelma Mitsue Penasso Kodama foi acusada de atuar em parceria com Alberto Youssef no esquema da Operação Lava Jato. Nelma já foi condenada a 18 anos de prisão por evasão de divisas, operação irregular ou ilegal de instituição financeira, corrupção ativa e participação em organização criminosa. Durante a CPI da Petrobras, em 11 de maio de 2015, o deputado Altineu Côrtes (PR-RJ) perguntou se Nelma tinha sido amante do doleiro Alberto Youssef. "Eu vivi maritalmente com Alberto Youssef de 2000 a 2009. Amante é uma palavra que engloba tudo. Amante é esposa, amante é amiga", respondeu a doleira. No final da resposta, Nelma ainda brincou e cantou um trecho da música "Amada Amante", de autoria de Roberto Carlos.

Com a liberdade que sempre lhe foi dada, Meire manda um WhatsApp para o agente Prado: "Prado, eu queria que você me desse uma ajuda". Ele: "Pois não, querida". Estamos em 16 de setembro de 2015.

E Meire: "Eu só queria saber como foi que vocês chegaram na Kodama. Eu fui convidada por dois colégios para dar palestras sobre a Lava Jato, tenho que usar meu limão para fazer uma limonada, né? Tenho uma dúvida e gostaria que vocês me ajudassem. Vocês chegaram na Nelma e no Raul através do Habib?".

O até então solícito Prado (que fazia questão de mostrar a Meire todas as fotos da operação) entra numa outra classe de resposta:

"Meire, sabe que não posso falar da operação, não é? Quem pode falar é o Márcio".

Meire devolve: "Então desculpa, o Márcio não fala comigo (risos)... mas relaxa, o material que tenho é farto, esse é só um detalhe que eu queria explicar, mas posso trabalhar sem essa informação, mas valeu, beijos". Prado responde: "Beijos".

Dia 5 de outubro: Meire envia para as autoridades da Lava Jato, delegados Márcio, Igor, Rosalvo e Mauat, um e-mail com o título: "**Preciso de ajuda**".

Era o desabafo de alguém que serviu a Polícia Federal sem medir consequências e, literalmente, após ter sido usada, ficou completamente atirada à própria sorte.

Necessário lembrar que foi Meire quem deu às autoridades a real dimensão do envolvimento político na Operação Lava Jato.

Meire sabia que todas as despesas das viagens de Leonardo Meirelles, dono do Labogen, para a China, a fim de buscar os extratos e documentos que envolviam a Odebrecht, foram pagas pela PGR. Por isso escreveu o seguinte:

"Peço desculpas por estar lhes encaminhando esta mensagem, mas estou sem saber o que é que eu faço, estou precisando de ajuda, não é para o mês que vem, preciso urgente, estou numa situação surreal. Estou sem dinheiro para comprar comida, estou há meses sem pagar condomínio, escola, o proprietário da casa onde minha mãe mora está dizendo que vai pedir o despejo dela porque estou há meses sem pagar aluguel, quero que vocês venham na minha casa para vocês entenderem o que é que eu estou dizendo, mas não vem o mês que vem, venham hoje ou amanhã, minha família não tem condições para me ajudar, não é certo que minha vida se acabe porque ajudei nesta operação, não é certo passar o que venho passando, tenho tentado trabalhar mas todas as portas se fecharam, já não tenho mais o mínimo para sobreviver, o meu apartamento está à venda, mas como é que eu vou fazer? Vendo o apartamento e pago o aluguel de que jeito? Não consigo mais pensar. No início, quando começou a ficar insustentável, tentei contato com o Ministério Público e até com o juiz, mas não querem me receber. O MPF, Carlos Fernando Beltran, sequer me retor-

nou, o juiz ainda pediu para a Flávia retornar e dizer que ele não pode me receber, também não poderia ter me chamado para conversar e pedir que eu fosse pessoalmente nas audiências, mas fez, agora não pode mais. Fiquei sabendo que o MPF, disseram, que a grande ajuda que me deram foi de não ter me denunciado, isso não é justo e não é verdade, nunca pedi esse tipo de ajuda, nunca levei moeda de troca, eu nunca quis levar isso até vocês, mas eu não sei o que fazer e aonde recorrer, estou em pânico. Hoje não tenho dinheiro para comprar o mínimo, tentei iniciar palestras no ensino médio e até estava com boa perspectivas, mas a Secretaria da Educação do Estado de São Paulo soltou um comunicado contrário no jornal Folha de S. Paulo e, inclusive notificou as escolas, quem tinha marcado, desmarcou. Voltei para o zero. Sinceramente, é difícil fazer a coisa certa nesse país de merda. Preciso do mínimo: açúcar, café, óleo, creme dental, sabonete, enfim. Parece mentira, eu sei, e é por isso que eu espero que venham até a minha casa. Já tenho dúvida sobre ter feito a coisa certa, as pessoas que falaram meias verdades estão sendo super assistidas pelas empreiteiras, ou seja lá por quem for, como já lhes contei. E também tive uma ajuda do Ministério Público com os acordos de delação, eu falei toda a verdade e simplesmente morri. Qual é o lado certo? Valeu a pena ter a minha vida, a vida da minha filha para promover procuradores? Quando eu os procurei, acreditava na justiça, hoje não acredito mais, hoje só quero o mínimo da minha dignidade de volta, será que podem me responder? Mesmo que seja para dizer que não podem me ajudar, já cansei de ser ignorada. E não, não tenho como ir até aí. Semana passada quando estive aí fui custeada por uma pessoa e não quero mais isso, quero mesmo voltar a acreditar que fiz a coisa certa, quero trabalho e dignidade, acham mesmo que é muito?".

O delegado Eduardo Mauat lhe respondeu dizendo: "Bom dia, Meire, você está falando sério?".

Meire diz: "Mauat, muito me espanta você achar que eu estou brincando".

Mauat: "Estou em viagem, no retorno vou conversar com os colegas para ver o que é possível fazer".

Meire: "Mauat, embora sua resposta não tenha contido algo que pudesse me ajudar, foi a única que recebi, portanto, obrigada". Ele diz que quando voltar de viagem vai ver isso e Meire responde: "Agradeço de coração, mas não é preciso, acredito que se eles tivessem disposição para fazer alguma coisa já teriam respondido. Vou me virar, mas, novamente, obrigada".

A partir daí, silêncio total.

Lembremos: em 23 de julho de 2014, Meire começou a prestar depoimento oficialmente. Em 29 de abril de 2014, Meire começou a ser a INFORMANTE e AGENTE da Polícia Federal, dentro do que restou da Organização Criminosa, colocando sua vida em risco, sem proteção de nenhum tipo, contando apenas com a sua articulação e sua sorte.

Agora, que perde os contatos na PF, quer falar com o juiz Sérgio Moro. Este pede para a secretária dele ligar e dizer que não pode recebê-la. Só poderia receber seu advogado.

Mas Meire jamais teve advogado na Lava Jato e sempre colaborou com tudo. Por que agora seria diferente? Ela não entende patavina da mudança de comportamento.

Ela compara esse episódio com o primeiro contato com Sérgio Moro, na primeira audiência em que foi testemunha de acusação arrolada pelo MPF, quando foi tratada como princesa no reino de Moro.

Foi assim: ela chegou à 13ª Vara Federal, em Curitiba, e foi informada onde deveria ficar aguardando para ser chamada. Curiosamente, o juiz passa pelo corredor se dirigindo à sala de audiências, quando para e entra na sala onde Meire aguardava ser chamada. "Muito prazer, dona Meire, fique à vontade, já vou chamar a senhora". Em seguida chega Flávia, que é chefe da 13ª Vara, que prossegue na deferência: "O Dr. Sérgio Moro pediu para eu ficar aqui com a senhora fazendo companhia até a hora que a senhora for chamada". E depois de ter testemunhado, na sua saída, Flávia torna, ainda docemente: "Meire, o Dr. Sério Moro perguntou se você pode esperar um pouquinho porque ele quer conversar com a senhora... então a senhora vem para cá, vamos ficar lá na secretaria para evitar comentários, não é?". E leva Meire para a secretaria, onde ela fica escondida no fundo. Passa um tempo e vem o juiz Sérgio Moro e chama Flávia e Meire na sala dele. Meire entra, ele dá a mão, diz "Parabéns, dona Meire, olha, que atitude digna a sua, realmente deviam existir mais pessoas com a sua força, com a sua coragem e eu quero lhe pedir duas gentilezas".

Meire: "Pois não, Excelência". Moro segue: "Primeiro favor: eu posso arrolar a senhora como testemunha desse Juízo?". Meire: "Claro que pode".
Ele diz: "Eu quero lhe pedir outro favor. Você pode vir aqui em Curitiba? Eu não queria fazer as audiências por videoconferência porque a senhora vindo aqui vai dar muito mais impacto e eu gostaria que a senhora viesse em todas, pessoalmente". Meire: "Pois não, Excelência, eu venho". Nesse dia, ele agradeceu a Meire novamente, pegou em sua mão. Nesse dia ele pôde receber Meire.

Mas agora, em outubro de 2015, Sérgio Moro era outro, já não podia recebê-la. Por quê? Ela não interessava mais?

Convença Carlos Alberto Pereira da Costa a falar!

Falemos de Carlos Alberto Pereira da Costa. A Procuradoria o aponta como principal comandado de Alberto Youssef. Era o gestor de empresas de propriedade do doleiro, como GFD Investimentos, Expandir Participações, Viagens Marsans, Web Hotéis, CSA Project Finance. Sobre ele sustenta o MPF que "tinha envolvimento direto na ocultação e dissimulação dos investimentos realizados pelo grupo criminoso, além de participar das operações financeiras; recebia comissão em percentual sobre os contratos de câmbio fraudulentos"; ficou preso por seis meses; está solto desde setembro de 2014.

Na opinião de Meire, ele foi preso injustamente, só porque as empresas do Alberto estavam no nome dele. Meire sabe, e hoje a Polícia e o Ministério Público também sabem, que ele não recebeu um centavo de nenhum esquema do Youssef. É o cara mais duro financeiramente que Meire conhece. Ela lhe emprestava dinheiro.

Então Meire começa a pedir algo às autoridades da Lava Jato, em agosto de 2014: explica que ela já tinha bastante intimidade com o preso, velho conhecido, e pede para eles permitirem que ela vá visitar o Carlos. Primeiro Meire trata disso por WhatsApp, e o agente Prado responde o seguinte: "Não vão permitir, porque o Carlos é arrogante demais e ele tripudiou sobre o Ministério Público e ele vai ficar lá de castigo, você não pode visitá-lo". De tanto ela implorar a visita, um dia Eduardo Mauat diz o seguinte: "Meire, eu deixo você visitá-lo com uma condição: convence ele a conversar comigo, a contar tudo, fala pra ele, o cara está aqui preso, nós não vamos liberar ele, é capaz do Alberto sair e ele ficar preso aí, conversa com ele... mas você fala para ele que não vai sair tão cedo... então você vai poder ir lá falar com ele, deixa todos os advogados irem embora e você vai descer lá na carceragem. Mas vai ter só 10 minutos pra conversar, tá?". Vencida por tais argumentos, ela resolve solenizar o pedido: seria feito tudo no parlatório da custódia federal.

Meire começou a chorar porque não via seu amigo há muito tempo, desde o dia 14 de março de 2014, quando os dois tinham almoçado juntos para comemorar porque ele havia pedido a mão da noiva em casamento. Deviam ser 5 horas da tarde quando Prado vem na sala de Mauat e fala: "Vamos lá que eu vou te acompanhar na carceragem". Existe o registro de Meire, porque o pessoal da carceragem a fez assinar o livro, então existe um registro do dia em que ela entrou na carceragem, e eles levaram o Carlos, discretamente.

O delegado orienta Meire a dizer o seguinte: "Ninguém pode saber que eu vim falar com você".

Carlos está fragilizado. Eles o tiram da cela dizendo que tinha um parente que chegou fora de horário, mas o delegado autorizou a visita.

No parlatório, os dois têm uma crise de choro. Então falaram para a Meire que ela tinha 10 minutos para falar com ele e nenhum dos dois conseguia parar de chorar. Meire falava chorando: "Seu imbecil, seu idiota, o que você está fazendo aí? Você é um merda mesmo, você tem que se foder, você tem dois filhos, sofrendo, o que é que você está fazendo aí? Olha, Carlos, vai falar com o delegado, pelo amor de Deus, sai daí, vem me ajudar". Meire conversa com ele e Carlos lhe fala: "Meire, eu juro por Deus, eu vou falar, a hora que ele quiser, me chama que eu vou falar tudo, eu vou contar tudo que sei". Para ela, esse se constituiu no episódio mais eletrizante no decorrer da "ajuda" que Meire deu à força-tarefa da Lava Jato.

Na semana seguinte a essa conversa, ele é chamado já sabendo o que vai falar, e começa a falar tudo. A Polícia Federal cria uma outra estratégia: Carlos é advogado, então ele tinha direito ao que eles chamam de "sala de Estado Maior", uma cela só para ele. Paulo Roberto Costa também tem nível superior. A ideia: eles colocam o Paulo Roberto na mesma cela que Carlos e pedem para Carlos convencer Paulo Roberto a começar a falar

Quando Meire aparece na capa da revista *Veja* em 9 de agosto de 2014, o que os delegados fazem? Compram alguns exemplares da revista e distribuem na carceragem para os presos, como que dizendo: "a casa caiu". Quando Carlos começa a falar, diz logo para Paulo Roberto: "Paulo, a Meire já contou a história toda, agora é só começar a pegar os detalhes, não tem mais o que fazer, eu estou falando e eu te aconselho a falar também, porque senão quem falar por último vai ficar para trás". E então Paulo Roberto começa a falar. Carlos sai. Meire não se lembra se era 18 ou 19 de setembro que Carlos foi solto. Logo em seguida Paulo Roberto também começa a falar. Paulo Roberto avisa Youssef que vai abrir o bico. E o Beto, já sem perspectivas, faz o acordo de delação premiada e começa a contar o que sabe.

Meire chamou a isso de efeito dominó.

E quando os depoimentos de Meire entram no EPROC, no sistema, a que todos os advogados têm acesso, começam a levar para os clientes um comentário que já é, em si, uma sentença: "Olha o que ela fez". Meire vira a inimiga de ocasião.

Começam a investigar a vida de Meire. Alberto Youssef passa a tentar desconstruir Meire, referindo ser uma louca (lembre-se de Luiz Argôlo, troando em seu depoimento na CPI que iria "contar como é o comportamento de Meire perante os homens").

Meire interpreta que a PF sabia o quanto ela gostava do Carlos. E intuíam que a hora em que eles se encontrassem, a emoção viria de catadupas, à solta como gado bíblico. E deu certo: porque o Carlos sai da cadeia e abre o bico.

Depois de tamanha saga, Meire estabelece uma convicção inabalável sobre a recente crônica da corrupção brasileira: a de que não existe Operação Lava Jato – tudo é o Mensalão. Meire pontua de que estamos falando de um esquema único de corrupção. Genoíno num esquema, Janene no outro, Camargo Corrêa na Operação Castelo de Areia... para ela, são páginas do mesmo romance policial.

Em depoimento à Justiça Federal no dia 24 de agosto de 2015, o operador apontado como "braço direito" de Alberto Youssef, Rafael

Angulo Lopez, afirmou que fez entregas de dinheiro pessoalmente para o ex-deputado Pedro Corrêa, entre os anos de 2007 e 2013. Além de Corrêa, Lopez relatou ter entregue dinheiro para os filhos Aline Corrêa – também ex-deputada – e Fábio Corrêa.

Rafael Angulo Lopez, que assinou acordo de delação premiada, cuidava da contabilidade de Youssef e admitiu que fazia entregas de dinheiro a pedido do doleiro. No interrogatório, ele afirmou que as entregas eram feitas tanto nos escritórios de Youssef quanto pessoalmente, através de terceiros ou de depósitos fracionados em contas bancárias.

Sustentou que a média de entrega de dinheiro para Pedro Corrêa era entre R$ 150 e R$ 200 mil por mês. Os repasses foram feitos mesmo após Corrêa perder o mandato por conta do escândalo do Mensalão, em 2006, segundo Lopez. O ex-deputado foi condenado a 7 anos e 2 meses por este caso e, antes de ser preso pela Lava Jato, cumpria pena em regime semiaberto.

Rafael era secretário do Alberto, pessoa de maior confiança, e cunhado de Enivaldo Quadrado. Rafael não foi preso na deflagração da Operação, ninguém mexeu com ele, e daí Meire faz a seguinte pergunta para o agente Prado: "Me explica uma coisa, por que é que vocês não prenderam o Rafael?". E Prado vira-se para ela humildemente e diz: "Meire, eu vou te contar a verdade, a gente nem sabia da existência desse cara, a gente nem sabia que esse Rafael existia, a gente não sabia nada dele. A nossa investigação não é assim tão perfeita, a gente tinha indícios de alguma coisa das operações de doleiro do Youssef e o Rafael a gente nem sonhava que existisse, nós só viemos a saber dele depois que começamos a conversar com você".

E daí Rafael ganha tempo, porque numa operação dessa o mais importante é ganhar tempo para poder articular, explica Meire. Quando ele aparece na Operação, esta já estava tão adiantada que ele já tinha todos os detalhes de tudo. Já tinha todas as histórias. No entender de Meire, é óbvio que se o Rafael decidisse falar sozinho, derrubava a delação do Alberto, pois sabe de todos os detalhes...

Ela explica assim:

"Quando ele entra na Operação, já tem todas as informações e o Beto não deixa ele falar, poupa o Rafael. E quem é o defensor do Rafael? O mesmo advogado do Beto. Então vira uma operação casada em que o Rafael fala para corroborar com aquilo que o Beto falou. Então não teve a menor graça o Ministério Público ter feito um acordo de delação premiada com o Rafael. Dizem, e eu devo ter lido em algum lugar, que a condição *sine qua non* da delação do Beto era que o Rafael também entrasse numa delação. Dá pra imaginar qual seria a atitude do Rafael se o Beto fizesse um acordo de delação e o deixasse 'na roça'? Se ele abrisse a boca, num instante acabava com a brincadeira. Então o Beto faz questão de proteger o Rafael. Porque a delação do Rafael não tem lógica."

A delação dele não acrescenta nenhum elemento que Youssef já não tenha revelado.

Operação direcionada

Meire acha que a Lava Jato passou a ser direcionada, apesar de dizer que faria tudo de novo, enquanto colaboradora.

Ela não deixa de ter razão. Eu já disse no primeiro volume deste livro que, ao se aparelhar e se instrumentalizar uma instituição, abre-se a oportunidade para que ela se julgue no direito de usar o seu aparato para defender interesses às vezes legítimos, mas de formas escusas.

Exemplifico: não pode uma polícia, por questão salarial, ameaçar investigar um governo. Ela deve investigar um criminoso, esteja ou não investido de cargo público. Ela não pode dar oportunidade para que ex--mandatários se defendam misturando sacanagens com crimes.

Disse também no primeiro livro, simbolicamente me referindo ao ex-presidente, a quem atribuo grande responsabilidade pela instrumentalização da PF – "quando a flauta desafinasse, a cobra iria picar o faquir". Não pode ele agora alegar que tudo que se volta contra ele seja armação. Também não pode a PF fazer do seu trabalho republicano algo com contornos políticos. Os fatos devem ser rigorosamente apurados. E os criminosos, independentemente de credenciais, devem ser apontados e responsabilizados.

Meire pontua:

"Eles sempre voltam a coisa para um âmbito político. E por que é que essa minha impressão fica mais forte? Por conta das delações premiadas. Eu costumo brincar e dizer que a Polícia Federal montou duas filas. Então chamou o primeiro e disse: "Você tem alguma coisa legal para me contar?".

"Tenho."

"É bom o que você tem para contar?".

"É".

"Então vai para a fila de dois anos. Agora vem você, você tem alguma coisa boa para me contar?".

"Não, eu não participei, eu era o cara que limpava o sapato do pessoal".

"Vai para a fila de 15 anos."

Esse pensamento de Meire é a materialização do que eu defendo, ou seja, o aparelhamento das instituições. Quando a polícia não sai de um crime em busca de um criminoso, dá nisso: ela nomina um alvo e fica caçando provas ou fatos que possam incriminá-lo. Isso é muito perigoso para o estado de direito. Imagine você na sua casa e uma instituição que deveria ser de estado resolve te escolher como próximo alvo a ser atingido.

Meire estabelece:

"O crime compensa: eu vou lá, pratico um crime e depois digo que vou entregar um político e aí tudo bem, sou perdoada, pois hoje em dia isso vai para a mídia, vira um carnaval, e até se provar que focinho de porco não é tomada, a pessoa já foi presa e execrada publicamente. Isso tem que ocorrer não só com base em denuncismo, mas por investigação séria baseada em fatos, uma investigação limpa da Polícia Federal, não só debitada nas costas dos réus, e em face das delações premiadas.

Perceba que a PF e o MPF praticamente não fizeram nada além de agir em cima das informações dos delatores. E os delatores foram todos beneficiados. Então temos uma megaoperação contra a corrupção no país onde praticamente se fecha o Brasil. Tudo para. O Brasil tem suas notas de investimentos rebaixadas. E no fim todo mundo fez acordo de delação premiada e ninguém foi preso! Qual é a lógica disso tudo? Eu acabei com a minha vida só para promover garotos que brincam de ser delegados e procuradores! Qual foi o trabalho investigativo que foi feito? Pegaram tudo pronto. Beneficiaram todos que cometeram crimes."

Eu discordo do que Meire acha. Mas não discordo de que a instrumentalização das instituições feita pelo governo de esquerda do PT permite esse raciocínio não só dela, mas de muitas pessoas que vivem num país sob o comando do partido filiado ao Foro de São Paulo.

Breno Altman, o homem do Zé Dirceu

Enivaldo Quadrado tinha todos os motivos do mundo para confiar cegamente em Meire, afinal de contas ela era fiel e dedicada àquele que considerava seu "melhor amigo"! Ela realmente "cuidava" de Quadrado: além de ajudá-lo no pagamento de suas despesas mensais, como aluguel, TV a cabo, plano de saúde, também saía para lhe comprar tudo aquilo de que precisasse para ficar bem, de comida a roupas e sapatos. Nada que dependesse daquela mulher dedicada faltaria a Quadrado. Além dos bens "materiais", também era em Meire que Quadrado encontrava atenção e conforto nos momentos de angústia durante o julgamento do Mensalão. Meire o escutava, convivia com o seu alcoolismo, o levava em casa depois de cada porre, atendia suas ligações a hora que fosse, pois ele sempre prometia que se suicidaria caso fosse preso.

"Não houve nenhum momento em que eu o tenha abandonado! Ele pensava e eu dava um jeito de realizar. Se chovesse de manhã eu saía da minha casa bem mais cedo para buscá-lo em casa e levá-lo para a GFD. Se a chuva fosse à tarde, eu saía do meu escritório, passava pela GFD para apanhá-lo e levá-lo até sua casa, mesmo que essa "voltinha" levasse perto de uma hora! Eu não aguentava ver o sofrimento dele. Tornei-me uma codependente. Deixava de fazer as minhas coisas para "facilitar" a vida do Enivaldo. Ele era sempre prioridade."

Mas Quadrado não tinha intenção de ficar na cidade de São Paulo.

"Depois de ter ficado preso por 10 dias em Curitiba, o Enivaldo voltou para São Paulo, ficou um tempo e em seguida foi embora. Ele foi em maio de 2014, dois meses depois da deflagração da Operação. Estranhamente nem olhou pra trás... Simplesmente "apagou" tudo da memória. Mas continuou precisando de mim. Tudo que ele precisava me pedia. Quando saiu a sentença do Mensalão, ele teve que pagar uma multa, e não tinha dinheiro pra isso. Eu também não tinha, pois já havia utilizado tudo o que tinha para pagar as despesas dos envolvidos na Lava Jato. Mas ele sempre me falou que, quando saísse o valor da multa, o PT se encarregaria de pagar. Lembra quando as pessoas fizeram uma "vaquinha" pra pagar a multa do Zé Dirceu? Então... era algo semelhante. Com certeza a multa seria paga.

Enivaldo se encontrava frequentemente com o Breno Altman, diretor do site *Opera Mundi* e da revista *Samuel*. Falava muito dele. Algumas vezes cheguei a levá-lo até o Fran's Café da Rua Henrique Schaumann para encontrar o Breno. Ou eu o deixava lá e ia embora, ou ficava esperando no carro. Ele nunca permitiu que eu descesse e participasse das conversas. Ele me contava só uma coisa ou outra, mas o principal era que o Breno era o "homem do Zé Dirceu", e era através dele que o PT pagaria a multa a que fosse condenado. Enivaldo teve, no passado, um relacionamento muito bom com o Zé Dirceu. Me contou algumas vezes que ia até Brasília visitar o "Zé", como o chamava, e que ficava impressionado com o poder que ele tinha. Disse que houve vezes em que saiu da sala do "Zé" e foram direto falar com o Lula, sem precisar sequer ligar antes. Simplesmente iam até lá e eram recebidos. Eu realmente acreditava que era esse o motivo que faria com que o Zé Dirceu pagasse a multa pro Enivaldo: amizade... E o Breno Altman era a pessoa que fazia a "ponte" entre o PT e o Enivaldo e outras pessoas."

E, assim, Meire foi a escolhida de Quadrado para receber o dinheiro do PT.

"O Enivaldo já tinha me falado que, quando começasse a receber, se já não estivesse mais em São Paulo, me apresentaria ao Breno para que eu pudesse ir até a casa dele buscar o dinheiro. E foi isso mesmo que ele fez. Depois que já tinha o valor da multa, foi conversar com o Breno e me levou junto. Isso aconteceu no mês de maio de 2014. Ele morava numa rua no bairro de Perdizes, em São Paulo. Por coincidência, a casa ficava muito próximo da de um amigo meu! Então ficou fácil aprender o endereço, embora fosse difícil de esquecer, pois era uma casa muito bonita, pintada de uma cor forte; vermelho, se não me engano. Além disso, ele tinha alguns cachorros da raça pit bull.

Nessa primeira vez fomos eu e o Enivaldo. Breno nos recebeu numa sala lateral, com dois sofás. Um lugar discreto e elegante, decorado com muito bom gosto, onde havia uma escada que levava ao andar de cima da casa. A sala principal tinha uma porta de vidro bem elegante! Gostei de lá, embora não pudesse dizer que era "aconchegante"!

Nesse dia o Enivaldo me apresentou como sendo a pessoa de total confiança dele! Disse que, além de trabalharmos juntos, éramos amigos inseparáveis. Agora, me lembrando disso, sinto vontade de rir... Como assim? Inseparáveis? Que parte eu perdi?".

Meire disse então a Breno que seria a pessoa que iria, mensalmente, buscar o dinheiro da multa. Ela não se lembra da quantidade de parcelas acertada com a Justiça, mas sabe que o valor de cada uma era de R$ 5.000,00. Porém, Enivaldo disse a Breno que cada uma era de R$ 15.000,00, a serem retirados sempre no último dia do mês. Por achar Breno uma pessoa não confiável, e pensando que ele pudesse armar alguma coisa para cima de Enivaldo, Meire decidiu gravar as próximas conversas que tivessem. E colocou em prática a "Operação Bolsa com Furinhos", embora só tenha entrado na casa mais duas vezes: uma quando Enivaldo quis que ela pedisse uma ajuda relacionada ao trabalho da própria Meire, e a outra logo depois de Meire ter sido capa da revista *Veja*. Foi quando Breno lhe pediu um encontro e disse que eles não poderiam mais ter contato, que era melhor ele e o Enivaldo darem um outro jeito para os acertos. Breno estava pensando em simular uma compra de carro, já que o Enivaldo tinha a loja de veículos, para justificar um depósito desse valor mensal.

Nos três pagamentos seguintes, a operação se dava pelo portão, com o filho de Breno lhe entregando uma pasta. Era uma operação de três minutos: Meire tocava a campainha e o filho já saía com a pasta em mãos, lhe entregava e Meire ia embora. Nas vezes em que perguntou a Enivaldo o motivo de o Zé Dirceu estar pagando essa multa, ele respondeu a Meire dizendo que o PT pagaria a multa de todos os envolvidos no Mensalão. Dizia que Lula não ia deixar ninguém na mão.

Dessas três parcelas, realizadas em maio, junho e julho de 2014, duas parcelas foram pagas em reais e uma em dólares. Ela decidiu contar essa história na CPI porque Enivaldo a machucara muito durante todo o tempo em que estiveram juntos, como no episódio da operação do Igeprev, entre outros. E Meire sempre o perdoava, deixava pra lá, até porque acreditava que ele tinha tais atitudes por causa de dinheiro, por estar desesperado. E ela relevava. Além disso, acreditava na inocência dele no Mensalão. Depois de um tempo as peças foram se encaixando e ela foi entendendo o quanto ele mentia o tempo todo! Enivaldo teve a oportunidade de contar muitas verdades para a Polícia Federal. Ela mesma intermediou um encontro entre ele e os delegados Márcio e Mauat, mas Enivaldo preferiu enrolar, mentir. Chegou um momento em que Meire já não acreditava em mais nada do que ele dizia. E ela queria dar um "basta" nisso. Aproveitou então que estava na CPI quando o deputado Rubens Bueno veio com a pergunta sobre o pagamento das multas do Mensalão. Meire tentou ganhar tempo pra pensar... Lembra que deu uma enrolada do tipo: "não tô entendendo, Excelência". Raciocinou em segundos: até ali ela não havia contado nenhuma mentira, não tinha inventado absolutamente nada. Por que guardaria essa história? Quanto mais dela Enivaldo merecia? Em poucos segundos fez um balanço e decidiu que ele não merecia nada que fosse dela. Ela não ia pôr a própria credibilidade à prova por causa desse homem que nunca lhe acrescentou nada. E contou a verdade.

Breno Altman tentou desqualificar Meire através da imprensa, dizendo que tudo aquilo era mentira, invenção de sua cabeça. Meire tem as gravações ainda guardadas, até hoje, já que Altman prometeu acioná-la judicialmente. Ela não sabe dizer se os pagamentos continuaram. Desconfia que sim.

Enivaldo lhe dizia que não tinha mais dinheiro pra nada. Dizia que a loja não estava vendendo, que também já não tinha mais pra quem pedir dinheiro emprestado. Jurava que estava sem pagar a advogada que o defendia na Lava Jato e que procuraria a Defensoria Pública, mas não se desfez de nenhum bem e, estranhamente, continuou com a mesma defensora. Meire não acompanha mais a vida dele, mas acredita que as parcelas da multa do Mensalão venham sendo pagas, pois, pelo que sabe, caso não as pagasse sua pena alternativa seria revertida em prisão! Claro que não pode afirmar, e claro que ele nunca mais confiou nela ao ponto de contar esse tipo de coisa, mas sua intuição diz que sim, que ele ainda recebe.

Meire é uma mulher muito experiente. Uma mulher que fez do limão uma limonada a vida inteira. Por que o Enivaldo iria lhe entregar um documento e falar: "Meire, guarda isso aqui para mim que é o meu seguro contra o Lula. Se ele quiser me foder, é a minha forma de ter uma defesa contra ele".

A verdade é que Enivaldo tinha algumas opções: poderia deixar o documento guardado na casa dele, no apartamento que ele ocupava em São Paulo, na loja de carros em Assis, no primo dele... Porém, ele sabia muito da fidelidade da Meire com ele, que se precisasse ela saberia usar aquilo para ajudá-lo, para defendê-lo.

Por que Enivaldo achava que aquilo era um seguro? Essa foi uma pergunta que a Meire nunca fez de forma direta a ele. A única coisa que ele falou é que com aquilo ele derrubava o Lula e que aquilo tinha a ver com a morte do Celso Daniel...

Meire diz: "Acho que a preocupação dele era que houvesse uma suspeita, por parte dos envolvidos na morte do Celso, de que Quadrado tinha esse documento; essas pessoas poderiam ir atrás dele com a intenção de recuperar os papéis. Portanto, ele corria risco de vida. Ao deixar o documento comigo, sabia que eu estava acima de qualquer suspeita, seria uma desconhecida desse grupo, o documento estaria seguro e eu saberia usá-lo caso algo acontecesse com ele.

Ceará, o delator premiado que caiu do céu?

Segundo Meire, Carlos Alexandre de Souza Rocha, vulgo Ceará, transportava dinheiro para Youssef. Ele tinha seu próprio negócio em Santa Catarina, mas também fazia negócios com Youssef. Normalmente era credor de Youssef, que muitas vezes se utilizava de recursos "emprestados" de Ceará. Os dois brigavam muito, já que Youssef sempre tentava "enrolar" Ceará nas dívidas contraídas com ele.

Ceará ficou preso na Superintendência da Polícia Federal de Curitiba por alguns meses. Em setembro de 2014 a Justiça Federal suspendeu o seu processo por dois anos, depois que ele se comprometeu a não fazer mais operações com moedas estrangeiras e a pagar multa no valor de R$ 100 mil, dividida em cinco parcelas. Também foi determinado, pelo juiz Sérgio Moro, a liberação dos seus bens que haviam sido apreendidos.

Diante disso, era de se supor que a participação de Ceará no esquema criminoso de Youssef tenha sido pequena.

Entretanto, quase um ano depois do acordo de suspensão do processo, eis que ele surge novamente, e agora com várias novidades: acusa uns e outros, dizendo sempre que "ouviu dizer" alguma coisa. Interessante como a Procuradoria-Geral da República pode se basear em depoimentos desse tipo numa operação dessa envergadura, com todos os riscos a que estão submetidas as provas!

Há de se pensar que, se estão sendo considerados os depoimentos de Ceará, caem por terra algumas partes dos depoimentos de Youssef que omite ou muda as versões daquele. Afinal, se o procurador-geral Rodrigo Janot está acatando de fato os depoimentos, há de se manifestar sobre aqueles que foram prestados por Youssef. Quem e por que mentiu ou omitiu algo? Qual o interesse?

Há muitas discussões jurídicas sobre a questão das colaborações feitas pelos réus, as conhecidas delações premiadas. Muitos têm reclamado que as prisões temporárias só se prestam a forçar esse tipo de colaboração. Não vou endossar essa tese nem me abster, acho a colaboração premiada uma ferramenta importante no combate às organizações criminosas, especialmente as sistêmicas, paralelas e infiltradas no próprio Estado. Mas algo tenho notado e que incomoda, o que parece que nem defensores e nem autoridades se aperceberam: tem "réu" que começa a se profissionalizar na arte de delatar e de se beneficiar com as delações. Não só com os benefícios jurídicos, mas também materiais, além de outros cujos objetivos são a própria prática de novos crimes, desde extorsão a crimes contra a honra. Esse sim é um caminho que pode se tornar irreversível, fazendo de uma ferramenta de justiça uma de justiçamento.

Proteção federal: jamais!

Depois que foi capa de *Veja* e explodiu na mídia, a partir de agosto de 2014 a vida de Meire foi exposta à onipotência da mídia. Sempre havia algum jornalista de plantão na porta de seu escritório. A PF lhe oferece proteção. E o delegado Igor Romário de Paula explica para Meire como seria essa proteção: ficaria uma viatura da PF na porta do prédio onde ela mora e um policial federal dentro de sua casa, 24 horas por dia. Então ela teria que passar a programação de seus horários e não poderia frequentar nenhum lugar com fluxo de pessoas, como, por exemplo, ir a shoppings, bares, teatros... a sua filha também seria acompanhada pela PF para ir e voltar do colégio. E Meire tinha que estar em casa até as 20 horas. "Essa foi a proteção que a PF me ofereceu, ou seja, ficaria em prisão domiciliar. Então eu não aceitei, preferi correr o risco."

E aceitou isso convicta de que muitos de seus dados pessoais foram parar na mídia por mão e obra da PF que a queria proteger...

Ao menos US$ 1,5 milhão aguardam Youssef

Meire conta a história do dinheiro do Antonio Português para a PF. Há gravações que sustentam essa história. Porque, quando Youssef foi preso com o Enivaldo, eles ficaram juntos e ali trocavam ideias... o Enivaldo saiu e foi Meire quem foi buscá-lo. Ele diz: "Meire, vamos sair bem dessa porque o Beto falou para eu ir lá no Antônio Português pedir para ele pagar esse 1 milhão e meio de dólares e entregar para o advogado dele, mas é claro que eu não vou fazer isso. Vou passar a mão nesse dinheiro e vou acertar a minha vida, acertar a sua e ficamos felizes e satisfeitos".

A conversa começa a girar em torno desse 1 milhão e meio. Enivaldo fica uns dias em Assis, volta para São Paulo, se reúne com João Procópio e com Rafael Ângulo e solta para todo mundo a história da dívida. Rafael e João, funcionários de Youssef, começam a articular para ir buscar o dinheiro.

Enivaldo fazendo contato com o Antônio Português e João Procópio se dispõe a ir buscar o dinheiro. E vai com o advogado Costa e Silva. Quando chegam lá, Antônio Português lhe dispara o seguinte: "Eu não vou entregar o dinheiro para esse cara, eu não sei quem é ele. Eu entrego para o senhor desde que o senhor assine um recibo para mim". Meire relata isso para a PF. Manda para a PF as gravações que fez das conversas sobre esse dinheiro, inclusive uma conversa onde João Procópio diz que o Beto deu uma parte desse dinheiro pra ele desde que fosse buscá-lo. A gravação foi feita no dia 30 de junho de 2014, um dia antes da prisão de João Procópio. No dia 1º de julho de 2014 houve busca e apreensão no Banco Carregosa, em São Paulo, não porque o banco estivesse envolvido. Foram atrás do Antônio Português, que é o representante do Banco Carregosa. Crime?

Ela responde: "Zero de crime, absolutamente nada. Foi um empréstimo. O fato é que o Beto vai sair da cadeia e tem 1 milhão e meio de dólares para receber e a polícia, mesmo sabendo, não foi atrás disso. Ciente porque teve gravação enviada para a PF, história contada, tanto é que no dia 1º de julho, quando o Márcio começou a conversar comigo pelo WhatsApp, pergunto se eles pegaram o dinheiro e ele diz: "Que dinheiro? Nós fomos atrás do Antônio Vieira", e a Meire fala: "Caralho, é o Antônio Português!".

Alberto Youssef sairá da cadeia milionário. Receberá um percentual de todo o dinheiro recuperado pela Polícia Federal "graças" aos seus depoimentos. "Ganhou" um apartamento de luxo, de aproximadamente 4 milhões de reais, na Rua Afonso Braz, na Vila Nova Conceição, um dos bairros mais nobres de São Paulo, que foi generosamente devolvido pela Justiça para o uso de suas filhas. Também receberá 1,5 milhão de dólares, já que ninguém foi apreender esses valores.

Aliás, para ele, esse negócio de cometer crimes e depois ser descoberto, daí negociar um bom acordo de delação premiada com a Justiça do Paraná, parece ter virado mais um de seus investimentos seguros e de longo prazo. Já no caso Banestado, Youssef saiu com uma boa grana acertada em sua delação com a Justiça e com o MPF, agora, na Lava Jato, tem até cláusula de sucesso, ou seja, ele rouba, esconde e depois ganha para achar.

Dr. Moro, o Brasil não pode continuar sendo uma indústria criminosa.

Moral da história: sob o PT, parece que o crime compensa!

CAPÍTULO II

Os filhos de Lula

Como se faz um Ronaldinho sem talento

Em março de 2015, a revista *Forbes* divulgou sua clássica lista de milionários brasileiros. Filho de Roberto Andrade, um dos fundadores da construtora Andrade Gutierrez, Sérgio Andrade ocupava a posição de número 1.250, com US$ 1,5 bilhão. Trata-se do mesmo valor apontado pela revista em março de 2014 – de lá para cá, ele caiu quase cem posições na lista.

Quero falar dele.

Em 2002, Fábio Luís Lula da Silva recebia um salário de pouco mais de R$ 600. Nem se completavam 12 meses de Lula ter virado presidente da República, Fábio Luís virou sócio da então chamada G4 Empreendimentos, com sede em Campinas. Janeiro de 2005: Fábio Luís está há um ano na empresa, agora matizada de Gamecorp, especializada em entretenimento e games. E como alguém, sem talento, vira aquilo que seu pai chama de "Ronaldinho"?

Vou explicar.

A Telemar, de Sérgio Andrade, fez-lhe um aporte de R$ 5,2 milhões à guisa de título de investimento.

A troco de quê? Em dezembro de 2008, aconteceu o milagre dos peixes. Vamos ao que o antecede.

Era vetado, pela Lei Geral das Telecomunicações, que a Telemar se fundisse com a Brasil Telecom. Dela Lula já tinha arrancado Daniel Dantas a fórceps.

Aqui alguns parênteses. Dantas não é santo. Eu mesmo, enquanto ocupava o cargo de secretário nacional de Justiça, congelei muitos milhões de dólares dele no exterior.

Lembro que, quando deixei o cargo no Ministério da Justiça, poucos meses depois ele conseguiu descongelar os recursos sob os plácidos olhares do governo brasileiro e, em seguida, doou R$ 1,5 milhão à campanha da presidente Dilma Rousseff em 2010. Tudo devidamente por mim documentado.

Lula prometeu aos italianos da Telecom Italia fulminar Dantas, em troco de botá-los no lugar (lembre-se de que era bem na época que Dona Marisa coincidentemente tirava seu passaporte italiano...).

Mas Sérgio Andrade entrou na parada com o negócio da Gamecorp para Lulinha. Duas operações da PF foram montadas sobre Dantas (Chacal e Satiagraha), e os italianos, jogados para escanteio. Como fraldões. E olha que insistiram. Tanto que, em 1997, o então prefeito Celso Daniel anunciou a construção da Cidade Pirelli. Seriam 215 mil metros quadrados com restaurantes, cinemas, teatros. Foi Celso ser assassinado, e não se falou mais na tal cidade. Naquela época, a Pirelli era da holding Olimpia, controladora da Telecom Italia. Diz algo, não?

E, em dezembro de 2008, finalmente veio o milagre: dá-se a edição do decreto presidencial assinado por Lula, que permitiu a venda da Brasil Telecom para a Telemar/Oi.

Entenderam o porquê de ter surgido um Ronaldinho sem talento na casa do presidente Lula?

Temos a outra ponta solta da Andrade Gutierrez. Na última semana de dezembro de 2015, a empreiteira assinou acordo com a força-tarefa responsável pela Operação Lava Jato, afirmando que vai colaborar com as investigações sobre a existência de um cartel de licitações na Petrobras e reconhecer a prática de crimes, bem como pagar multa de cerca de R$ 1 bilhão pelos prejuízos causados com desvios de dinheiro público nas obras da Usina Nuclear Angra 3 e de estádios da Copa do Mundo de 2014.

Diz a Lava Jato que o consórcio formado pelas empresas Camargo Corrêa, UTC, Andrade Gutierrez, Odebrecht, EBE e Queiroz Galvão transferia recursos para empresas intermediárias, que repassavam a propina para o ex-presidente da Eletronuclear, Othon Luiz Pinheiro da Silva.

Segundo o Ministério Público, houve pagamento de propina por parte da Andrade Gutierrez em contratos desde 2009 para uma empresa de propriedade de Othon Luiz, que teria recebido R$ 4,5 milhões.

Entendeu o porquê de termos a empresa de Lulinha como beneficiária? Ela passou a ser o ponto morto por onde deveriam passar todas as marchas trocadas pela Andrade Gutierrez ao acelerar o motor da grana pública que o governo de Lula e Dilma engrena.

Carros e comissão da meia verdade

O site da Comissão Nacional da Verdade posta, em 9 de dezembro de 2014, o depoimento prestado ali por Lula. Segue o extrato em que ele fala de meu pai:

– Quando nós fomos presos, uma coisa que o Tuma ficava indignado era quando ele interrogava um cara que tinha uma formação ideológica de algum grupo político. O Tuma dizia: "– Esse pessoal, quando interrogado, tem toda uma história certinha para contar, parece que estudou e decorou um ritual". Os metalúrgicos não, a gente falava a única coisa que a gente sabia, ou seja, por que a gente fez greve? Porque a gente queria aumento de salário. E o que deixava o Tuma indignado era que o discurso era um só, a explicação nossa era uma só, não tinha duas explicações.

Na cadeia, Lula fez greve de fome de seis dias e manteve, mesmo dentro da prisão, a atuação sindical. Segundo o ex-presidente, os investigadores foram aconselhados por ele a lutar por um salário mais digno, em uma assembleia feita dentro do Dops. Lula ainda convivia bem com o carcereiro conhecido como Picadão, que anos depois entrou para o PT, e conseguiu, com o próprio Tuma, uma TV para assistir à partida de futebol entre Corinthians e Botafogo.

– A gente foi tratado lá com um certo respeito porque tinha muita gente do lado de fora, não era um preso comum, e lá fora tinha trabalhador, estudante, intelectuais, igreja, todo mundo – finalizou".

Por que não me chamaram para depor? Afinal, eu fui investigador do Departamento da Ordem Política e Social – Dops – e vivi momentos importantes daquele período, especialmente na companhia do preso do sofá vermelho. Temiam minha acareação com Lula? Repito e reitero: Lula era informante do Dops e precisava prestar esclarecimentos. O que eles fizeram? Gravaram o depoimento do Lula, aliás, porque ele fala bem do meu pai. Mas não tiveram a coragem de fazer o Lula prestar o seu depoimento histórico na Comissão da Verdade porque ele não podia; ele era um agente duplo. E não tinha nada a contribuir na Comissão da Verdade. Já desafiei o governo a apresentar os arquivos do Dops, os quais salvamos e preservamos. Ele sempre prestou serviço às montadoras de veículos. Até hoje, muito depois do governo dele. Veja o IPI dos automóveis, veja hoje o que se descobriu. Eu já havia avisado. Surgiram os e-mails que comprovam o favorecimento às empresas, às montadoras de veículos. Quem foi preso recentemente? Quem era um dos melhores amigos do Lula? É o mesmo da época do sindicato, é o mesmo com quem ele combinava as greves. O homem já foi vice da Volkswagen, dirigente da Anfavea e diretor de assuntos governamentais e trabalhistas para a América Latina da Scania. Eu o conheço muito bem também. É Mauro Marcondes. O mesmo da época quando Lula combinava as greves com os patrões e cobrava como contrapartida aumento salarial. Desde aquele tempo ele beneficiava o mercado automobilístico. Ele fazia o jogo combinado do patrão para forçar o governo. Você faz greve, eu pressiono o governo por aumento, eles liberam o preço e ganhamos os dois. Ferro no povo!

E isso merece certos detalhamentos, como segue...

Trecho da revista *Época*, de 15 de novembro de 2015, sobre Luís Cláudio da Silva, o filho caçula do ex-presidente Luiz Inácio Lula da Silva. Conta 31 anos de idade e é formado em educação física:

> *Depois de estrear no mundo empresarial no Corinthians, Luís Cláudio ganhou, entre 2014 e 2015, R$ 2.552.400,00 do escritório de consultoria de Mauro Marcondes, Marcondes & Mautoni, cuja especialidade era representar montadoras de carro. Luís Cláudio prestaria à consultoria de Marcondes consultoria técnica e assessoramento empresarial de marketing esportivo. E foi aí que começaram os problemas em sua vida. Luís Cláudio agora é um dos investigados pela Operação Zelotes, da Polícia Federal. Seu*

nome surgiu após a PF começar a investigar Marcondes. Em 1º de outubro, ao noticiar a investigação, o jornal O Estado de S. Paulo publicou que Marcondes era suspeito de "comprar" medidas provisórias editadas entre 2009 e 2013 para favorecer montadoras, por meio de incentivos fiscais. Em 26 de outubro Marcondes foi preso. No dia 4 de novembro, Luís Cláudio foi convocado à Superintendência da Polícia Federal, em Brasília. ÉPOCA obteve o depoimento com exclusividade. Obteve também o depoimento dado por Marcondes quando já estava preso no Complexo da Papuda, em Brasília. Os dois depoimentos sugerem que ainda há muito a ser esclarecido sobre o contrato de Luís Cláudio com a empresa de consultoria de Mauro Marcondes. "É como se um não soubesse por que pagou e outro não soubesse por que recebeu", disse uma pessoa próxima à investigação.

Lobistas de montadoras de veículos conseguiram alterar o texto original da Medida Provisória 471 antes de ela ser assinada pelo então presidente Luiz Inácio Lula da Silva em 2009. Graças à MP, montadoras instaladas no Norte, Nordeste e Centro-Oeste prorrogaram incentivos fiscais por mais cinco anos

Mauro Marcondes é amigo de Lula desde as greves do ABC. Empresas montadoras que utilizaram os serviços da empresa de consultoria Marcondes & Mautoni, contratada para apresentar os recursos protocolados no conselho pedindo a revisão da multa, tiveram reduções de até 300% nas autuações da Fazenda. Mais uma vez um filho de Lula ganha benefícios pela influência do pai!

Lula, o informante de meu pai, hoje colhe os louros familiares de algo plotado, obviamente em seu benefício, já nos anos 1970.

Lula cria não só um Ronaldinho: um Neymar também! Foi o que revelou essa Operação Zelotes, da PF.

Telegangue: sai Itália, entra Portugal

No início de setembro de 2015, o semanário luso *Sol* revelou que *na casa de Luís Oliveira Silva, sócio e irmão de José Dirceu, o antigo homem forte de Lula da Silva, a Polícia Federal apreendeu um documento com uma anotação sobre a "Portugal Telecom".*

O trecho anterior é da imprensa portuguesa, datado de 2 de novembro de 2015.
Outro trecho:

Foi nesse contexto que o ex-presidente da República Mário Soares foi sondado pela PT, para ajudar a criar pontes com o presidente Lula. E é Soares que aconselha Granadeiro a procurar o escritório de advocacia Fernando Lima, João Abrantes Serra e José Pedro Fernandes, a LSF & Associados. O gabinete é sócio no Brasil de José Dirceu, o líder petista conhecido como facilitador de negócios, a quem a LSF chegara anos antes por via de José Pedro Fernandes. Mas será Abrantes Serra a apresentar Dirceu a Nuno Vasconcelos e a Rafael Mora, da Ongoing (e a Miguel Relvas). Dirceu, que surgiu nos epicentros dos grandes escândalos que rebentaram no Brasil ("Mensalão", "Lava Jato" e "Petrolão"), é classificado pela Polícia Federal como o "chefe da quadrilha".

Na Gamecorp, o MPF inocentou Lulinha. E a Telemar ficou tão grande que virou a Oi.

Abro parênteses para lembrar que o senador Delcídio do Amaral – a quem Lula chamou de idiota, em um gesto de total desconsideração e desrespeito, e quem o PT atirou ao cadafalso, apressando-se em condená-lo antes do início de seu processo, diferentemente de outros "fiéis" companheiros cumpridores de missões partidárias institucionais, ainda que sujas e criminosas – foi o presidente da CPI dos Bingos, o que certamente o fez conhecer muito a fundo esse jogo. Podemos agora resgatar e revelar detalhes, nunca antes esclarecidos na história deste país.

Digo mais: não creio que o senador Delcídio cumpria missão em defesa própria ao buscar amparar Nestor Cerveró e tentar calar sua boca. Era, sim, uma missão político-partidária, para preservar Dilma, Lula e o governo do PT. Delcídio, como nenhum outro, conhece Cerveró e Dilma de muitos anos e de muitos outros carnavais. Ele trabalhou na Petrobras e ela foi ministra de Minas e Energia e presidente do Conselho de Administração da Estatal. Delcídio foi abandonado no campo de luta, onde cumpria missão objetivando salvar não a própria pele. Se isso virá à tona não posso prever, pois sua linha de defesa pode entender que o melhor agora é calar e amenizar os fatos que geraram sua prisão. Mas quem investiga não pode cruzar os braços, e o Supremo não tem essa vocação de investigador, por isso deve ir a fundo, socorrendo-se de quem realmente tem o mister da investigação. Delcídio não mobilizaria sozinho um banqueiro como André Esteves, parceiro do governo, disposto a pagar uma alta mesada a um envolvido no esquema, como Nestor Cerveró, apenas para livrar a própria pele.

Falta algo aqui... uma passagem, talvez...

Mas a bomba explodiu em Portugal: a telefonia brasileira, via construtora Andrade Gutierrez, molhou a mão de políticos portugueses, até mesmo do presidente Mário Soares, num gigantesco esquema de corrupção.

Veja este trecho que saiu na mídia portuguesa:

As investigações que hoje decorrem no Brasil e em Portugal, de modo autônomo, mas com canais abertos, já deixam levantar a ponta do véu sobre possíveis pagamentos de várias dezenas de milhões de euros ao universo restrito do ex-presidente da República Lula da Silva, bem como a ex-governantes e gestores brasileiros e portugueses. Movimentos financeiros que as autoridades suspeitam poderem ter saído de veículos internacionais ligados aos accionistas da Oi, encabeçados pela construtora Andrade Gutierrez, através de territórios como Angola (onde opera também via Zagope) e Venezuela...

... O presidente da Andrade Gutierrez é réu no processo Lava Jato, sendo-lhe atribuídos os crimes de corrupção, de lavagem de dinheiro e de organização criminosa. Otávio Azevedo é considerado a cabeça da engrenagem que possibilitou o acordo entre a PT e a Oi em julho de 2010. Um negócio que necessitou de múltiplas autorizações políticas dos dois lados do Atlântico e que começou a ser preparado no final de 2007 como resposta à intenção firme da Telefônica de adquirir os 50% da brasileira Vivo que estavam nas mãos do PT e que era o motor de crescimento da empresa portuguesa.

Some-se a isso aquela viagem excursão, nunca explicada, da comitiva presidencial de Lula acompanhado por Rosemary Nóvoa de Noronha, a Rose, com *pit stop* em Lisboa, onde reportam foi necessária a contratação de um carro forte, para transportar vários malotes de dinheiro que voaram a bordo do avião presidencial.

Fato esse que carece de profundas investigações, visto que as fitas gravadas pela Polícia Federal durante a Operação Porto Seguro, em que a chefe do gabinete da presidente Dilma em São Paulo foi presa, estranhamente desapareceram.

Ou seja, a empreiteira-telefônica que comprou a empresa do Ronaldinho de Lula é investigada por ter corrompido políticos portugueses com a ajuda de Zé Dirceu, de quem dizem ser o ex-homem forte de Lula, no que acredito, pois, como outros, foi por Lula usado e retumbantemente descartado.

Era ou não necessário assassinar minha reputação para afastar-me das investigações que eu procedia no cargo de secretário Nacional de Justiça? E, em especial, de todas as cooperações jurídicas internacionais em matéria penal que eu acordava – como autoridade central brasileira com os órgãos da secretaria, o MPF, governos exteriores, autoridades centrais de outros países, agências de inteligência financeira internacionais e a justiça brasileira. Com isso, impedindo, assim, que as fronteiras físicas servissem de barreiras para a impunidade e, ainda, visando a atingir corruptos e corruptores, criminosos em larga escala e de tipologias de alta complexidade (que desfalcavam os cofres públicos proporcionando ambiente para as pedaladas financeiras hoje tão conhecidas).

Romeu Tuma Junior
com Mário Soares

Veja a foto tirada durante um jantar com autoridades do governo português em Lisboa, quando lá estive em março de 2009 para realizar reuniões sobre vários temas relacionados à Secretaria Nacional de Justiça. Naquela ocasião, dei a palestra inaugural em um Seminário Luso--Brasileiro sobre Imigração e Enfrentamento ao Tráfico Internacional de Seres Humanos realizado em cooperação pelos governos do Brasil e de Portugal. Estive também na Faculdade de Direito da Universidade de Coimbra, sonho de todos os jovens estudantes de Direito, convidado para uma visita/acordo de cooperação sobre o programa Grotius Brasil – Programa Nacional de Difusão de Cooperação Jurídica Internacional –, que foi criado por mim para possibilitar uma rede de altos estudos a capacitar operadores de Direito em matéria de cooperação jurídica internacional.

Sete anos depois, passo a entender por que Mário Soares era tão seminal ao governo de Lula...

CAPÍTULO III

Bandido combina com bandido

Depois de toda a minha participação na investigação da morte de Celso Daniel e do que contei no primeiro volume deste livro, sempre me perguntaram mais detalhes sobre o caso do ex-prefeito de Santo André e o envolvimento de Lula.

O que tenho a dizer é que o Lula estava numa organização que fazia vários tipos de acordo – isso ele mesmo admitiu. (Recentemente ele deu um depoimento em que falava: "Eu só assinava, mandava o Zé Dirceu negociar, os aliados indicavam as pessoas, o Zé Dirceu passava e negociava e depois que eles resolviam quem era o indicado, vinha para eu aceitar ou não e assinar".)

Quando você admite isso, não pode falar que não sabe de nada. Quando você admite tal circunstância, não é só assinar esse ou aquele indicado para um cargo: isso é legitimar o processo de escolha!

Então o processo foi assim: como o Lula admitiu no final de 2015 em depoimento à Polícia Federal – e confessou que sabia de tudo (e nem precisava saber) –, ele autorizava, dava carta branca mesmo: "Negociem, tratem, acertem os nomes e tragam para eu assinar; detalhes não quero saber". Assim, assumiu todos os riscos, e não pode agora negar desconhecimentos. Como esse homem está aí? Dizendo que o PT é criminalizado, não é isso? Pois, ao contrário, o PT não está sendo criminalizado; foi o PT que criminalizou o Brasil. O PT instrumentalizou todas as instituições.

Nunca se falou tanto em justiça neste país como se fala hoje. E o ex--presidente Lula, que manda mais hoje do que quando era presidente e vive no Planalto toda hora, pois a Dilma precisa falar com ele para cada decisão que vai tomar, vem a público dizer um absurdo desses.

Nunca na história do mundo se vê um ex-presidente mandar tanto quanto o Lula. Ele fala "querem criminalizar o PT" como se o povo ainda fosse otário de acreditar nisso. Ele já visitou a Polícia Federal fora do cargo, intimado, certamente muito mais do que no cargo, convidado.

A história de Santo André mostra: ali foi o embrião de um projeto de poder e de um projeto criminoso que nunca se preocupou com os meios desde que os fins propostos fossem atingidos. Exportaram para a República métodos e práticas nefastas.

Condução coercitiva

Anunciado por *Veja* em novembro de 2013, e lançado publicamente em 11 de dezembro, *Assassinato de reputações – um crime de Estado* vendeu mais de 140 mil cópias e ficou 24 semanas na lista dos mais vendidos da revista. Assim que a *Veja* noticiou a existência da obra, o ministro da Justiça, o Cardozão, como o chamávamos na época da Máfia dos Fiscais, deu uma entrevista no dia seguinte e estabeleceu: – Vamos apurar tudo que tem no livro; vamos investigar todas as supostas denúncias e vamos informar a sociedade. Se não tiver nada, vou processar ele.

Trecho do portal da *Veja*, de 10 de dezembro de 2013:

O ministro da Justiça, José Eduardo Cardozo, afirmou nesta terça-feira que pediu informações aos órgãos citados no livro Assassinato de reputações – um crime de Estado, *do ex-secretário nacional de Justiça Romeu Tuma Junior, que chegará nesta semana às livrarias. Conforme revelou a VEJA, o autor afirmou que recebeu ordens enquanto esteve no cargo para "produzir e esquentar" dossiês contra adversários do governo Lula. Durante três anos, Tuma Junior comandou a Secretaria Nacional de Justiça, cuja mais delicada tarefa era coordenar as equipes para rastrear e recuperar no exterior dinheiro desviado por políticos e empresários corruptos. Pela natureza de suas atividades, Tuma ouviu confidências e teve contato com alguns dos segredos mais bem guardados do país, mas também experimentou um outro lado do poder – um lado sem escrúpulos, sem lei, no qual o governo é usado para proteger os amigos e triturar aqueles que são considerados inimigos. Entre 2007 e 2010, período em que comandou a secretaria, o delegado testemunhou o funcionamento desse aparelho clandestino que usava as engrenagens oficiais do Estado para fustigar os adversários.*

– Em relação à reportagem que foi publicada, já solicitei as informações devidas aos órgãos que foram objeto da denúncia e receberei as informações sobre tudo que foi denunciado. Nós vamos colocar em público as respostas e as situações que forem apuradas – disse Cardozo.

Nesta segunda-feira, partidos da oposição – PSDB, DEM e PPS – convidaram Tuma Junior para dar mais detalhes sobre as revelações publicadas em seu livro no Congresso Nacional. O ministro Gilberto Carvalho (Secretaria-Geral da Presidência), citado pelo autor, foi convocado para prestar depoimento em duas comissões da Câmara dos Deputados.

Muito bem, com a notícia da revista, o senador Aloysio Nunes, ao que me consta, oficiou ao ministro da Justiça também, provocando o pedido de uma investigação sobre os fatos reportados na obra.

Nada disso era preciso. Bastava investigar os fatos ali apresentados. Sempre disse que não havia feito um inquérito, apenas escrito um livro para tornar pública minha defesa sobre as criminosas notícias plantadas pelo governo com o objetivo de atingir o mandato de meu pai, então senador da República, passando por cima de mim, e, também, alijando-me de importantes investigações e políticas de segurança e combate ao crime organizado que eu desenvolvia no cargo que ocupava.

Depois de oito meses do lançamento do livro, recebi uma intimação de uma delegacia intitulada "Delegacia de Inquéritos Especiais". Primeiro susto que eu levei: Delegacia de Inquéritos Especiais? Ora, na minha concepção, todo inquérito é especial, todo inquérito merece uma investigação aprofundada para se chegar à autoria de algum delito que se propõe a investigar. Mas, enfim, já que fora surpreendido com esse nome, então *o que é um inquérito especial? Qual inquérito deve merecer uma atenção especial para que vá a essa delegacia?*

Enfim, essa delegada queria me ouvir em Brasília e eu não sabia do que se tratava. Mandei um advogado atrás para saber onde era isso. Houve uma intimação que chegou aqui, da Polícia Federal de São Paulo, e mandei a advogada lá para saber de que se tratava. Qual a surpresa? Não tinha nada, não tinha inquérito, não tinha qualquer procedimento da polícia judiciária instaurado a justificar minha presença, enfim, não tinha absolutamente nada que justificasse minha oitiva. Era, portanto, uma intimidação, não uma intimação. Eu tive a cautela de ir lá e, da mesma forma, não vi nada. Então, falei: – Em que inquérito eu vou ser ouvido?

Secamente informaram que não tinha inquérito, que era uma delegada de Brasília que queria falar comigo.

– Mas ela quer falar comigo como? Em São Paulo? – indaguei. Aí me disseram que ela viria aqui. Nessas idas e vindas, eu estive duas vezes lá na PF; uma vez fui dispensado porque o delegado não estava. Outra vez ele estava, mas não sabia do que se tratava e precisava falar com a delegada em Brasília.

Moral da história: eu fui intimado, compareci duas vezes e nada tinham para me mostrar. Já era uma arbitrariedade, uma ilegalidade você intimar alguém quando não tem procedimento de polícia judiciária instaurado. Não tem que chamar ninguém na delegacia para falar nada. Isso é violência pura, abuso de autoridade, intimidação, especialmente porque eu me tornara um crítico feroz justamente desse aparelhamento da Polícia Federal, objetivando perseguir adversários políticos e aqueles que se insurgiram contra esse Estado criminoso. Tudo o que eu já denunciara no livro continuava acontecendo, e com uma arrogância e prepotência maiores ainda. Ou seja, além de eu denunciar, eles é que estavam me intimidando.

Eis que a delegada mandou para São Paulo um e-mail, ao qual, por sorte, acabei tendo acesso. Ela dava orientações absurdas, roteirizando uma arapuca sem qualquer vontade de investigar nada, apenas com o intuito de me intimidar, chegando aos seguintes detalhes nas orientações: –... Para isso, solicito a designação de um DPF, especificamente escolhido, que seja desenrolado e objetivo, para ouvi-lo...

A delegada já estava aparelhada e instrumentalizava a ação que queria desenvolver contra mim. Eu era o suposto declarante "a colaborar com a PF", e eles já chegavam chutando a porta?! Alguém experiente *desenrolado na polícia para falar com ele*? Que coisa maluca é essa? Não tinha inquérito, não tinha nenhum procedimento de polícia judiciária instaurado e ela mandava uma mensagem para um delegado de São Paulo para escolher a dedo quem iria me ouvir – justo eu, já tão escolado com o *modus operandi* dessa Polícia Federal sob o PT. Além do mais, ela colocava sob suspeição profissional todos os demais delegados que não fossem o "escolhido".

Quando fui acusado injustamente no episódio do Paulinho Lee, já havia feito essa constatação: prestei depoimento e sumiram com ele! Um crime absurdo jamais apurado, sequer pelo MPF, responsável pelo controle externo da atividade policial. Aliás, eles querem investigar, mas fiscalizar, se deixar fiscalizar e ser controlado, nem pensar!

Agora imunizado, voltei à Polícia Federal e insisti muito para ter acesso aos documentos. Reclamamos na corregedoria em Brasília, por meio do Dr. Marcel Versiani, um grande amigo que era da Comissão de Prerrogativas da OAB/DF e sócio do Dr. Cleber de Oliveira, meus advogados. Só assim conseguimos ter acesso ao que de fato explicava minha "inquirição". Queriam me ouvir sobre tudo o que eu já escrevera, em mais de 500 páginas. Por que não simplesmente leram e foram atrás do que estava explicitado no livro? Simples: só queriam me intimidar.

Tentaram me ouvir da seguinte forma: eu falando a um computador, em São Paulo, ligado à PF de Brasília. Foi quando não me resignei: – Espera um pouquinho. Antes dela me fazer perguntas, antes de me ouvir, é a respeito do quê? O que é que é? Qual é o procedimento da polícia judiciária a que eu vou me submeter? É como testemunha? É como investigado? É como o quê? O que é que está no papel? Tem inquérito? Se não tem inquérito, eu vou ser ouvido em quê? Eu fui policial 35 anos, eu fui Delegado de Polícia. Sou um advogado. Ninguém vai me levar a uma delegacia, apesar de eu ter respeitado e ido, para me ouvir sobre nada. Se quando você vai ser ouvido em um inquérito às vezes eles somem com um documento, imagine em um procedimento que não existe. O que é isso? Onde nós estamos?

Posteriormente, após toda essa violência moral, resolveram formalizar um procedimento e tive acesso a outra mensagem da delegada de Brasília, mais espantosa ainda, para um delegado de São Paulo. A recomendação explícita era a seguinte: – Não deixe que seus advogados nem ele, Romeu, tenham acesso às perguntas, só na hora de ouvi-las pessoalmente.

– Muito bem – respondi por escrito. E dei o episódio por encerrado. Dois ou três meses depois, fui surpreendido no meu escritório de advocacia com a chegada de quatro agentes. Eles surgiram munidos de uma ordem de serviço que dizia ser um mandato de condução coercitiva.

Ai eu liguei para o delegado e falei: – Como é que você manda me conduzir coercitivamente num negócio em que eu já fui aí, já falei, e já respondi por escrito? Porra, vocês querem me ouvir como testemunha e mandam me conduzir coercitivamente?

No código de processo penal não existe a figura da condução coercitiva da testemunha; você pode conduzir até a vítima ou o indiciado, mas a testemunha nunca. Tanto que, quando um inquérito acaba, você diz, se necessário: – A testemunha pode ser encontrada em tal lugar. Não existe a figura da condução coercitiva. Ainda que se queira forçar esse entendimento, é preciso ordem judicial para isso. A polícia não pode conduzir ninguém nessas condições. Se o fizer, terá, antes, que intimar a pessoa várias vezes. Primeiro é preciso instaurar um inquérito por desobediência para, depois, então, mandar buscar. Eu não tinha desobedecido ninguém. Eles não fizeram nenhuma investigação, nenhum inquérito, pior, não havia qualquer senão que permitisse afirmar que eu tinha desobedecido a uma ordem da autoridade, e, ainda assim, seria ordem ilegal, caso houvesse. Mais do que isso, eu tinha prova, certidão do escrivão, de que estivera lá. Eu tinha uma certidão que o próprio delegado chefe mandou o escrivão se certificar. Eu estava completamente coberto, conheço essa polícia arbitrária, já a venho denunciando há tempos, não daria essa chance, não sou trouxa.

O delegado é que não foi, não eu. Então, estava claro, era uma intimidação. Eu escrevi um livro em que criticava o governo, os bandidos que estão infiltrados no Estado, e querem me forçar a ir à Polícia Federal para quê? E ficou aquele clima constrangedor. Um documento que era uma condução coercitiva, malfeita, mal redigida. Não tinha mandato para isso. Uma violência contra o escritório de advocacia, contra o profissional da advocacia e contra o denunciante. Uma violência contra o estado de direito.

Se você denuncia neste governo, ele manda prendê-lo. Ainda na frente dos policiais, durante a ligação para o delegado, disse que iria mais tarde. Como resposta, ele falou que eles não iriam sair de lá até eu aparecer, então eu fui. Peguei uma pessoa que trabalhava comigo e fomos até a PF num carro particular, seguido pelos agentes – uma viatura na frente e outra atrás.

E a maior prova de que eles só queriam me intimidar foi esta: quando cheguei na frente do delegado, disse: – Doutor, o que o senhor quer me perguntar? E ele falou: – Não, fala o que o senhor quiser. Aí eu abri aspas e falei até o fim e ele não me fez uma pergunta sequer. Agora eu pergunto: alguém que manda me buscar para ser ouvido e não me faz nenhuma pergunta significa o quê? Era uma intimação ou uma intimidação? Não era uma condução, era uma violência. Era para dizer: – Para de denunciar o governo!

SERVIÇO PÚBLICO FEDERAL
MJ - DEPARTAMENTO DE POLÍCIA FEDERAL
SUPERINTENDÊNCIA REGIONAL EM SÃO PAULO
DRCOR - DELEGACIA DE REPRESSÃO A CRIMES FAZENDÁRIOS

TERMO DE DECLARAÇÕES DE ROMEU TUMA JÚNIOR:

Aos 05 dia(s) do mês de agosto de 2014, nesta SUPERINTENDÊNCIA REGIONAL - SÃO PAULO, em São Paulo/SP, onde se encontrava FABRIZIO GALLI, Delegado de Polícia Federal, Classe Especial, Matrícula nº 9.527, compareceu ROMEU TUMA JÚNIOR, sexo masculino, nacionalidade brasileiro(a), casado(a), filho(a) de ROMEU TUMA e ZILDA DIRANE TUMA, nascido(a) aos 13/08/1960, natural de SÃO PAULO/SP, instrução terceiro grau completo, profissão Advogado(a), inscrito na OAB/DF sob o número 40.555, documento de identidade nº 72124441/SSP/SP, CPF 042.061.608-05, endereço comercial na(o) Rua General Flores, 290, 17º andar, bairro Bom Retiro, CEP 01.129-010, município de SÃO PAULO/SP, fone (11) 3337-7775. Indagado a respeito dos fatos, RESPONDEU: QUE "gostaria de declarar que comparece atendendo mandado de condução coercitiva, ao ver do DECLARANTE, arbitrariamente expedido, haja vista que são 12h 47min, da presente data, tendo a diligência com quatro policiais comparecido ao seu escritório às 10h, sendo que conforme fl. 37 dos autos consta mandado de intimação para esta mesma data às 14h 30min, ou seja, não há nexo de se expedir o mandado de condução coercitiva para o cumprimento de quatro agentes e intimação com data e horário pré-determinados, o que ao ver do DECLARANTE trata-se de uma arbitrariedade, de uma truculência, de um gesto injustificável, até porque não foi revestido das formalidades junto à OAB, se efetivamente a condução coercitiva o intento"; QUE "o mandado de condução coercitiva se justifica quando o intimado deixa de comparecer à inúmeras intimações, o que não é o caso do DECLARANTE, haja vista

> **SERVIÇO PÚBLICO FEDERAL**
> **MJ - DEPARTAMENTO DE POLÍCIA FEDERAL**
> **SUPERINTENDÊNCIA REGIONAL EM SÃO PAULO**
> **DRCOR - DELEGACIA DE REPRESSÃO A CRIMES FAZENDÁRIOS**
>
> que compareceu em todas as intimações que foram feitas nesse procedimento, tendo inclusive certidão do escrivão de que estaria dispensado do comparecimento no dia, melhor dizendo, num dos dias aprazados e mesmo assim se fez presente, embora a certidão a que se refere estranhamente não se encontra no procedimento"; **QUE** "lamenta que a autoridade policial tenha se valido de uma suposição, que parece praxe na Polícia Federal, com uma suposta ausência para expedição de condução coercitiva, conforme o despacho de fl. 35"; **QUE** "constata que não se encontra juntado à Carta Precatória documentos onde se pode verificar que a autoridade deprecante demonstra claro direcionamento no presente apuratório, o que justifica as informações já prestadas pelo DECLARANTE, que não obstante já entende ter prestados os devidos esclarecimentos, ratificando o teor das folhas 30/32"; **QUE** "em relação aos quesitos encaminhados como anteriormente informado já foram objeto de resposta através do documento juntado às fls. 30/32"; **QUE** solicita cópia da Carta Precatória de capa a capa. Nada mais disse e nem lhe foi perguntado. Foi então advertido da obrigatoriedade de comunicação de eventuais mudanças de endereço em face das prescrições do Art. 224 do CPP. Determinou a autoridade o encerramento do presente que, lido e achado conforme, assina com o(a) declarante e comigo, ADRIANO ANTÔNIO GABARDO, Escrivão de Polícia Federal, 1ª Classe, Matrícula nº 15.194, que o lavrei.
>
> AUTORIDADE : ....
>
> DECLARANTE ....
>
> ESCRIVÃO(A) ....

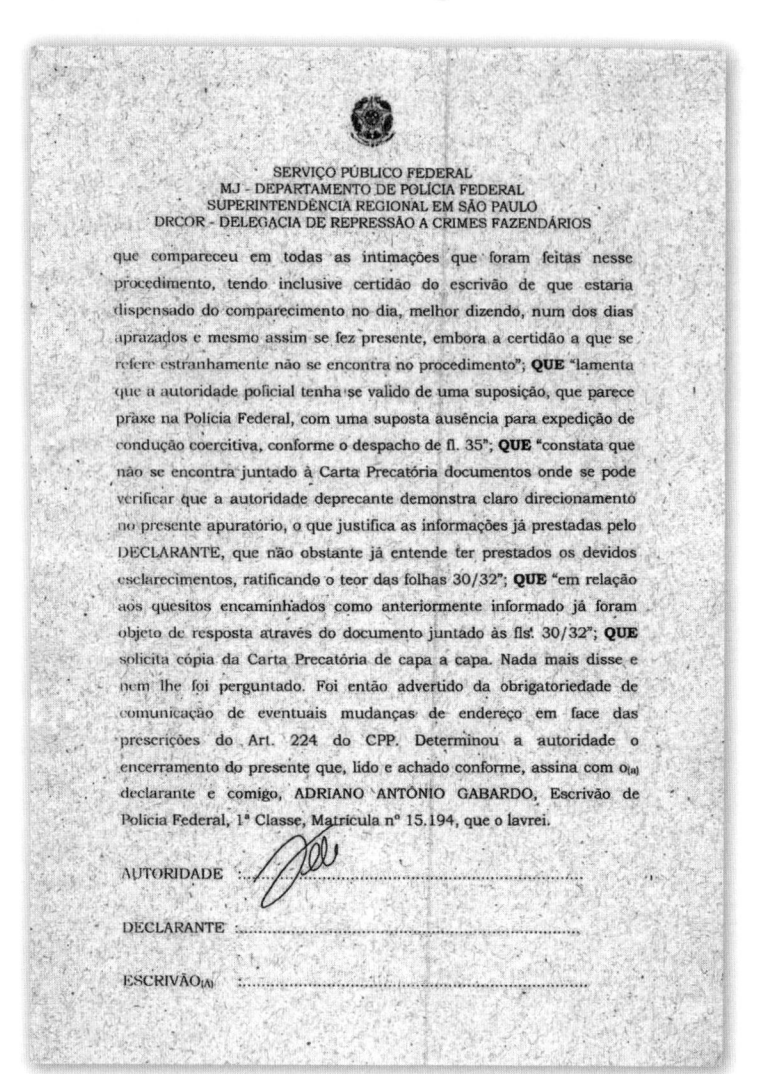

    E, recentemente, por solicitação e representação da Ordem dos Advogados do Brasil, instauraram uma sindicância contra um dos delegados. Eu até já fui ouvido e tenho absoluta certeza de que não vai dar absolutamente em nada. O resultado é nulo. Porque no próprio despacho de instauração via-se algo como: – Vamos instaurar porque a Ordem encaminhou questionando, mas não vejo nada além de um mal--entendido... Já no despacho de instauração está mensurado que parece ter sido só um desentendimento, um mal-entendido, mas eu fui até lá, prestei esclarecimento e deixei muito claro que não. Houve, sim, um ato de irregularidade naquilo, creio até que houve crime, eles abusaram do poder. Mais do que isso. Percebeu-se pelas próprias datas lançadas nos despachos que o delegado cometera uma irregularidade administrativa muito grande. Eu demonstrei isso porque conheço procedimentos administrativos e inquéritos. Fiz isso a vida inteira. Se tem uma coisa que conheço bem é procedimento de polícia judiciária. Ele lançou uma data posterior à data em que eu tinha falado. Então, assim, a polícia só não vai punir administrativamente os delegados se não quiser. Como é um procedimento-padrão em que eles são orientados a violentar e a violar prerrogativas, provavelmente não vai acontecer nada. As prerrogativas não são dos advogados, são da sociedade, mas na PF de hoje poucos são os profissionais que respeitam isso.

CAPÍTULO IV

Novos elementos do velho grampo no STF

*A prova definitiva de uma investigação
sob encomenda para ministro ver...*

No dia 1º de setembro de 2008, o então presidente do Supremo Tribunal Federal (STF), Gilmar Mendes, passou a manhã no Palácio do Planalto em reunião com o presidente Luiz Inácio Lula da Silva sobre o grampo telefônico que flagrou sua conversa com o então senador Demóstenes Torres (DEM-GO).

A primeira informação de grampo ao ministro Gilmar Mendes foi vazada em agosto de 2007. Policiais federais disseram que haviam interceptado uma ligação que comprovava que o então presidente do STF havia recebido "mimos" da construtora Gautama, investigada pela Operação Navalha, da PF. As informações, à época, eram que a Agência Brasileira de Inteligência, a Abin, estava comandando as escutas e as operações de grampo. O episódio custou o cargo do então diretor da Abin, Paulo Lacerda.

No meu livro anterior, relatei como esse episódio foi enfim esclarecido. Recebi uma carta enviada pelo meu amigo Edson Oliveira, ex-diretor da Interpol no Brasil, no dia 2 de maio de 2011. Na carta, Oliveira me dizia que ficara sabendo do caso sem querer, numa conversa informal com o então presidente do Sindicato dos Policiais Federais do Rio de Janeiro, Telmo Correia, no fim de 2008. Eles trabalhavam juntos no Aeroporto Santos Dumont, no Rio de Janeiro.

A partir de um cruzamento de dados, feito por ele e pelo agente da PF Alexandre Fraga, segundo a carta, chegou-se ao agente Távora, acusado como autor dos grampos aos ministros do STF. Na época, Távora trabalhava na Delegacia Fazendária da PF, no Rio. Era um policial com pouco tempo de casa, segundo Oliveira, "mas muito experiente em análise financeira e documental".

Távora participou de operações em Brasília, recebendo diárias, tendo passado vários meses naquela cidade, convocado para participar da equipe do delegado Protógenes (Queiroz, ex-deputado federal pelo PCdoB) – dizia a carta. Durante o levantamento feito, ficou evidente que a escuta realizada no STF fora feita com a utilização de equipamentos de gravação digital sem fio, de origem francesa, produto de um acordo feito entre os governos da França e do Brasil.

Esse equipamento de grampo funcionava dentro de uma maleta, como se fosse uma estação de recepção e emissão de sinal de telefonia. Ela ficava apontada na direção de onde estava o telefone que seria grampeado. A tela do equipamento, então, mostraria todos os números naquele raio de distância.

Essa "mala francesa" entrou no lugar da operadora de telefonia, funcionando como uma substituta. Dessa forma, o operador do grampo tem acesso a todas as operações feitas com o telefone e pode controlá-las. Pode, por exemplo, apagar o registro de uma ligação ou fazer uma ligação a partir da máquina.

Um herói

Antes de trazer elementos inéditos a essa investigação, quero prestar uma homenagem ao delegado Edson, humanizando-o num breve perfil. Trazendo em sua raiz o estigma de ser oriundo de um bairro paulistano estritamente tradicional e popular como é a Mooca, cujo povo tem em sua essência o calor da amizade verdadeira e os nobres valores familiares, hoje tanto em falta, Edson de Oliveira não deixou de manter essas tradições e, como destacou-se em sua brilhante vida profissional, ainda que vítima de um estado criminoso que assassina reputações, tornou-se ídolo de todos aqueles que o conheceram, dos que com ele trabalharam e que sempre torceram por suas vitórias.

A trajetória de vida desse grande amigo (ídolo de quem o cercava, e incluo-me nesse grupo) sempre foi pautada pela perseverança, astúcia, humildade em ouvir e dividir opiniões e, principalmente, pela enorme força de vontade de vencer e ser alguém na vida.

Filho mais velho de um casal de operários de empresas privadas, com pouco estudo e poucos recursos financeiros, sempre aprendeu que o que mais importava na vida era ser honesto e ter caráter, e que sua missão era transmitir esses valores aos seus dependentes. Pai de 12 filhos, todos criados e bem encaminhados, frutos de dois casamentos, o que já mostra uma coragem e generosidade infinitas, Edson cumpriu com louvor o que lhe ensinaram seus falecidos pais.

Pautou sua íntegra vida jamais desviando sua conduta, quer na vida pessoal quer na profissional. Todas as suas virtudes derivaram de seus esforços e, assim, enquanto cursava o antigo ginásio, complementava seus conhecimentos nas línguas inglesa e italiana com uma senhora vizinha e amiga da família – aliás, um diferencial significativo que o qualificou nos anos 1990 já à frente de importantes missões internacionais. Falava inglês sem sotaque, muito elogiado em nossas viagens mundo afora, caçando bandidos, buscando mafiosos e fazendo a boa imagem e reputação da Polícia Federal brasileira, sob o comando de meu falecido pai, Tumão, seu então diretor-geral.

Já formado em Direito, Edson trabalhou como funcionário de um grande escritório de cobranças de São Paulo. Porém, sua atuação profissional foi, na maior parte do tempo, na cidade do Rio de Janeiro, para onde migrou em 1975, quando também se interessou por prestar concurso para a Polícia Federal. Edson de Oliveira concluiu seu curso entre os primeiros colocados para a carreira de delegado da Polícia Federal, logo após também ter sido aprovado no concurso de agente.

Sua ascensão profissional deveu-se unicamente a sua capacidade intelectual e técnica, diante do seu discernimento do certo e do errado, tornando-se um expoente na profissão – Edson foi nomeado superintendente da Polícia Federal no Estado do Rio de Janeiro no início dos anos 1990.

Com sua competência, a relação de confiança conquistada e a amizade adquirida com meu pai, que o considerava um filho, Edson alcançou os mais altos postos do poder policial neste país, inclusive sendo nomeado diretor da Interpol no Brasil, maior organização de polícia no mundo. Com isso, tornou-se um profissional de reconhecimento internacional, participando de cursos no FBI, na Scotland Yard, dentre outras polícias de grande capacidade operacional e investigativa mundiais. Além de tudo, foi também um dos protagonistas, junto comigo, da emocionante, histórica e vitoriosa eleição do Tumão como vice-presidente mundial da Interpol, em 1991.

Edson de Oliveira integrou uma plêiade de policiais vocacionados, com os quais tive a honra de trabalhar, e aqui lembro de alguns em reconhecimento pelos relevantes serviços prestados ao Brasil: Jairo Kullman, Paulo Magalhães, Cavaleiro, Roberto Alves, Moacir Favetti, Wilson Perpétuo, Mauro Spósito, Wilson Damázio, dentre tantos outros inesquecíveis amigos e profissionais de estirpe, os quais, ainda, foram responsáveis pela construção do bom nome da PF de hoje.

Recentemente estive com seu irmão Evaldo de Oliveira e sua filha Sharon Marie Brauer de Oliveira, que muito me falaram sobre a vida familiar do Edson e de seus últimos dias. O sentimento de todos que o conheciam era comum: ele foi cultuado como herói, vencedor e um exemplo a ser seguido.

Partiu ainda muito moço, aos 63 anos, nos deixando inesperadamente "antes do combinado" (como disse Rolando Boldrin, de quem era fã) no amanhecer do dia 12 de outubro de 2015. Uma morte misteriosa, até hoje sem explicações que me convençam. Absurdamente não houve necropsia.

Paira ainda a grande dúvida do que realmente ocorreu em relação a sua morte, pois nada justifica – sequer explica – sua "doença", uma vez que sempre foi cuidadoso com sua saúde, praticando esportes que não trariam de imediato sua tragédia.

A surpresa para todos foi a forma e a velocidade com que os fatos ocorreram, inicialmente, em meados de junho de 2015, às vésperas de uma reunião. Ela fora marcada no Rio de Janeiro, no intuito de fundar um novo partido político, para o qual Edson já colhia assinaturas de apoio.

Eis que Edson foi surpreendido por espasmos, considerados como efeitos de um simples incômodo nevrálgico. Isso, porém, se agravou com o passar dos dias. E chegou a um paroxismo: Edson deixou de ter lembranças mais recentes, ficando somente com imagens de casos e amigos de muito tempo atrás, agravando assim seu estado de saúde.

Lembro-me de seu sobrinho Felipe Provenzano dando-me a notícia de que ele só se lembrava das missões que recebia do Tumão, ainda vivo, e como diretor da Polícia Federal, a quem carinhosamente chamava de "chefe". Edson, também durante essa estranha crise, mandava me chamar para "pagar missões", gíria policial usada quando se dá um serviço de relevância a algum subordinado, uma vez que, em 1991, tinha sido o seu escolhido para honrosa e orgulhosamente chefiar o primeiro escritório regional da Interpol no Brasil, em São Paulo.

Nada foi mais traumático para mim e seus familiares quando da notícia de sua internação em estado grave. Ele permaneceu entubado por mais de 10 dias em um hospital na cidade do Rio de Janeiro.

Edson foi perseguido por essa máquina assassina do Estado após eu ter divulgado, com sua ajuda, a farsa que foi a investigação sobre o grampo no STF ocorrido sob a condução da Operação Satiagraha. E, depois da denúncia, ele passou a ser virulentamente processado por fatos ocorridos décadas atrás.

Como homenagem a ele e em cumprimento a um compromisso que havia assumido, só agora divulgarei a prova cabal e definitiva da armação que fizeram tentando apagar os rastros da investigação por ele executada – a qual confirmou a efetiva violação do sigilo telefônico do STF e de alguns de seus ministros e a farsa que foi a investigação para apurar aquele crime afrontoso contra o estado de direito e que, possivelmente até hoje, resta inconclusa.

***

O agente Fraga, que ajudou Edson a fazer essa investigação, foi convocado para ir a Brasília, para relatar por escrito tudo que tinha investigado e descoberto sobre o grampo no Supremo – e fez isso. Essa viagem aconteceu, esses fatos foram registrados e, enfim, nós reportamos tudo isso. Era 2008 quando Edson fez essa investigação com o Fraga, na capital federal. Fraga, um ano depois de ter ido a Brasília, recebeu um e-mail, que me foi repassado por Edson.

Veja bem: ele recebeu e-mail depois de um ano dessa viagem, em outubro de 2009, reportando-se sobre a viagem de dezembro de 2008. Esse e-mail partiu do serviço de Sistema de Controle de Diárias e Passagens – o SCDP.

A data da viagem era 11 de dezembro de 2008. Motivo: deslocar-se para Brasília visando a atender convocação da Direx, que é a Direção Executiva da PF.

Tal convocação era para participar de reunião de trabalho naquela diretoria executiva, uma missão policial.

Leia com atenção... Ele recebeu o e-mail alertando sobre o cancelamento da viagem *um ano depois*. No e-mail está escrito: "Motivo do cancelamento: foi apenas uma simulação. Atenciosamente, SCDP".

Fraga relatou ao Dr. Edson que recebeu com estupor e pasmo esse e-mail. Reproduzo minha troca de e-mail com o Dr. Edson e você verá na sequência a mensagem recebida pelo Fraga e a comprovação do absurdo.

De: Xerife R
Data: 6 de maio de 2013 10:39:13 BRT
Para: Edson Oliveira <xxxx@xxxxxxx.com.br>
Assunto: Re: ENC: SCDP(8) – Viagem Cancelada

Prezado Edson,
Recebi a mensagem!
Que coisa maluca!!!
Esses caras são mandraques.......
Abraço,
Romeu

Em 06/05/2013, às 10:22, Edson Oliveira <xxxx@xxxxxx.com.br> escreveu:

Caro Romeu:

Aqui vai o estranho e-mail recebido pelo Fraga a respeito da "simulação" da reunião que havia sido realizada entre ele e o Delegado William na Sede do DPF para tratar do andamento de nossa investigação sobre o "grampo" no STF. Perceba que o "cancelamento" deu-se quase um ano após a realização da viagem. Creio que se for procurado nos autos do Inquérito Policial que foi instaurado para apurar o tal "grampo", meu depoimento não será encontrado. Interessante verificar...

Grande abraço,
Edson Oliveira

> **De:** Alexandre José Fraga dos Santos [mailto:xxxxx@xxxxx.com]
> **Enviada em:** quinta-feira, 15 de outubro de 2009 08:08
> **Para:** edson oliveira
> **Assunto:** FW: SCDP(8) – Viagem Cancelada
>
> Olá, Dr. Edson,
>
> Dê só uma olhada no e-mail maluco que acabei de receber. Algo tipo "essa mensagem será desintegrada em cinco segundos".
> Acho que vou virar queima de arquivo...
>
> Abs.
> Fraga

> **From:** xxxxx@xxxxxxx.br
> **To:** xxxxxx@xxxxxxx.com
> **Subject:** SCDP(8) – Viagem Cancelada
> **Date:** Wed, 14 Oct 2009 10:36:20 -0300
>
> Prezado(a) ALEXANDRE JOSE FRAGA DOS SANTOS,
>
> Informamos o cancelamento da viagem abaixo, e, se houver, dos bilhetes emitidos:
> Proposto : ALEXANDRE JOSE FRAGA DOS SANTOS
> Número PCDP : 026080/08
> Data da Viagem: 11/12/2008
> Motivo : DESLOCAR-SE PARA BRASÍLIA, VISANDO ATENDER CONVOCAÇÃO DA DIREX/DPF, PARA PARTICIPAR DE REUNIÃO DE TRABALHO NAQUELA DIRETORIA EXECUTIVA. (Missão Policial)
>
> Motivo Cancelamento: foi apenas uma simulação
>
> Atenciosamente,
> SCDP

Sabe o que isso obviamente significa? Um apagamento retroativo e falso da missão que era grampear os ministros do Supremo.

Um e-mail extemporâneo em que a emenda ficou pior que o soneto.

Com a palavra, as autoridades...

CAPÍTULO V

Banco Nacional de Desenvolvimento da Mamata

Nota da revista *Época*, de 20 de outubro de 2015:

O presidente da CPI do BNDES, Marcos Rotta (PMDB-AM), quer contratar o escritório de advocacia de Romeu Tuma Junior, ex-secretário nacional de Justiça, para a inteligência da investigação. Já houve um convite informal. Se contratado, o escritório de Tuma Junior prestaria consultoria jurídica e coordenaria o trabalho de investigadores e a análise de documentação. Antes do convite oficial, porém, será preciso superar a resistência de membros da CPI, principalmente os petistas. Em 2013, Tuma Junior publicou livro polêmico em que dizia, entre outras coisas, que o ex-presidente Lula fora informante do Departamento de Ordem Política e Social, o Dops, quando o pai de Tuma Junior lá trabalhava no período do regime militar.

Pois bem, a CPI acabou e o PT fez de tudo para barrar o meu nome. Mesmo assim, ainda tive a honra de ter recebido um convite formal e dar conselhos, com base em minha experiência e em minhas investigações, para a confecção do relatório final – especialmente no excelente trabalho realizado pela deputada Cristiane Brasil, presidente nacional do PTB, filha do ex-deputado Roberto Jefferson, por quem nutro grande respeito. Cristiane é membra efetiva daquela Comissão Parlamentar de Inquérito, que, com sua dedicada equipe, divulgou o resultado de sua sub-relatoria intitulada *O Robin Hood às avessas*. *A história de como nos últimos anos se criou uma enorme dívida pública para beneficiar as maiores empresas do país.*

Antes de chegar ao cerne do investigado, há que explicar o contexto de como o PT instrumentalizou o BNDES a seus interesses e ilicitudes mil.

Vejamos os números: o Banco Nacional de Desenvolvimento Social (BNDES) concedeu financiamentos de R$ 2,4 bilhões para as nove empreiteiras investigadas pela Operação Lava Jato, entre 2003 e junho de 2014. Ao longo dos anos, foram 2.481 operações realizadas, sendo que 2.471, ou R$ 1,6 bilhão, "financiamentos indiretos automáticos" (geralmente concedidos às micro, pequenas e médias empresas).

Tais operações não precisam passar por avaliação prévia do BNDES e possuem limite máximo de R$ 20 milhões em crédito. A empreiteira mais beneficiada por esse tipo de financiamento foi a Camargo Corrêa, que conquistou R$ 502,5 milhões por meio de 857 operações, ou seja, média de R$ 586,3 mil por empréstimo.

A Odebrecht também conseguiu crédito alto: R$ 449,4 milhões em 412 empréstimos. Se considerada a média por operação, os financiamentos concedidos para a empreiteira foram os mais generosos, de R$ 1,1 milhão.

Em seguida, no ranking, estão a Queiroz Galvão – a quem o banco concedeu R$ 401,2 milhões em 619 operações, média de R$ 648,2 mil por operação – e a UTC, que contraiu financiamentos com o banco no valor de R$ 134,2 milhões por meio de 410 operações, média de R$ 327,3 mil.

Nos últimos cinco anos, apenas duas empresas concentraram os empréstimos com dinheiro público para financiar suas exportações. A verba vem do BNDES. São elas: a construtora Norberto Odebrecht e a fábrica de aviões Embraer. Sozinhas, as duas ficaram com 81% dos US$ 12,29 bilhões emprestados entre 2009 e o primeiro trimestre de 2014.

Esses dados foram investigados pelo jornalista Eduardo Militão, do *Congresso em Foco*. Segundo Militão, os valores foram desembolsados para financiar as vendas de 83 empresas brasileiras no exterior, mas a maioria ficou com valores pequenos em relação às duas gigantes e mais as três empreiteiras.

Segundo Militão, a Odebrecht lidera o ranking dos empréstimos captados no período, com US$ 5 bilhões, abocanhando 41% do bolo, para financiar suas exportações a governos e empresas estrangeiras. É seguida da Embraer, com US$ 4,9 bilhões (40%). Atrás, três construtoras: Andrade Gutierrez (US$ 802 milhões, ou 7%), Queiroz Galvão (US$ 254 milhões, ou 2,1%) e Camargo Corrêa (US$ 216 milhões, ou 1,8%).

Até 2014, o BNDES amealhou R$ 323 bilhões em seu caixa. Juntados a outros R$ 165 bilhões (gerados do retorno da carteira de contratos) perfazem R$ 488 bilhões.

Essa grana vem das taxas de juros, face medidas provisórias, que legitimam o emprego de tilintantes do Tesouro Nacional para financiamentos tutelados pela União.

Como nossa grana foi parar nas mãos de empreiteiras fulminadas pela Lava Jato? Porque o Decreto nº 6.322, de 21 de dezembro de 2007, teve uma alteraçãozinha: o BNDES poderia, a partir de então, financiar investimentos de empreiteiras brazucas no exterior.

Depois desse ardil, o BNDES emprestou US$ 8,6 bilhões, de 2003 a 2013. Dos US$ 8,6 bilhões emprestados pelo BNDES, Angola levou 33%, Argentina 22%, Venezuela 14% e Cuba 7%, perfazendo 76% do montante.

Dilma Rousseff mentiu ao dizer que a Odebrecht deu garantias e lastro para essa grana. Por isso ela se nega a mostrar publicamente esses dados.

Sem transparência

Em 2015 foi sancionada a Lei nº 13.126/15, que autoriza a União a injetar R$ 30 bilhões no BNDES. Da norma, oriunda da Medida Provisória nº 661/14, foram vetados vários dispositivos, entre eles o que visava acabar com o sigilo das operações do BNDES.

O Art. 6º da Lei, que alterava a redação do Art. 3º-A da Lei nº 12.096/09, dispunha: *não poderá ser alegado sigilo ou definidas como secretas as operações de apoio financeiro do BNDES, ou de suas subsidiárias, qualquer que seja o beneficiário ou interessado, direta ou indiretamente, incluindo nações estrangeiras.*

Na mensagem de veto, a presidente Dilma ressaltou que o BNDES já divulgava em transparência ativa diversas informações a respeito de suas operações.

Dilma afirmou que a divulgação ampla e irrestrita das demais informações das operações de apoio financeiro da instituição, conforme previsto no dispositivo, *feriria sigilos bancários e empresariais e prejudicaria a competitividade das empresas brasileiras no mercado global de bens e serviços, já que evidenciaria aspectos privativos e confidenciais da política de preços praticada pelos exportadores brasileiros em seus negócios internacionais.*

Além disso, Dilma afirmou que o referido artigo incorreria ainda em vício de inconstitucionalidade formal, *pois o sigilo das operações de instituições financeiras é matéria de lei complementar.* Por que ela não quis tornar público que as empreiteiras não dão garantias sobre esses empréstimos? Se Dilma tornasse a operação transparente, ela seria derrubada do poder. A Lei exige isso. Não é golpe, é lei.

Como? Na Lei do Colarinho Branco, que está aqui, a seguir.

Em que parte da lei? No artigo quarto:

> *Art. 4º Gerir fraudulentamente instituição financeira:*
> *Pena – Reclusão, de 3 (três) a 12 (doze) anos, e multa.*
> *Parágrafo único. Se a gestão é temerária:*
> *Pena – Reclusão, de 2 (dois) a 8 (oito) anos, e multa.*

Está provado como Dilma faz gestão fraudulenta. Está explicado o sigilo por ela decretado. Ela tem o dever legal e funcional de conhecer as leis, até porque, muitas delas, nas funções e cargos que ocupa desde 2003, foi ela que assinou.

O problema não é abrir ou não abrir os contratos desse ou daquele país: é revelar que as construtoras não dão garantias ou lastro sobre os empréstimos tomados ao BNDES!

O BNDES emprestou, desde 2007, US$ 11,9 bilhões para obras de empreiteiras brasileiras no exterior. Como tais operações são financiadas pelo Fundo de Amparo ao Trabalhador, o FAT, a juros baixos, as perdas por ano foram de US$ 351,7 milhões, em custos financeiros ao fundo do trabalhador.

Lentamente, mas com precisão científica, as autoridades da Operação Lava Jato começavam a chegar perto do que havia por trás dos perdões de dívidas de países africanos – tão acalentados *barra* promovidos pelos governos Lula e Dilma.

Sabemos, desde o começo de 2015, que os empréstimos do BNDES para obras das empreiteiras no exterior também faziam parte do propinoduto do PT. Afinal, o doleiro Alberto Youssef também atuava em países da América Latina e da África, entre eles Cuba, Uruguai e Angola – de resto, foram geografias nas quais o ex-ministro José Dirceu prestava consultoria internacional para empreiteiras metidas até a goela na lama do Petrolão, faceta, atualmente exposta, do esquema criminoso que se instalou com o projeto de poder do PT.

Em Cuba, os 750 contratos constantes da lista do Youssef/Dirceu registram negócio nas obras do Porto de Mariel. Nessas páginas também são citados negócios no Uruguai, Costa Rica, Argentina, Equador e Angola.

Mas há países africanos que ainda não tiveram os seus santos nomes veiculados.

O truque que não veio à luz ainda é o seguinte: foram perdoados empréstimos antigos (de antes do governo do PT) feitos a países africanos. Canceladas tais dívidas, as mesmas empreiteiras da Lava Jato recebiam verbas do BNDES para poder construir lá fora.

Sobre a África: entre os 12 países beneficiados pelo BNDES estão o Congo, que tem a maior dívida com o Brasil (cerca de US$ 350 milhões), Tanzânia (US$ 237 milhões) e Zâmbia (US$ 113 milhões).

As transações econômicas entre Brasil e África quintuplicaram na última década, chegando a mais de R$ 26 bilhões no ano passado.

O anúncio com esses dados foi feito durante a visita da presidente Dilma Rousseff à África – a terceira em três meses – para participar, na Etiópia, do encontro da União Africana para celebrar os 50 anos da instituição.

Além dos três países, também seriam beneficiados o Senegal, Costa do Marfim, República Democrática do Congo, Gabão, República da Guiné, Mauritânia, São Tomé e Príncipe, Sudão e Guiné Bissau:

O sentido dessa negociação é o seguinte: se eu não conseguir estabelecer negociação, eu não consigo ter relações com eles, tanto do ponto de vista de investimento, de financiar empresas brasileiras nos países africanos e também relações comerciais que envolvam maior valor agregado, disse Dilma. *Então o sentido é uma mão dupla: beneficia o país africano e beneficia o Brasil.*

Vejam este outro trecho extraído da mídia, em maio de 2013:

A expansão de mineradoras e empreiteiras na África depende de ajuda estatal, e, para isso, é preciso liquidar as dívidas que não estão sendo pagas, porque o BNDES e o Banco do Brasil não podem financiar projetos em países que deram calote no Brasil. A presidente pretende perdoar ou renegociar a dívida de 12 países africanos, que totaliza quase US$ 900 milhões.

Os beneficiados seriam: República do Congo, Costa do Marfim, Tanzânia, Gabão, Senegal, República da Guiné, Mauritânia, Zâmbia, São Tomé e Príncipe, República Democrática do Congo, Sudão e Guiné Bissau.

Pagando a passagem de Lula

Em 19 de junho de 2015, a Polícia Federal deflagrou a 14ª fase da Operação Lava Jato, batizada de Erga Omnes, contra as construtoras Norberto Odebrecht e Andrade Gutierrez.

Cerca de 220 agentes cumpriram 12 mandados de prisão e 38 de busca e apreensão em quatro Estados (São Paulo, Rio de Janeiro, Minas Gerais e Rio Grande do Sul). Alvos de mandados de prisão preventiva, o diretor-presidente da Odebrecht, Marcelo Odebrecht, e o presidente da Andrade Gutierrez, Otávio Marques de Azevedo, já foram presos.

Também foram expedidos mandados de prisão preventiva contra o diretor de Relações Institucionais da Odebrecht, Alexandrino Alencar, apontado por delatores do Petrolão como operador de propina na empreiteira; contra o diretor Rogério Araújo, da Odebrecht Plantas Industriais e Participações; e contra o executivo Márcio Faria, citado por delatores como o contato da construtora no Clube do Bilhão.

Alencar viajou com Lula e pagou as passagens para ele. Em 13 de abril, a Odebrecht emitiu nota em que admite ter pagado por uma viagem de Lula em 2013. Segundo a nota, tudo porque o ex-presidente realizou uma palestra "para empresários, investidores, políticos e formadores de opinião". O roteiro da viagem passou por Cuba, República Dominicana e Estados Unidos.

Lula viajou acompanhado do diretor de Relações Institucionais da construtora, Alexandrino Alencar, que é apontado por três delatores da Lava Jato como sendo o operador do pagamento de propinas para a empreiteira no exterior.

Bastidores inéditos: como Lula operava

BNDES, fonte de horrores e prazeres

Não é de hoje que a política de realizar negócios – quase sempre escorados em suspeitos empréstimos e financiamentos do BNDES, para empresas, amigos e aliados de um governo irresponsável e protagonista de um projeto de poder sem precedentes no Brasil – foi desmascarada.

De saltar aos olhos, e de motivar cadeia, fossem sérias, republicanas e independentes, as instituições brasileiras, diante das benesses feitas com o dinheiro público brasileiro, em países alinhados com governos de esquerda – e que têm norteado as condutas não apenas do período em que Lula era presidente do Brasil, mas, em sequência, também sob o comando de Dilma Rousseff.

A "inquebrável" Petrobras passou, em poucos anos, de orgulho para vergonha nacional. Tudo isso por conta dos escândalos de recebimentos de propinas, por parte de membros do governo, a cada dia no mais alto escalão e, há muito, mais dentro do poder central. Eles não economizaram fontes pagadoras, como a nossa ex-gigante do petróleo. O petróleo deixou de ser nosso e passou a ser deles. Afinal, o governo petista aparelhou e operou a máquina estatal para que trabalhasse a favor de uma espécie de financiamento "extraoficial" de seu projeto de poder.

Já havia alertado no primeiro livro que esse governo tomou o Estado brasileiro como seu e marginalizou a sociedade. Fazia, e continua fazendo, da coisa pública sua própria coisa e coisa de seus "comparsas" aliados. Os resultados do que lá atrás assinalei aí estão para não me desmentir.

O PT (governo) não apenas retirou dezenas de bilhões de reais dos cofres públicos de um país que se encontra em dificuldades, nos dias atuais, por obra da própria ganância de um projeto bolivariano de poder, moldado sob os nefastos paradigmas do Foro de São Paulo e, também, da própria incompetência administrativa por ter privilegiado a "indicocracia" contra a meritocracia. Fórmula literalmente confessada por Lula em seu depoimento como "informante" da Polícia Federal no final de 2015, em clara demonstração que, sabendo ou não de detalhes da trambicagem, endossava tudo, pelo óbvio fato de ter dado carta branca e aceitar o que viesse. Portanto, risco calculado e assumido, esse é obviamente o melhor modelo para servir a seus propósitos, pois hoje, até para quitar despesas básicas de operacionalidade, é obrigado, inclusive, a utilizar-se do criminoso subterfúgio das chamadas pedaladas fiscais.

E ainda os direcionou, quase sempre a fundo perdido, aos aliados bolivarianos, esperando, evidentemente, reciprocidade na política fronteiriça, como também a países insolventes da região africana. Todos geridos, na maior parte, por líderes reconhecidamente ditadores, antidemocráticos e corruptos. Eles não encontrariam o menor constrangimento em, eventualmente, remunerar os agentes que lhes facilitassem as entradas de recursos, ainda mais nas condições em que foram beneficiados – e obviamente sem precisar apresentar garantias plausíveis de execução, tendo ainda suas dívidas externas, com o Brasil, perdoadas.

Pomposamente, o Brasil tratou de chamar isso de priorização de uma política de relações exteriores "Sul-Sul", diante da localização física dos pseudoparceiros escolhidos, mas eu diria que é por um motivo menos nobre que não ousarei aqui confidenciar por ser de baixo calão.

Esses negócios realizados com os "companheiros" da América Latina e Caribe têm um só objetivo: a proteção das fronteiras contra "inimigos" imperialistas. Junte-se isso aos apoios comprados de países africanos e cria-se uma claque de apoio em assembleias e organismos internacionais. Todos prontos para aplaudir o ex-rei do Brasil e sua falsa liderança. Lula não abriu mão de estar sempre presente e atuante, seja no período em que ocupava a presidência ou até mesmo anos depois de deixar o cargo, conforme demonstram os relatórios de embaixadores brasileiros, obtidos com exclusividade por um trabalho jornalístico do coautor desta obra.

Trocas de mensagens diplomáticas a que tivemos acesso – repito, obra de trabalho jornalístico de buscar a informação sobre a coisa pública e informar a sociedade – detalham as viagens de Lula ao continente africano, no período compreendido entre os anos de 2003 e 2015. E elas são, de fato, assustadoras.

O Barba, como o chamávamos desde o tempo em que era informante do Dops de São Paulo sob a chefia de meu falecido pai, senador Romeu Tuma, comportou-se, segundo avaliação dos embaixadores, como verdadeiro prospector de negócios não apenas das já famosas – pela Operação Lava Jato – e espoliadas empresas e bancos públicos (Petrobras, BNDES, Banco do Brasil etc.), mas também sugerindo acordos, por vezes de maneira implícita, outras, sem a preocupação de se esconder, com conhecidas parceiras do setor privado, ávidas por negócios e uma boa contrapartida, ainda que não republicana.

Lula tornou-se o grande negociador internacional. Arrumava negócios para ele mesmo intermediar. Replicou o modelo inaugurado no Sindicato dos Metalúrgicos do ABC, igualzinho ao que fez no esquema Celso Daniel, de Santo André para o Brasil.

Aqueles que com ele conviveram nas salas do Dops sabiam que era só uma questão de tempo e ele continuaria a fazer o "meio de campo" entre empresas, governos, políticos e, de vez em quando, operários, desde que sobrasse uma grana com um bom charuto e uma boa bebida.

A grande maioria dos acordos é direcionada para facilitar a vida das empresas ligadas ao PT. Aquelas que, comprovadamente – seja no caso "Mensalão" como também no "Petrolão", como ficaram conhecidas as duas facetas de um mesmo esquema criminoso muito maior e ainda permanente –, pagaram propina a integrantes e membros do governo, e, em quase todos, Lula extinguiu as dívidas de países africanos com o Brasil.

Esse comportamento, absolutamente temerário, ousado e irresponsável do Barba, deu-se não apenas durante o exercício do cargo, conforme veremos a seguir, mas também durante o período em que Dilma Rousseff já ocupava a presidência.

Aliás, nunca antes na história deste país um ex-presidente da República mandou tanto num governo para o qual não foi eleito. É impressionante o grau de participação ostensiva de Lula na vida institucional do governo brasileiro, sem contarmos suas ingerências e o nível de submissão da atual mandatária às suas determinações, mantidas nos putrefatos escaninhos de um governo escandaloso e escandalizador. O que prova a tese de ser, sim, um projeto de poder travestido de programa de governo.

Para ilustrar, segue trecho autoexplicativo e estarrecedor de uma das cartas do embaixador brasileiro na Nigéria ao Itamarati:

*Entendo que o "clima político desfavorável" a que Muhtar se referiu e que a fugaz menção da vice-ministra, durante a visita que a delegação brasileira lhe fez, à "**possibilidade de até ser presa**" [grifo meu] caso assine algum acordo que possa ser considerado polêmico... É isso mesmo que você leu: uma vice-ministra da Nigéria teme ser presa se assinar algo considerado polêmico e que está sendo proposto pelo Brasil.*

Há ainda, dentre os casos que relatarei a seguir, o de Angola, cujo governo, antes de iniciar conversas com o Lula, devia cerca de R$ 1 bilhão ao Brasil, dívida que agora ultrapassou a casa dos R$ 7,4 bilhões, tornando os irmãos de língua o 15º maior devedor do BNDES (dados de outubro de 2015).

Ainda assim, diante desse quadro preocupante, o BNDES, durante os governos Lula e Dilma, repassou R$ 13 bilhões aos angolanos, sendo que, desses, R$ 9,8 bilhões foram para remunerar a Odebrecht, empresa que costuma ser "generosa" com seus colaboradores, com parcelas ainda a vencer, correspondentes a mais de R$ 2,7 bilhões.

Em resumo, enquanto o Brasil caminhava para o caos fiscal, financeiro e econômico, em que falta dinheiro para honrar compromissos básicos, causa nefasta pela qual Dilma e Lula utilizaram-se do criminoso subterfúgio das tais pedaladas fiscais, o governo petista abria mão de receber dinheiro que não lhe pertencia, mas, sim, ao país, em troca de viabilizar negócios, a qualquer preço e custo, inclusive ao arrepio de leis, que facilitassem o projeto de perpetuação do partido no poder.

Se para emprestar dinheiro a Cuba, de seu guia político e líder maior Fidel Castro, Lula operou com o Conselho de Ministros da Câmara do Comércio Exterior – Camex –, conseguindo aprovação de escandalosos US$ 641,2 milhões, a fundo perdido, sob pretexto de ajudar na construção do Porto de Muriel, endividando cada vez mais o BNDES como operador dos empréstimos, nos países africanos suas visitas, reuniões e intermediações transcorreram de maneira mais tranquila, quase sem divulgação midiática, muito menos oposição dos órgãos fiscalizadores.

No negócio cubano, o MPF tenta, até os dias de hoje, em diversas ações de investigação, obter respostas não apenas do governo, mas também da Camex e do BNDES, sobre as razões que levaram o Brasil não apenas a enviar tamanho montante ao país caribenho, mas, ao fazê-lo, estuprar as leis nacionais com as seguintes excepcionalidades contratuais (explicitadas em ata da reunião LXXII da Camex):

– Prazo de financiamento: 25 anos (o regulamentar é 12 anos).
– Prazo de equalização de juros: 25 anos (o regulamentar é 10 anos).
– Cobertura de 100% para riscos políticos e extraordinários (o regulamentar é 95%).
– Garantia para o empréstimo estabelecida por meio de fluxos internos de recebíveis gerados pelas indústrias cubanas do tabaco e depositados em *escrow account** em banco cubano, quando o usual é fluxo externo de recebíveis.

Até mesmo simples estagiários de economia sabem que não há lógica em manter as garantias de empréstimos em conta corrente do próprio país beneficiário, impedindo o credor, no caso o BNDES, de cobrar, com eficácia, o possível calote.

Talvez o destino final do dinheiro ou de parte dele, que é a construtora Odebrecht, contratada pelo governo cubano, por indicação do próprio Lula, explique, com mais facilidade, as razões das flexibilidades de toda essa operação.

Em números oficiais do BNDES, diferentemente do que vem sendo noticiado pela mídia, estão assim discriminados os valores e destinatários do dinheiro brasileiro enviado a Cuba:

Porto de Mariel

São cinco contratos, todos desembolsados, em valores que perfazem o total de US$ 641.211.711, que, com a cotação do dólar em R$ 4, correspondem a R$ 2,5 bilhões.

---
* Ver explicação mais à frente.

Farmacuba

Um contrato no valor de US$ 14.875.840 (R$ 59.503.360).

Há, ainda, mais US$ 150 milhões (R$ 600 milhões), já aprovados pelo BNDES, mas ainda não transferidos a Cuba, em financiamento de contrato que o governo caribenho tem com a Corporación de la Aviación Cubana.

Em condições semelhantes, ou seja, a fundo perdido, estima-se que o Brasil emprestou dinheiro a diversos aliados petistas nos últimos anos, quase sempre, obviamente, não por acaso, tendo como empresa sugerida pelo Barba a Odebrecht, flagrada pela Operação Lava Jato como pagadora de propina a representantes do governo brasileiro e integrante fundadora do "Clube da Bola" ou da "Propina", como preferiram, aliás, atualmente presidida por Norberto Odebrecht. Esse, segundo noticiou-se tempos antes da prisão de seu filho, teria dito que caso aquilo viesse a ocorrer, teriam que construir mais três celas, uma para ele, outra para Dilma e uma terceira para Lula. Marcelo, então presidente e primogênito de Norberto, foi preso na 14ª fase da Lava Jato. As celas prometidas por Norberto, porém, parecem ter atrasado – afinal, como todas as obras no Brasil, que atrasam muito e sempre custam mais do que o previsto. Mas ainda há esperança de que sejam concluídas e entregues conforme prometido.

Somente para a Venezuela, por exemplo, foram aprovados US$ 3.231.648.152 (R$ 12.926.592.608). Desses, US$ 1.399.421.832 já foram desembolsados; com o restante, US$ 1.832.226.320, a ser quitado nos próximos meses se já não tiverem sido até o lançamento desta obra.

Os contratos estão assim divididos, segundo documentos oficiais do BNDES:

Metrô de Caracas

Três contratos no valor total de US$ 497.342.333, sob responsabilidade da Odebrecht.

US$ 275.749.330 já foram pagos, restando US$ 221.593.003.

Metrô de Los Teques

Dois contratos no valor total de US$ 862.050.152, sob responsabilidade da Odebrecht.
US$ 492.975.887 já foram pagos, restando US$ 369.074.265.

Ponte sobre o rio Orinoco

Um contrato no valor de US$ 368.938.143, ainda a ser desembolsado, sob responsabilidade da Camargo Corrêa.

Petróleos da Venezuela

Um contrato no valor de US$ 637.894.074, sob responsabilidade da Andrade Gutierrez.
US$ 240.152.573 já foram pagos, restando US$ 397.741.501.

Siderúrgica Nacional

Um contrato no valor de US$ 865.423.450, sob responsabilidade da Andrade Gutierrez.
US$ 390.544.042 já foram pagos, restando US$ 474.879.408.

Detalharei, a seguir, baseado em documentos e trocas de correspondências oficiais entre as diversas embaixadas brasileiras no continente africano, os procedimentos, digamos, fora do padrão ético, moral e dos princípios que devem nortear a administração pública sob Lula quando em negociação com mandatários locais.

Nigéria

No dia 16 de dezembro de 2005, Carlos Guimarães, embaixador brasileiro na Nigéria, iniciou, assim, o primeiro de seus relatórios:

Transmito informações sobre a visita de delegação brasileira, integrada por representantes do MDIC, BB e BNDES, que esteve em Abuja a fim de dar prosseguimento às negociações sobre acordo Brasil – Nigéria relativo a linhas de crédito e fornecimento de petróleo.

Informo. Esteve em visita a Abuja, no período de 27 a 30 de novembro passado, missão integrada pelo ministro José Mauro da Fonseca Costa Couto, do MDIC, senhora Lúcia Helena Monteiro Souza, do Departamento de Comércio Exterior do Banco do Brasil, e o senhor Guilherme Pfisterer, da Divisão de Crédito à Exportação do BNDES, a fim de dar prosseguimento às negociações relativas aos termos do Memorando de Entendimento firmado entre os governos do Brasil e da Nigéria em Brasília, em 07.09.2005.

Era prática do governo Lula (e assim ocorreu em todas as negociações com países africanos) perdoar as dívidas desses governos com o Brasil em troca de enfiar-lhes, goela abaixo, as empresas que, tempos depois comprovou-se, faziam parte do esquema que remunerava o PT e toda a "companheirada", entre os quais partidos aliados, garantindo o cabresto no Congresso e dinheiro a rodo para campanhas eleitorais.

Outro trecho da mensagem indica o calote que estava sendo costurado:

Durante a reunião no Ministério das Finanças, a senhora Nenadi Usman (vice-ministra de finanças nigeriana) afirmou que o governo nigeriano ainda está examinando o alcance das linhas de ação propostas, mas que ainda não reconheceu a dívida com o Brasil. ... No âmbito da NNPC, presente ao encontro também o senhor Samir Awad, representante da Petrobras na Nigéria, verificou-se se o assunto prosperara visivelmente desde a última reunião.

O senhor Baba-Kusa solicitou que a representação da Petrobras em Lagos encaminhe carta à NNPC, já na próxima segunda-feira, dia 5, pela qual seja solicitado o fornecimento direto de cinquenta mil barris diários (segundo o entendimento dos presidentes Lula e Obasanjo em telefonema de segunda-feira passada).

É nítida, portanto, a interferência de Lula na negociação, o que torna o relato a seguir – em que o embaixador brasileiro expõe a reação do intermediário entre os governos do Brasil e Nigéria, tratado como Dr. Muhtar, em que se fala abertamente em "esquema" – esclarecedor:

... Na visita ao "Debt Management Office", o Doutor Muhtar, que vem facilitando, aliás, todos os contatos da parte brasileira com as autoridades nigerianas, solicitou esclarecimentos sobre o esquema proposto, principalmente sobre o funcionamento do "escrow account". Recebidos esses, comentou que "poderiam surgir complicações legais e constitucionais", do lado nigeriano, sobre esse tipo de conta que envolvesse rendimentos oriundos das transações petroleiras.

O *escrow account*, enfim, trata-se da abertura de uma conta, formalizada por meio de um contrato *escrow*, em que as partes em comum acordo determinam as regras sobre as quais os recursos depositados serão investidos/desembolsados, escolhendo no mesmo ato um terceiro, chamado de agente *escrow* (ou depositário *escrow*), para agir como parte neutra da negociação.

É exatamente a escolha desse terceiro, o "pulo do gato" petista, que poderia, em tese, facilitar desvios não apenas de conduta, mas também de dinheiro.

Ainda segundo o representante nigeriano:

É necessário também reunir apoio político antes de concluir o acordo que o Brasil *deseja, de modo a construir o clima político favorável para esse ambicioso projeto, o qual, no cenário nigeriano, escapa de muito ao comum e "normal".*

Ao explicar os receios, nítidos, dos nigerianos em formalizar a negociação, o embaixador brasileiro foi direto:

Entendo que o "clima político desfavorável" a que Muhtar se referiu e que a fugaz menção da vice-ministra, durante a visita que a delegação brasileira lhe fez, à "possibilidade de até ser presa", caso assine algum acordo que possa ser considerado polêmico.

Lula voltou a negociar com o governo nigeriano em 29 de julho de 2009, segundo relatos da embaixada brasileira.

Em encontro com o presidente Umaru Yar'Adua, de cara, ele incentivou a venda de carne nacional, dominada pela JBS/Friboi, empresa que despejou milhões de reais nas campanhas do PT, quase sempre após receber em milhares de vezes maiores financiamentos bondosos do BNDES.

Um parêntese, para consignar que se trata de um capítulo vergonhoso na história do Brasil a relação JBS/Friboi e seus negócios com o governo do PT e políticos de vários matizes. Uma investigação nessa área, que reputo sem a qual o país nunca será passado a limpo, urge, mas duvido que ocorra na dimensão e profundidade que se obriga.

Depois, o Barba, em meio a pedidos de apoio para a Olimpíada de 2016 no Brasil, entrou no assunto "Petrobras".

Direto, o presidente nigeriano abriu o jogo (as aspas, do embaixador brasileiro, em relato, são expressões claras de estranheza):

*O presidente da Nigéria prometeu "intervir pessoalmente" para garantir participação à Petrobras, mas ressaltou que, para isso, a empresa brasileira teria "**que chegar antes das outras**".*

*Comentou acreditar que a Petrobras será "**mais generosa**" com a Nigéria.* [grifos meus]

A Operação Lava Jato, da Polícia Federal, tem demonstrado ser a Odebrecht uma empresa bem generosa.

Certamente, não fosse a operação bem-sucedida para livrar Alexandrino Alencar da cadeia em boa hora – ele, que era o ponto focal de Lula na empresa e uma espécie de "ajudante de ordens" do Barba no submundo das relações intestinas desse jogo sujo de interesses a desviar recursos do povo brasileiro –, e a coisa estaria muito pior para os camaradas. Afinal, só os diálogos travados e gravados e que vieram a público entre ele, Lula e um funcionário do Barba, combinando notas e depoimentos, em qualquer lugar do Brasil e com qualquer outro cidadão daria cadeia para os três. Lula combinou depoimento, atrapalhou a busca da verdade real pela Justiça e, ainda assim, não aconteceu absolutamente nada. Temos duas leis, duas Justiças e cidadãos de duas categorias no Brasil – não me venham com algo diferente. Vejam o caso Delcídio do Amaral, por exemplo.

Moçambique

O BNDES, durante o governo do PT, aprovou empréstimo de US$ 444.073.950 a Moçambique.
Desses, US$ 188.073.950 já foram enviados aos africanos, restando US$ 256.000.000.
US$ 124.073.950, segundo versão oficial, para serem gastos na reforma do aeroporto de Moçambique, com o restante, US$ 320 milhões, numa hidroelétrica local.
Relatório da embaixada brasileira em Moçambique, datado de setembro de 2007, diz que, em 2005, o presidente Lula indicou o BNDES para obras no país, "mediante créditos" aos diferentes projetos que estão sendo contemplados.
Apesar de não explicar o significado de tais "créditos", o teor de preocupação do texto sugere, no mínimo, alguma atenção.
Na sequência, o presidente Chissano, de Moçambique, disse que os representantes do banco brasileiro estão dispostos "a financiar tudo", desde que "sem a participação do Banco Mundial".
Depois, em clara ação de interferência no que deveria ser uma concorrência pública, o mandatário africano diz a Lula "estar com os dedos cruzados" para a divulgação do resultado, que indicará a empresa responsável pela exploração das minas de Moatize. Afirma que, "se dependesse de sua vontade, seria a Vale do Rio Doce".
O Barba, então, aparentemente satisfeito com o rumo das negociações, começou a conversar sobre o perdão de expressivos 95% da dívida moçambicana com o Brasil. De acordo, Chissano disse que o importante é "arrancar o processo".
Lula comprometeu-se, ainda, a organizar uma missão ao país acompanhado de uma delegação de empresários, dando ênfase aos ligados à produção de gado zebu e de soja. Lembro que foi durante minha gestão na Estratégia Nacional de Combate à Corrupção e à Lavagem de Dinheiro – ENCCLA – que conseguimos viabilizar, depois de muito

esforço, a nova lei contra a lavagem de dinheiro, em que se previa a regulação do futebol, obras de arte e semoventes, visto que tal qual um posto de gasolina serve à lavagem de dinheiro, a compra e o crescimento do gado também sempre serviu.

Dois anos depois, em 2007, Lula recebeu, no Brasil, outro presidente moçambicano, o Sr. Guebuza, e, para ele, tratou logo de conversar sobre os negócios da Petrobras, Vale do Rio Doce e Camargo Corrêa no país, citando petróleo e gás, mas falando, também, sobre investimentos na Aracruz Celulose.

A embaixada brasileira, em correspondência oficial, informou que o bate-papo detalhou os andamentos *"das negociações da Camargo Corrêa relativas* à construção da Hidrelétrica de *Mpanda Nkuwa e sobre possível retomada pela Vale do Rio Doce da opção de escoamento de carvão pelo Porto de Nacala"*.

O Dr. Amauri Pinha, diretor para África da Camargo Corrêa, em visita de cortesia que me efetuou na residência, disse que as negociações com o governo moçambicano concernentes à construção da Hidrelétrica de Mpanda Nkuwa caminham bem em geral.

A Camargo Corrêa irá atualizar estudo de viabilidade, de posse do governo moçambicano, elaborado pela empresa norueguesa "Norconsult" em 2003, com prazo previsto de entrega em julho. Mencionou que a seção relativa à barragem do estudo foi bem-feita, ao contrário da parte sobre as linhas de transmissão de energia, razão pela qual a Camargo Corrêa irá se concentrar em refazê-la.

... O possível cronograma sobre a construção da hidrelétrica seria julho: conclusão do estudo de viabilidade; agosto ou setembro: licitação internacional; final de 2008/início de 2009: início das obras.

Porém, é interessante notar que, em resposta à embaixada brasileira sobre a possibilidade da China vencer a licitação contra a Camargo Corrêa, o presidente de Moçambique deixou absolutamente exposto como funcionam as coisas em seu país, não apenas explicitando o direcionamento, como atestando que a construtora, ao contrário dos chineses que receberiam pagamentos pelos serviços dos caixas africanos, diretamente, cercou-se do BNDES para receber, do governo brasileiro, pelas obras, particulares, realizadas em outro continente:

... A pergunta que formulei sobre a possibilidade de empresas chinesas virem a vencer a licitação, tendo em vista o governo chinês já haver oferecido empréstimo para a construção da obra, Pinha afirmou não estar muito preocupado porque a Camargo Corrêa está fazendo proposta que não implicará endividamento do governo moçambicano (em vez da chinesa), opção que a própria primeira-ministra Luisa Diogo já declarou publicamente preferir, reservando empréstimos para outros fins. A empresa brasileira propõe-se a levantar os recursos para a obra (inclusive do BNDES, entre outras instituições financeiras) e a operação da hidrelétrica, utilizando como colateral a futura energia a ser produzida, tornando-se sócia do empreendimento.

A proposta brasileira será um pacote completo no sentido de viabilizar a construção de Mpanda Nkuwa, cuja conclusão possibilitará que seja feita a Hidrelétrica de Cahora Bassa Norte.

Os negócios andavam de vento em popa com o governo de Moçambique, a ponto de o presidente Lula indicar, também, outras empresas privadas para atuação no mercado de transportes, entre as quais a Marcopolo.

Detalhe, porém, é que o presidente da Marcopolo, José Martins, é primo da embaixadora do Brasil em Moçambique, conforme relato da própria, em que há, inclusive, pedido da embaixada para que Lula atue com Luciano Coutinho, presidente do BNDES, para que as regras de empréstimo envolvendo esse acordo possam ser "flexibilizadas", o que, por razões evidentes, demonstra o grau de comprometimento da operação:

... O vice-presidente da Marcopolo, José Martins, decidiu enviar missão a Moçambique (o diretor na África do Sul) para explorar a possibilidade de a empresa participar da renovação da frota de transporte rodoviário do país, tema ora em estudo pelo Ministério dos Transportes e Comunicações. A Marcopolo, ademais, está disposta a trazer, para expor ao Conselho Municipal de Maputo e governo, projeto sobre transporte urbano que desenvolveu em Curitiba.

O problema que se coloca para a concretização de negócio com Moçambique, conforme explicado pela Marcopolo, são as rígidas garantias requeridas pelo BNDES. ...

... Martins (que já acompanhou o presidente Lula em inúmeras viagens e que por coincidência é meu primo) assegurou-me sua decisão de entrar no mercado local para ajudar também a sanar a carência desastrosa que lhe expus do setor neste país.

Tendo em vista o apoio com o BNDES que o senhor presidente da República (Lula) concedeu ao ex-presidente Joaquim Chissano por ocasião de audiência a esse último em 9 de julho para apresentar projeto na área de biocombustíveis (telefonando diretamente ao Dr. Luciano Coutinho, conforme desptel 250, parágrafo 4), muito agradeceria saber, à luz inclusive da recente visita de Estado ao Brasil do presidente Armando Guebuza, se seria possível sensibilizar igualmente o BNDES quanto a apoiar a venda de ônibus para Moçambique, com certa flexibilização das garantias exigidas.

Assim finalizou a embaixadora Leda Lucia Camargo.

Entre os dias 11 e 14 de agosto de 2014, dando sequência ao ótimo "relacionamento" de Lula com o país africano, esteve em visita ao Brasil o então candidato à presidência de Moçambique, Felipe Nyusi.

E o Barba, que já não era mais nada, oficialmente, é claro, decerto não perdeu seu tempo à toa, conforme demonstra um relatório da embaixada:

A delegação moçambicana cumpriu agenda em São Paulo, Rio de Janeiro e Brasília. No dia 12/8, em São Paulo, Nyusi, entre outros compromissos, avistou-se com o ex-presidente Luiz Inácio Lula da Silva e com o diretor-presidente da Odebrecht.

Ainda no dia 12/8, Nyusi seguiu para o Rio de Janeiro, onde se avistou com o presidente do BNDES, com as diretorias da VALE e do Instituto Brasileiro de Resseguros, com o presidente da Andrade Gutierrez e com outros empresários.

Angola

Os negócios intermediados pelo já lobista Lula com Angola foram tão desastrosos para o Brasil, mas não para o PT, que poderiam ser resumidos em relatório do BNDES, que aponta os 20 maiores devedores da instituição.

Em meio a grandes empresas e instituições financeiras, existe apenas um país, Angola, na listagem, ocupando a desonrosa 15ª colocação.

O documento, atualizado até outubro de 2015, diz que a pendência africana ultrapassa R$ 7,4 bilhões, perfazendo, em percentuais, incríveis 2,2% de todo o dinheiro que o BNDES tem para receber.

Mas a situação é ainda pior.

Mesmo devendo o que tem, o que não tem e o que jamais terá para o Brasil, os angolanos, segundo números oficiais do BNDES, datados de julho de 2015, receberam, por intermédio de contratos de financiamentos, US$ 3.272.303.773, os quais, levando-se em consideração a cotação do dólar em R$ 4, valor do final de 2015, correspondem a cerca de R$ 13 bilhões!

Isso apenas em valores que já foram transferidos pelo BNDES aos angolanos, porque, segundo o mesmo levantamento, há ainda, já aprovados, mais US$ 682.792.491 a serem pagos, para utilização, oficial, em obras da Odebrecht, ou seja, R$ 2.731.169.964.

Por falar na Odebrecht, parceira mais emblemática dos governos petistas de Lula e Dilma, é com a construtora que Angola justifica a maior parte dos financiamentos:

– Odebrecht: US$ 2.461.146 (já recebidos) e US$ 682.792.491 (a receber)
– Queiroz Galvão: US$ 281.225.343
– Camargo Corrêa: US$ 268.139.783
– Andrade Gutierrez: US$ 238.555.125
– Mello Junior: US$ 15.006.750
– EMSA: US$ 3.175.623
– Prado Valladares: US$ 5.055.043

Há quase 13 anos, número emblemático, em encontro com o presidente angolano, José Eduardo dos Santos, conforme documento diplomático datado de 14 de novembro de 2003, Lula prometeu ajudar os africanos, se não a conseguir dinheiro no BNDES, a conquistar a grana por intermédio de empresas privadas brasileiras, sob as quais, em tese, não deveria ter ingerência ou não seria conveniente, pelo cargo que ocupava indicar. No fim, Lula, astuto, fez as duas coisas e ainda sai mundo afora cobrando dívidas e recebendo a saliva gasta como palestra proferida. Descobriu um grande negócio como lobista. Não fossem os recursos do povo brasileiro.

Detalhes daquele encontro de 2003:

O presidente Lula enfatizou a importância de poder contar com projetos concretos e viáveis para a reconstrução e o desenvolvimento de Angola, o que facilitará sobremaneira a obtenção de financiamento, seja por meio de bancos de desenvolvimento (BNDES e/ou BAD Banco de Desenvolvimento Africano), seja por meio de investidores privados.

Assinalei que, com projetos concretos, será mais fácil trabalhar com investidores privados.

Já em janeiro de 2004, o relatório da embaixada brasileira diz que o ministro Antonio Van-Dúnem revelou que Angola "só possui três fontes de financiamentos para sua reconstrução: o Brasil, a China, que se vem empenhando em agressiva política de aproximação com a África, e o Tesouro Nacional angolano", o que, por si, dá a tônica do risco de qualquer transação financeira entre as partes.

Segue, em análise reveladora, a embaixada:

... Caso, portanto, as imperiosas razões diplomáticas se imponham às considerações de ordem técnica para o gerenciamento de uma linha de crédito que nunca deixou de ser política, estará o Brasil agindo de maneira coerente com a história de nossa atuação neste país.

... Segundo os dados de que disponho, a dívida angolana total para com o Brasil, somados principal e juros, passou de US$ 1.285,98 bilhão, em 1997, para US$ 986,20 milhões, em 2003. Houve, portanto, em seis anos, uma queda de cerca de US$ 300 milhões – tenta utilizar, como justificativa para o negócio, o embaixador Jorge d'Escragnolle Taunay Filho.

Explicitou-se, então, negociação que pouco se importa com o risco brasileiro de levar calote, mas que está focada apenas em fazer política de boa vizinhança sem nenhum critério técnico-desenvolvimentista que possa trazer riquezas para o Brasil, aliás, prática usual da atuação do governo petista no exterior.

Anos depois, os valores, próximos de R$ 1 bilhão, aos quais chegaram a dívida de Angola com o Brasil, ultrapassaram os, em números atuais, US$ 7,4 bilhões.

Antes desse encontro, em 2003, Lula já preparava o terreno para os negócios de empresários brasileiros em Angola, inclusive com ingerência financeira das eleições locais, conforme demonstra trecho de carta da embaixada, datada de 26 de abril:

Dia 6/05, manhã reservada para as audiências com o presidente da República e o primeiro-ministro. Horários ainda não determinados.

a) O jantar de adesões, em homenagem a Vossa Excelência, contará com a presença dos mais importantes empresários brasileiros em Angola, com destaque para os diretores da Petrobras, Furnas, Odebrecht, Macon, Nigata, Mello Junior, Prado Valladares, Link, Geotécnica e Panela de Barro. A opção por não incluir empresários angolanos foi dos próprios brasileiros, que estimaram mais importante poder conversar livremente com Vossa Excelência.

Na sequência, surge o nome do então ministro de Lula, Antonio Palocci, sugerindo evidente suspeita sobre as tratativas, que indicam a construção de 4 mil escolas, além de uma usina hidrelétrica, pela Odebrecht:

b) ... O governo angolano pretende construir e aparelhar 4 mil escolas por todo o país, bem como treinar e capacitar os respectivos professores. A iniciativa conta com a parceria da ABC e a empresa brasileira envolvida é a Construtora Norberto Odebrecht, que espera assim preencher o espaço financeiro que será criado pelo fim da construção da hidrelétrica de Capanda. Trata-se, segundo seus diretores, de empreendimento vital para a permanência da empreiteira em Angola.

Cabe, por oportuno, informar que o presidente da Odebrecht em Angola, Otacílio de Carvalho, telefonou-me do Rio de Janeiro para pedir que Burity da Silva fosse incluído no programa da visita de Vossa Excelência. Respondi-lhe que o ministro já constava da referida programação, o que era fato.

c) A visita ao ministro das Finanças, José Pedro de Moraes, deverá inevitavelmente girar em torno do aumento, ou do melhor aproveitamento daquela linha de crédito. Moraes, homem respeitado no governo, é um amigo do Brasil e das empresas brasileiras, notadamente a Odebrecht.

"A conversa seguramente será condicionada pelo eventual resultado das recentes negociações entre o presidente do Banco Nacional de Angola, Amadeu Maurício, e o ministro Antonio Palocci, em torno de problemas que vêm ultimamente paralisando o funcionamento daquela linha de crédito.

Em maio de 2005, segundo documento datado de 23 de março de 2007, durante a visita do presidente angolano, José Eduardo dos Santos, o Brasil liberou US$ 580 milhões em créditos aos africanos.

Apenas cinco meses depois, em outubro, através de aditivo assinado pelo BNDES, o valor a ser emprestado a Angola saltou para US$ 750 milhões, sem contar a "generosidade" da Odebrecht, principal beneficiária, oficialmente falando, do acordo, visto que as obras ficariam a seu encargo e que doou ao governo angolano imóvel localizado no centro histórico de Salvador, local em que hoje funciona a Casa Cultural de Angola.

Nos anos seguintes, diversos aditivos elevaram o montante para valores quase dez vezes superiores ao pedido inicial.

Lula ficou tão satisfeito com as tratativas que, em novo bônus, ofereceu aos angolanos bolsas de estudos, graduação e pós-graduação em universidades federais, estaduais, públicas e privadas, sem a necessidade de o aluno prestar vestibular, diferentemente dos brasileiros, pois é obrigatório para seus representados como presidente da República. Uma vergonha.

Além do reconhecimento do diploma, o aluno angolano recebeu, ainda, assistência médica, farmacêutica e odontológica durante a permanência no Brasil. Tudo que o governo diz não poder gastar com a população brasileira.

Gana

Documento enviado pela embaixada brasileira em Gana ao Itamaraty, em 26 de junho de 2007, é alarmante com relação ao "topa-tudo" com o dinheiro do país para beneficiar as empresas parceiras do PT.

Nele, ao solicitar informações sobre as negociações para a construção de uma unidade de tanques de armazenamento de combustíveis, a Seguradora Brasileira de Crédito à Exportação (SBCE) diz que:

A operação teria como exportador a empresa brasileira Constran S.A. Construções e Comércio, e como importador/devedor a empresa ganense Generation Investments Limited. O total das exportações é de US$ 30.000.000,00, dos quais 100% seriam financiados pelo BNDES, com prazo de 10 anos, sem apresentação de garantias.

A Constran é o principal braço de negócios da UTC Engenharia, das principais doadoras das campanhas do PT, acusada de pagar propina ao partido pela Operação Lava Jato, da Polícia Federal, ação essa confirmada em delação premiada por seu diretor-presidente Ricardo Pessoa, preso na referida operação.

Além da evidente suspeita que paira sobre a empresa envolvida no negócio, existe o absurdo, óbvio, de o BNDES aceitar financiar quantia elevada, com pagamento previsto em longo prazo, sem que Gana esteja obrigada a apresentar qualquer garantia.

Ainda mais quando, através de relatório oficial do BNDES, constatamos que os tais US$ 30 milhões, alertados pela embaixada brasileira, transformaram-se em dois contratos, que, somados, perfazem exatos US$ 215.834.892.

US$ 72.430.163 já pagos, restando a quitação de US$ 143.404.729.

Burkina Faso

Relatório da embaixada brasileira em Burkina Faso, de 23 de outubro de 2010, resume encontro entre Lula e o presidente burquinabê Blaise Compaoré, ocorrido uma semana antes, no dia 15.

Mas o Barba não estava só.
Diz trecho do documento:

O senhor presidente da República confirmou disposição de trabalhar em benefício da África. Mencionou a delegação ministerial e empresarial que trouxe consigo como símbolo dessa intenção.

Sim, Lula, em todas as suas viagens, carregava no bolso do colete os amigos empresários, que, em contrapartida, além dos agrados comerciais, permitiam-lhe uma estadia mais confortável nos diversos locais de negociações.

No referido encontro, enquanto o presidente burquinabê, pelos relatos, preocupava-se mais em falar sobre sua indignação por não haver representantes da África e América do Sul no Conselho de Segurança da ONU, nosso Barba pensava apenas em negociar, oferecendo o BNDES para emprestar US$ 80 milhões em ação conjunta com o Banco Africano de Desenvolvimento. Detalhe, porém, indicado pelo presidente Compaoré, segundo o embaixador brasileiro:

O lado burquinabê apontou interesse em obter financiamento para duas hidrelétricas, em regime semelhante ao que o Brasil estuda estender para Gana.

Ou seja, a fama do governo brasileiro de perdoar as dívidas e oferecer negócios obscuros já havia se espalhado por todo o continente africano.

Isso virou um bom negócio sob Lula. Viagens nababescas, empréstimos estratosféricos buscando criar uma falsa liderança mundial quiçá em nome do combate à fome, só que enchendo governos corruptos e inadimplentes de recursos em detrimento da segurança, saúde, educação e infraestrutura do povo brasileiro. E, ainda, viabilizando a contratação de empresas brasileiras sem dar um emprego sequer no Brasil. Depois, ao deixar o cargo, voltar para intermediar pagamentos e acertos de contas. De quebra, se possível, um prêmio Nobel da Paz.

Na verdade, merece uma algema de prata. A coisa é tão severamente escandalosa e inescrupulosa, que não se pode acreditar que a vez de Lula não tenha chegado. Só a conivência explica tudo isso.

Argélia

Na Argélia, em janeiro de 2006, Lula conversou com o presidente Abdelaziz Bouteflika, acompanhado do embaixador brasileiro Sérgio França Danese.

Entre os assuntos principais, além de indicar negócios, estava o esforço da embaixada, com anuência do Barba, para exaltar o presidente da Bolívia, Evo Morales, semelhante do petista na América Latina.

Danese, em determinado momento, relatou:

... Sobre a Bolívia, país que não conhece, Bouteflika confessou-me que seu interesse por Evo Morales era mais que nada intelectual, na vertente do interesse que nutria por Chávez e por Toledo, por suas origens e o significado histórico de suas respectivas eleições.

Disse-se preocupado com o que chamou de ênfase de Morales na relação com Fidel Castro e com Chávez e que esperaria que o presidente eleito da Bolívia não adotasse um curso antiamericano ou políticas retrógradas de nacionalização do petróleo e gás etc.

Limitei-me a ressaltar o significado histórico da eleição de Morales para a Bolívia e a América do Sul e a descrever um pouco a complexidade boliviana, inclusive na importância da sua parceria para o Brasil, recordando a recente visita de Evo Morales ao Brasil e a admiração que tem pelo presidente Lula. Disse-lhe que minha impressão era a de que Morales havia levado ao Brasil uma mensagem de moderação e de disposição de trabalhar de forma realista e construtiva e assinalei os fortes interesses comuns que unem Brasil e Bolívia.

Passadas as iniciativas para promover o presidente boliviano, logo Lula, que não dá ponto sem nó, tratou de trabalhar pelo desbloqueio do embargo à carne brasileira, distribuída na Argélia, de maneira dominante, pela JBS/Friboi.

Diz o relatório:

O governo brasileiro sabe que a carne brasileira tem sido reconhecida e apreciada na Argélia e lamenta que tenha sido objeto de um embargo (a que as autoridades argelinas preferem referir-se como "restrições") que acabou por impedir o crescimento dos fornecimentos brasileiros, com prejuízos para os exportadores brasileiros e para os importadores e consumidores argelinos. O pleito do governo brasileiro é que a Argélia peça todas as informações de que necessite e que suspenda o embargo ou o limite, quando for o caso, estritamente às áreas afetadas por algum problema, não o generalizando em prejuízo de tantos.

O governo brasileiro também desejaria que as Forças Armadas argelinas olhassem para o produto brasileiro como uma alternativa competitiva, de alta qualidade e de grande confiabilidade para o seu consumo. Seria importante fazer ou reiterar convites para que autoridades argelinas, tanto da área agrícola e fitossanitária como das áreas de compras governamentais (FFAA, polícia, Gendarmeria) fossem ao Brasil conhecer a qualidade do sistema produtivo brasileiro.

Congo

Relatório diplomático brasileiro, datado de 25 de outubro de 2007, fala sobre o encontro do presidente do Congo, Sassou Nguesso, e Lula, com novo esforço do petista para alavancar negócios de conhecidos parceiros.

O presidente Lula coincidiu que a participação de empresas brasileiras em obras de infraestrutura, apoiadas por linhas de crédito, tornariam as relações mais densas.

Sugeriu que a missão congolesa leve ao Brasil, para análise dos ministros competentes e do presidente do BNDES, lista de projetos prioritários.

Frisou que o Brasil estuda estabelecer fundo para financiar a exportação de bens e serviços, particularmente nos setores agrícola e de infraestrutura.

Porém, como de costume, a conta seria paga pelo contribuinte brasileiro:

Por fim, abordou a questão da dívida bilateral. Disse estar bem encaminhada e revelou ter falado pouco antes com o ministro Mantega.

Assumiu, nesse sentido, o compromisso de impulsionar o assunto e garantir uma rápida solução, seja pelo perdão da dívida, seja pela transformação do passivo em financiamentos para a exportação de serviços.

Gabão

Em 5 de abril de 2004, o embaixador brasileiro Thomas M. Guggenheim "comemorou" nova possibilidade de perdão de dívida milionária do país africano, a ser promovida pelo governo petista do Brasil:

Poderia justificar-se acordar por ocasião da visita presidencial o cancelamento da insignificante dívida de US$ 9,9 milhões de dólares.

Nenhuma contrapartida, a não ser política, foi exigida para mais essa ação de desfalque no Tesouro Nacional.

São Tomé e Príncipe

Até mesmo o pequeno São Tomé e Príncipe, de apenas 160 mil habitantes, se deu bem durante o governo petista de Lula e demais "companheiros".
Segundo relatos da chancelaria, datados de 19 de março de 2007, não apenas a dívida dos africanos com nosso país foi perdoada, como US$ 10 milhões saíram dos cofres brasileiros, em empréstimo oriundo do BNDES.

Guiné

O Barba não era mais presidente quando se encontrou, acompanhado de seu socorrista e companheiro Paulo Okamotto, presidente do suspeito, sim, para mim suspeito, Instituto Lula, com o governo de Guiné.
O embaixador José Fiuza Neto relatou:

Na noite do último dia 21 (fevereiro de 2011), o presidente Alpha Condé ofereceu jantar privado ao ex-presidente Luiz Inácio Lula da Silva, em sua residência particular, ao qual também estiveram presentes o presidente da Vale, Roger Agnelli, o ex-presidente do Sebrae, Paulo Okamotto, e eu.

... (discutiu-se) de modo a melhor viabilizar politicamente a participação da empresa mineradora (Vale do Rio Doce) brasileira no megaprojeto de Simandou.

Não é difícil, diante do histórico conhecido, compreender as motivações de Lula, fora do cargo, para participar desse tipo de negociação, mas não dá para supor quais as razões oficiais, já que as reais parecem evidentes, da função de Okamotto nas tratativas.

Resta saber se as custas de viagem e das demais despesas foram pagas pelos citados, pela Vale, pelo Sebrae ou saíram dos caixas brasileiros.

***

Este é um relato de horrores para você que não conhece como o PT, Dilma e Lula tratam a coisa pública, para depois impingir-lhe aumentos de impostos, juros, luz e tantos descalabros mais.

Você, desinformado, pode se encantar com essa trupe que lhe entoa uma doce música sem a letra, mas, ao conhecer cada palavra da letra, poderá discernir por si só que, apesar do belo som, a história é de terror.

No último dia de 2015, ou seja, enquanto os brasileiros se preparavam para exorcizar as inúmeras amarguras apresentadas no ano, especialmente por um governo ilegítimo, pois que eleito com recursos oriundos de crime, Dilma mandou editar um *Diário Oficial* extra para publicar seus vetos à Lei de Diretrizes Orçamentárias – LDO – de 2016, aprovada pelo Congresso Nacional.

Dilma vetou uma importante regra aprovada no Congresso que proibia o Banco Nacional de Desenvolvimento Econômico e Social (BNDES) de conceder ou renovar empréstimos para investimentos ou obras no exterior.

Seria o fim dessa pouca-vergonha.

O governo argumenta que isso poderia impedir que empresas exportadoras brasileiras ofertassem seus produtos e serviços no mercado externo com condições de disputar com seus concorrentes internacionais.

Quais condições especiais são essas que só o BNDES pode oferecer e que torna nossas empresas competitivas internacionalmente? Parece claro que é a distribuição do dinheiro do povo brasileiro em presentes, viagens nababescas, propinas e outras *cositas más*, e isso, sim, as tornam imbatíveis em concorrências internacionais, sob a batuta de Lula, quer como presidente quer como lobista.

Ora, elas não geram um emprego sequer para os brasileiros que já não estejam fora, são sempre vítimas de calotes e não raro necessitam contratar o ex-presidente Lula para uma palestra a encobrir a real atribuição de cobrador de dívidas dos amigões – e ainda são obrigadas a pagar propina sob a falsa roupagem de doação eleitoral.

Dessa feita, o Congresso atacou uma causa e Dilma continuou a preferir os efeitos da rapinagem.

Dilma vetou um antídoto contra a corrupção internacional a partir dos recursos do BNDES, que sangram os cofres públicos, e vai falsamente continuar dizendo que nunca se envolveu em atos ilícitos – nem por ação nem por omissão. E todos continuarão crendo no poste feminino de Lula, que não é tão poste assim, ao menos em matéria de escuridão moral e administrativa: a ex-ministra de Minas e Energia, que parece ter se especializado no assunto.

A CPI do BNDES

A CPI do BNDES foi criada em 17 de julho de 2015. Dentre as diversas causas para a instituição da Comissão Parlamentar estão a existência de contratos secretos; suspeitas de envolvimento do banco na prática de atos de corrupção e na criação de empresas de fachada; fortes indícios de concessão de empréstimos temerários e manifestamente contrários ao interesse público; compra pelo BNDESPAR de ações de empresas claramente sem condições financeiras, que faliram pouco tempo depois; e a realização de operações feitas pelo banco em condições para lá de questionáveis.

Seguem alguns trechos do relatório final da CPI, sub-relatoria da deputada Cristiane Brasil, em que pude colaborar:

Irregularidades

As empresas de auditoria que apresentam os relatórios de efetividade são contratadas pela própria empresa que recebeu os recursos, o que caracteriza uma fragilidade no controle da aplicação de recursos.

...

Há diversas suspeitas de irregularidades na área internacional sendo auditadas. No que concerne à apresentação da carta-consulta da empresa que deseja obter o financiamento, destaca-se o fato de algumas dessas cartas-consulta dedicarem a maior parte de suas páginas a falar sobre a localização do país estrangeiro, seus aspectos geográficos, população, sistema de governo, demografia etc. O efetivo projeto que será construído naquela localidade, em algumas ocasiões, perde em grau de detalhamento quando comparado ao trabalho de detalhamento geográfico que o antecede; a análise parece simples para processos que ao fim resultam na demanda de recursos na monta de, por exemplo, R$ 300 milhões em financiamento.

Embromação

Por sua vez, a fundamentação do ato administrativo que autoriza a concessão do empréstimo presume uma aparente inconsistência. Contratos de cerca de R$ 300 milhões são aprovados pela diretoria respectiva em poucos parágrafos, com a utilização de termos genéricos e abstratos sem uma análise específica sobre a obra que será realizada. Pedidos de financiamento para realização de obras distintas em países diferentes são aprovados praticamente com a mesma fundamentação e com a utilização das mesmas expressões, sem qualquer indicativo de que as nações e as obras a serem realizadas são distintas.

Amigos do rei

Ressalte-se que em nenhum momento os relatórios indicam quais serão os benefícios sociais para o país do projeto. Não há menção sobre o número de empregos que serão gerados no Brasil, muito menos qual o efeito que essa operação terá no parque industrial brasileiro.

Em determinados relatórios e decisões da diretoria constatou-se que alguns erros de digitação implicaram a celebração de contratos com valores de financiamento inferiores aos pretendidos e que supostas falhas na transcrição de documentos culminaram em erro na autorização do prazo deferido para o financiamento. Por mais que o corpo técnico do BNDES demonstre alta capacidade, essas falhas comprometem a qualidade do procedimento. Há quem questione se não é o caso de mera chancela de decisões previamente tomadas por instâncias superiores nos governos sucessivos do PT ou favorecimento aos "amigos do rei", do "Brahma". Por outro lado, a revisão dessas práticas aprimorará a transparência e a lisura da instituição.

Os procedimentos do BNDES, portanto, contrariam princípios basilares de transparência, impessoalidade e moralidade, parecendo o banco desconhecer a necessidade de a Administração Pública fundamentar todos os atos administrativos, sendo eles nulos quando imotivados. Os procedimentos, ademais, tornam impossível a realização de qualquer fiscalização por parte dos órgãos de controle, sendo uma porta aberta para transformar discricionariedade administrativa em completa arbitrariedade ou favorecimento aos "amigos do rei" ou do mandatário de plantão. Fica difícil acreditar que, num órgão com tamanha capacidade técnica e conhecido pela excelência de seus quadros, tais falhas elementares sejam acidentais ou fruto de mero desconhecimento.

O que se redigiu no relatório sustenta o seguinte:

Quando a construtora brasileira apresenta um projeto para pedir financiamento ao banco, mediante a carta-consulta mencionada, não há um procedimento sistemático para verificar a veracidade dos dados apresentados no projeto, relacionados a custo, dimensionamento da obra, preço de mão de obra etc., produzindo-se o risco de, em vez de o Brasil estar fomentando a "exportação de divisas e serviços", estar, na verdade, permitindo suposto superfaturamento.

...

Na representação formulada, também se destaca a concentração de recursos em financiamentos para poucas empresas. Apenas dez empreiteiras firmaram contratos de financiamento para a exportação de serviços de engenharia com o BNDES de 2007 a 2015: dos 539 contratos de financiamento firmados pelo BNDES entre 02/04/2007 e 28/04/2015, 420 (78%) tiveram como interveniente exportadora a Construtora Norberto Odebrecht SA (ou sua subsidiária Companhia de Obras e Infraestrutura). O valor total financiado à empresa e à sua subsidiária corresponde a US$ 8,33 bilhões, 69,30% de todo o valor contratado junto ao banco para financiamento desse tipo de operação (valor total no período: US$ 12,02 bilhões). Mais de 90% dos recursos estão concentrados em contratos envolvendo a interveniência de apenas dois grupos (Norberto Odebrecht e Andrade Gutierrez).

...

Destaque-se que considerável montante foi despendido pouco antes das eleições de 2010 à companhia, que sabidamente contribuiu muito para as campanhas eleitorais do Partido dos Trabalhadores.

Lula blindado

O relatório acusa como Lula é afastado de se expor a prestar contas:

A investigação acerca do tráfico de influência – fator fortemente atrelado à concentração das empresas que se beneficiaram de operações de financiamento – restou, em grande parte, prejudicada. Ressalto novamente que não foram aprovados os requerimentos que convocavam o ex-presidente da República, Luiz Inácio Lula da Silva, para prestar depoimento à CPI, a despeito de todas as evidências de benefício a empresas nacionalmente conhecidas por financiar campanhas eleitorais de seus aliados e das graves denúncias de instrumentalização de instituições para proveito de familiares. Foram apresentados nove requerimentos para a oitiva do ex-presidente (sendo de minha autoria o de número 61), um para a quebra de sigilos bancário, fiscal e telefônico e um endereçado ao Departamento de Polícia Federal requerendo relatório de entrada e saída para os principais países beneficiários dos financiamentos (também de minha autoria, protocolado sob o nº 321) – tendo nenhum desses requerimentos sido apreciado pelo plenário da Comissão, embora a documentação referente às entradas e saídas de Lula do país tenham chegado a esta CPI a partir do Ministério Público.

...

Por todo o exposto, concluímos ser o BNDES importante instituição para a promoção do desenvolvimento econômico e social do país, inclusive enquanto instrumento de fomento das exportações de bens e serviços nacionais. Contudo, há práticas a serem aperfeiçoadas no que concerne à governança e à transparência dos procedimentos do banco, aos procedimentos instrutórios adotados, à verificação dos serviços prestados ao importador, à análise da efetividade das operações, à isenção da análise realizada por auditores independentes, à diversificação das empresas beneficiárias das operações de financiamento externo e à adequada remuneração dos recursos provenientes do Fundo de Amparo ao Trabalhador (FAT), em respeito à norma inscrita no parágrafo 1º do Artigo 239 da Constituição.

Importa, ainda, que sejam observados os princípios da impessoalidade e da isonomia, devendo ser repudiada a atuação de qualquer servidor público, de qualquer integrante ou ex-integrante do governo em função notadamente estratégica e/ou de execução (por determinado período de tempo, e expressamente vedadas para algumas atividades a qualquer tempo) ou de particular no sentido de valer-se, em tese, de tráfico de influência para garantir contratações para determinadas empresas em países estrangeiros a fim de que estes possam obter financiamentos, sendo imprescindível a atuação da Polícia Federal, do Ministério Público, do Tribunal de Contas da União e do Congresso Nacional no sentido de investigar, atribuir as medidas punitivas cabíveis aos responsáveis e coibir a prática, em tese, de tráfico de influência em benefício de quem quer que seja.

Entendeu como o BNDES virou um braço do Petrolão, que por sua vez é afluente do Mensalão, e dos interesses pessoais de Lula e do seu projeto de poder, ainda em débito com a Justiça?

CAPÍTULO VI

Por um Brasil melhor

Por que o PT não legaliza os lobistas?

Começo de 2015. Digito no Google os vocábulos "lobby Petrolão" e me brotam 77,3 mil ocorrências. Já na combinação "lobista Petrolão" surgem 76,1 mil delas.

Já é do senso comum que, no Brasil, o lobby, ou grupo de pressão, é sinônimo de crime.

Vamos lembrar que todo ser humano tem interesses, dos mais simples aos mais complexos. Dos mais legítimos aos mais obscuros. Não é diferente com as empresas.

O que torna os interesses legítimos ou não, claro, supondo-se o razoável, é a maneira de buscar atingi-los, a disposição de mantê-los nos estritos limites da ética e da legitimidade – e, quando envolver a coisa pública, obrigatório que atendam aos princípios da Legalidade, Impessoalidade, Moralidade, Publicidade e da Eficiência.

Preciso explicar por que não interessa ao PT que o lobby seja legalizado. E quero usar um exemplo como estudo de caso.

A empreiteira Andrade Gutierrez passou a ser investigada na 14ª fase da Operação Lava Jato. O presidente da empresa, Otávio Azevedo, foi preso com Marcelo Odebrecht e outros executivos.

A Andrade Gutierrez foi a maior doadora de recursos da campanha de Aécio à presidência da República em 2014. Constam da base de dados do Tribunal Superior Eleitoral (TSE) 322 doações para o então candidato tucano no ano de 2014, somando mais de R$ 20 milhões.

Em Minas Gerais, a Andrade Gutierrez recebeu, sob Aécio, a gestão da Cemig, que lhe foi entregue pelos tucanos em um acordo de acionistas.

A Andrade Gutierrez odeia Dilma. Sérgio Andrade amava Lula, tanto que meteu os R$ 52 milhões da Gamecorp de Lulinha, como já foi mencionado no capítulo II. Vamos lembrar da parada, com a história a seguir, um furo jornalístico de *O Estado de S. Paulo*, de 7 de outubro de 2015, de onde extraio as informações que se seguem.

Várias mensagens do aplicativo WhatsApp foram trocadas entre a cúpula da empreiteira Andrade Gutierrez. Nas mensagens, os empresários declaram apoio incondicional ao candidato Aécio Neves e xingam descaradamente a presidente Dilma Rousseff...

– Bora, Brasil! Bora, Aécio! – disse Ricardo Sá, presidente global da AG Private, divisão da empresa que cuida de clientes do setor privado em todo o mundo, quando a apuração dos votos no segundo turno mostrava o tucano à frente.

As informações constam do iPhone de Elton Negrão de Azevedo Júnior, que deixou a empresa após ser preso na 14ª fase da Operação e ser denunciado por corrupção, formação de quadrilha e lavagem de dinheiro. Em seu aparelho foi localizado um grupo de conversas no aplicativo intitulado "presidentes AG".

Às vésperas do segundo turno, os ânimos dos interlocutores ficaram mais exaltados. No dia 25 de outubro, o sábado antes da votação, eles comentaram o último debate entre os então candidatos Dilma Rousseff e Aécio Neves, transmitido pela TV Globo.

– *É agora... O tema corrupção...* A mulher está nervosa demais... Agora o homem moeu a gorda de perna aberta – disse Anuar Caram. E foi logo respondido por Ricardo Sá: – Fora, sapa com cara de satanás!

– Hahahaha – respondeu Caram. Já Elton, atualmente preso e réu na Lava Jato, observou: – Aqui em BH (Belo Horizonte), muita gente está gritando dos apartamentos: Fora, Dilma! – Aqui tb! – comentou Ricardo Sá.

Bom, agora meu ponto: se odeiam a Dilma, por que deram a grana? A resposta é clara: a ideia de doar para a campanha é ajudar a prevalecer uma linha ideológica. A ideia de "doar" a todos é criar uma relação fisiológica.

Uns poderão dizer que é para atender a uma extorsão por parte de alguém, mas, nesse caso, tem que denunciar. Caso contrário, é parte do jogo, pois não há corrupto sem o corruptor. Nem se escreve corruPTo sem PT, como eternizou o coautor desta obra.

As tilintantes só tilintam para certos partidos, escolhidos, quando há clara militância do doador.

As tilintantes tilintam para todo mundo, sem exceção, quando se planta em qualquer terreno para, no futuro, colher ilicitudes de todos (independentemente de partido).

Você notou a quantidade de lobistas de empreiteiras presos?

O lobista, vulgo facilitador ou paga pau, vai distribuindo grana como quem desfolha pétalas de uma rosa. O lobista distribui dólares, euros, reais e presentes "sonhos de consumo", como quem distribui um "bom dia" a todos.

O sistema criou esse ator social de baixa extração.

Mas o Brasil omitiu-se a consertar esse estado de coisas.

Teríamos uma solução. É o Projeto de Lei nº 1202, de 2007, que versa sobre "Defesa de Interesses".

Estipula identificar quem são os grupos de pressão interessados em certo tema, com quais parlamentares e onde vão ser feitas, à mais pública e clara das luzes, as reuniões para tratar de interesses.

O projeto, inclusive, estabelece que a Controladoria-Geral da União deverá ser a entidade que receberá os registros e dará as credenciais para lobistas que vão atuar nas instâncias do Poder Executivo.

Assim como vigente nos Estados Unidos, Inglaterra, França e México, o projeto, parado, determina quem não pode ser lobista: "pessoas que tenham, nos doze meses anteriores ao requerimento, exercido cargo público efetivo ou em comissão, em cujo exercício tenham participado, direta ou indiretamente, da produção da proposição legislativa objeto de sua intervenção profissional".

Não por acaso foi proposto pelo PT, nasceu de uma iniciativa da ENCCLA no ano que passei a presidi-la, que encontrou ali uma via breve para regulamentar a matéria. Mas, ao contrário do esperado, apesar de apresentado pelo PT e pelo partido tocado, o projeto foi enterrado de vez em 2013.

Nos Estados Unidos, o lobby ou grupo de pressão funciona bem porque todo mundo sabe quem faz o quê. No Congresso ou na Suprema Corte dos EUA, lobista é obrigado a entrar com crachá de lobista.

Em 2014, o progressista *The Nation* publicou que há nos Estados Unidos 12.281 lobistas registrados. Mas, como nem tudo são flores, desde 2002 há uma onda de lobistas ilegais no país.

O analista James Thurber indica que já há 100 mil lobistas ilegais nos Estados Unidos movimentando US$ 9 bilhões ao ano. O caso em que tais forças mais gastaram dinheiro data de 1973, e tratou da legalização do aborto: é o caso *Roe versus Wade*.

Veja você o que a transparência faz: o escritório de advocacia Holland & Knight anunciou, orgulhoso, que somente em 2001 ganhou US$ 13,9 milhões com atividades de lobistas legais. Nos Estados Unidos, grupos religiosos gastam em média US$ 400 milhões com lobistas que defendem seus temas.

Entende por que não é bom legalizar o lobista?

Teríamos controle público, inclusive e sobretudo das movimentações físicas dos lobistas. Registros de entradas em gabinetes etc. Nos Estados Unidos, lobista usa crachá justamente por esse motivo.

O esforço para o Brasil regulamentar o lobby teria de ser maior que o programa espacial americano: portanto, impossível por aqui...

Tentei combater o lobby quando fui secretário nacional de Justiça. Vejam este extrato de *O Estado de S. Paulo*, de 30 de novembro de 2007, quando eu ocupava o cargo:

> *Causou polêmica, entre diferentes órgãos do governo, a proposta da CGU (Controladoria Geral da União) de incluir a regulamentação do lobby como meta da ENCCLA (Estratégia Nacional de Combate à Corrupção e à Lavagem de Dinheiro) para 2008. A ideia foi aprovada ontem pelos grupos de trabalho dos representantes das cerca de 60 entidades responsáveis por formular a ENCCLA. Reunido pelo quinto ano consecutivo, desta vez em Itaipava (RJ), o foro vai decidir hoje, em uma reunião global, se a proposta da CGU estará ou não contemplada entre as metas adotadas pelo governo para o próximo ano.*

A tendência é que a regulamentação da "intermediação de interesses", o nome oficial adotado para o lobby, seja aprovada. Mas, na prática, não será trabalhada como prioridade.

"No nosso caso, essa regulamentação não seria positiva", afirmou o ministro da Justiça, Tarso Genro, que chegou ontem à noite a Itaipava. "A discussão deve ser feita, mas existem outras prioridades."

Agora você entende por que o assunto foi enterrado há quase dez anos. O lobby irrigou o Petrolão, o PT, Lula, Dilma... o diabo.

Aqui é assim, é mais caro e rende mais, pois se faz lobby escondendo quem são as partes, quem é o agenciador, quais são os interesses a serem conciliados. E pior: quando é feito nos moldes brasileiros, sem regra e sem transparência, ele não obedece a padrões morais, éticos e legais, é o mesmo que se encontrar com a Mulher Maravilha num hotel 5 estrelas sem passar pela recepção. Não são conciliados interesses, principal função da atividade, mas, ao contrário, juntam-se ganâncias em detrimento de alguém ou de alguma coisa. Aqui a mulher traída somos nós.

O custo criminoso do Estado brasileiro, sem falar na incompetência administrativa provocada pela "indicocracia", fruto de seu aparelhamento – e desafio qualquer instituto sério a fazer essa conta e me proponho até a ajudar – é de no mínimo 30% do custo de vida de seus cidadãos. Somem-se a isso os impostos pagos por nós, mortais, e veja se não inviabilizaram o Brasil para quem não é da organização criminosa.

A propina é a moeda que paga a relação com lobistas no Brasil, essa é a rubrica orçamentária a encarecer os serviços e a sonegar saúde, segurança, educação e infraestrutura a nossa sociedade.

CAPÍTULO VII

Se a quadrilha não mentir, brigar e se delatar, o Brasil não tem salvação

Não foi toda a família Lula da Silva que não gostou do meu primeiro livro *Assassinato de reputações – um crime de Estado*.

Mariazinha, a irmã mais velha do ex-presidente, por exemplo, não só gostou do que leu, como me honrou com o pedido de um livro autografado e sugeriu ao irmão que lesse a obra.

Também um dos filhos do ex-presidente, vereador em São Bernardo do Campo, onde o pai, nos idos dos anos 1980, pilotava greves e avisava a polícia, como já relatei, foi coautor de uma moção de congratulações de iniciativa do ilustre vereador Julio Fuzari, a qual muito me orgulhou e que, inclusive, foi objeto de notícia pela revista *Veja*, conforme trecho que reproduzo:

> *15/5/2014*
> *Filho de Lula participa de homenagem a Tuma Junior em São Bernardo*
> *Vereador Marcos Lula (PT) assinou moção do PPS que transmitiu "congratulações" ao autor do livro que revelou mazelas do governo Lula*
> *(...)*
> *É o caso de Marcos Cláudio Lula da Silva. Vereador do PT em São Bernardo do Campo, principal reduto do lulismo no país, Marcos Lula não apenas simpatiza com Tuma Junior, como foi um dos coautores de uma "moção de congratulações" apresentada pelo vereador Julinho Fuzari (PPS) para homenagear o autor pelas denúncias publicadas no livro. "A bancada do*

PT ficou chateada num primeiro momento com a minha proposta, mas, para minha surpresa, o vereador Marcos Lula não só apoiou como assinou a matéria como coautor. Fiquei contente com a assinatura, porque realmente vivemos num país democrático e acredito que o livro do Romeu Tuma Junior foi impactante", diz Fuzari.

A surpresa do vereador do PPS com a adesão do filho de Lula à homenagem não é sem razão. Em um dos capítulos mais polêmicos da obra, Tuma Junior diz que Lula foi informante do Dops, órgão que seu pai, Romeu Tuma, dirigia em São Paulo e no qual ele próprio trabalhava. O ex-secretário afirma que Lula, ou "o agente Barba", como era o codinome do ex-presidente no Dops, dava informações aos militares que ajudavam a evitar choques violentos com a polícia. "Os relatos do Lula motivaram inúmeras operações e fundamentaram vários relatórios de inteligência para evitar confusões maiores com os movimentos na época. Como informante do meu pai no Dops, o Lula prestou um grande serviço naquele período", disse Tuma Junior a VEJA, há seis meses, quando lançou o livro."

Digo isso, pois, no seio da esquerda bandida e dos conhecidos blogs sujos, minha obra serviu de moeda de troca para valorizar a pule de alguns picaretas da caneta de aluguel. Em outras palavras, teve gente que tomou dinheiro do governo sob a rubrica de verba publicitária de propaganda pública, apenas para tentar desqualificar meu livro e a mim.

Nessa tentativa esdrúxula, até minha idade forjaram para dizer que eu não poderia ser policial quando já era. Não resistiram a uma simples foto de Lula preso desfilando comigo a escoltá-lo, na porta do Dops. Quanto amadorismo!

Foram além. Criaram e alteraram minha pseudobiografia pública na Wikipédia, com um campo denominado "escândalos", onde inseriram fatos inverídicos, objetivando assassinar minha reputação novamente. Depois, fraudaram outras informações, novamente alterando dados, para atacar dois jornalistas da TV Globo, Carlos Alberto Sardenberg e Miriam Leitão.

Tudo sem qualquer providência oficial. Pudera, eles estavam agindo em conluio. Queriam me intimidar e me calar.

Aliás, Lula confirmou o que eu disse no livro, em seu depoimento à Comissão Nacional da Verdade. Especialmente quando diz que o Tumão

A moção de
congratulações
do vereador
Julio Fuzari

dava umas perguntas para ele responder por escrito, pois nunca foi interrogado. Omitiu que na verdade eram informações sobre fatos e pessoas que ele passava. Onde estão os arquivos? Por que não procuram e não tornam público isso?

Eu me dispus a ir à Comissão da Verdade, desde que nas mesmas condições do Lula. Sugeri até uma acareação com o ex-presidente. O vereador Gilberto Natalini, da Câmara Municipal de São Paulo, fez essa tentativa, ao que me consta. Por que a CNV não nos chamou?

Aliás, por que omitiu a fala completa do coronel Malhães, quando ele se refere ao meu livro? Foram barbaramente seletivos ao pinçar apenas o que lhes interessava e ao desprezar Malhães quando ele, inclusive, acusa Lula de "homicídios". Nada disso constou do relatório final. O coronel foi morto em crime suspeito. Ou seu testemunho foi idôneo por inteiro ou não foi. Não poderiam auferir idoneidade por conta do interesse político sobre o que lhes convinha e desprezar o resto.

Eu também converso com meus botões. Digo a eles que o PT não tirou 30 milhões de brasileiros da miséria, como tenta propagandear, ao contrário, meteu toda nossa população numa pobreza moral e ética sem precedentes na história. Exceto, é claro, os idealizadores desse nefasto projeto de poder, cuja riqueza material e a pobreza de caráter nunca foram tão acentuadas, além de marcas registradas de seus idealizadores.

Quero lembrar que até hoje aguardo que alguém cumpra o desafio de publicar o discurso de Lula quando de sua posse no Sindicato dos Metalúrgicos de São Bernardo do Campo e Diadema nos idos de 1980, desafio esse que lancei no programa *Roda Viva*, da TV Cultura, quando lá estive em fevereiro de 2014 para ser sabatinado sobre o livro *Assassinato de reputações – um crime de Estado*.

Discurso que mostrava muito do que eu disse sobre suas preferências ideológicas e sobre sua atuação dúbia ao defender interesses de poderosos, em contradição à pseudodefesa dos oprimidos.

A antiga amizade de Lula com Miguel Jorge e Mauro Marcondes revelou hoje, documentalmente com provas, o uso do poder para benefícios pessoais e interesses não republicanos de poderosos. Confirmaram o que disse anos atrás.

Para o PT, os fins sempre justificam os meios, sejam quais forem. E isso precisa ficar muito claro para toda a sociedade. Tudo que vem de seu governo ou do partido precisa sempre ser muito explicado.

Lula sempre fez de sua origem pobre uma proteção social contra os desmandos que praticou. Usou sua história, oriunda de uma família de retirantes nordestinos, comum a muitos brasileiros honestos e trabalhadores, como algo que pudesse encobrir suas atitudes equivocadas nos cargos e funções que ocupou. Sempre desqualificou as críticas, pregando uma nociva luta de classes sociais. Angariou algumas pseudovitórias ao atribuir a seus adversários um falacioso preconceito de ricos contra pobres. Entretanto, sua origem não merece ser maculada para justificar seu destino, como ele tenta preconceituosamente fazer.

Lula usa a propriedade como arma. Faz do direito alheio à propriedade um crime. Há anos aprendeu a criminalizar o fato de alguém ter algum bem. Por essa razão, sempre se viu obrigado a omitir suas posses. Tornou-se vítima da própria armadilha.

E assim é desde os tempos da disputa com Collor pela presidência da República, quando se viu sem ação ao ser "acusado" de morar de favor em uma casa com um aparelho de som 3 em 1 que, por coincidência ou não, também pertencia ao mesmo dono que empresta o apartamento a um de seus filhos e que também intermediou o contrato do sítio em Atibaia, e assim por diante. Parceria de quase 30 anos.

Ora, viver de favores é muito mais incompatível com um ex-presidente na situação de Lula, "rei das palestras", do que o fato de não ter como explicar certas propriedades. Afinal, se ele prestou tantas consultorias e deu tantas palestras caríssimas, por que não poderia comprar um sítio e um apartamento na praia?

Lula criminalizou o direito à propriedade para fazer disso uma guerra entre ricos e pobres. Esqueceu-se da classe média que seu partido tanto adulou antes de chegar ao poder, mas que hoje odeia. Quis obrigar as pessoas a viverem sob a tutela de suas "bolsas", bancadas com o sacrifício de todo um povo, no seu insano projeto pessoal de poder. Pregou que propriedade legítima e honesta só aquela ganha ou tomada do Estado. Coisa de comunista.

Esqueceu que todo trabalhador sonha e tem direito de ter bens de forma lícita, especialmente quando não tem padrinhos ricos e importantes nem interpostas pessoas, não precisando omitir nada, tampouco viver de mentiras insustentáveis.

Por isso, Lula não merece mais ser lembrado pela origem que a vida lhe deu, mas pelo destino a que se impôs!

É impressionante constatar que cada ação de governo gera uma contrapartida em dinheiro a beneficiar o PT e as campanhas presidenciais de Lula, Dilma e de seus aliados.

É, de fato, um Estado criminoso gerido e gestado sob a condição de financiar o crime organizado nele instalado e que sobre ele orbita.

Não há hipótese de se permitir que isso continue ocorrendo. Exceto se houver conivência e cooptação da cúpula do Judiciário brasileiro, risco que já alertei no primeiro volume desta obra.

Aliás, a respeito, importante reproduzir a matéria publicada pelo site Diário do Poder* sobre entrevista do ministro Gilmar Mendes do Supremo Tribunal Federal, concedida em dezembro de 2015 à Rádio Jovem Pan de São Paulo, logo após decisão onde, claramente, aquela Corte ingeriu sobre o funcionamento de um dos poderes da República, em típico gesto de intervenção branca.

"Horas depois de o Supremo Tribunal Federal ratificar, nesta sexta, 18, as decisões da quinta-feira, 17, sobre o rito a ser adotado no processo de impeachment da presidente Dilma Rousseff, o ministro Gilmar Mendes afirmou, em São Paulo, onde almoçou com amigos, que o tribunal se comportou de forma "bolivariana" naquela sessão.

Em entrevista à rádio Jovem Pan, o ministro também criticou a decisão do plenário do Supremo sobre o rito do impeachment. "Lembra que eu tinha falado do risco de cooptação da Corte? Eu acho que nesse caso isso ocorreu", disse Mendes. "Há todo um processo de bolivarização da Corte. Assim como se opera em outros ramos do Estado também pretende-se fazer isso no Tribunal E, infelizmente, ontem se deu mostra disso."

Ele disse concordar, de modo geral, com as críticas feitas pelo jurista Miguel Reale Jr., que afirmou que houve "ativismo político". Ele repetiu a frase do jurista e um dos autores de pedido de impeachment de Dilma

---

* http://diariodopoder.com.br/noticia.php?i=46386801554

segundo a qual o Supremo decidiu "legislar em vez de julgar". "Eu também disse isso, no final da sessão."

"Mas o que mais me preocupou", afirmou o ministro ao Estado, "foi a opção do tribunal pela intervenção no sistema de eleição da comissão na Câmara. Achei lamentável." E prosseguiu: "Tem jeito de coisa direcionada. Líderes indicados, voto aberto. Ora, a gente vê o que está acontecendo nos partidos. Foi para isso que o tribunal se reuniu? Achei aquilo constrangedor".

No julgamento do rito do impeachment, na quinta-feira, o Supremo, por maioria, reconheceu o poder do Senado em barrar o processo, mesmo após eventual aprovação na Câmara. Além disso, a Corte derrubou a eleição dos membros da Comissão Especial instalada para avaliar o processo do impeachment, estabeleceu que os membros da comissão devem ser nomeados pelos líderes partidários, e rejeitou a exigência da defesa prévia da presidente em caso de abertura do processo. Gilmar Mendes foi voto vencido em todas os casos.

Reconhecido por suas declarações críticas aos governos petistas, Mendes insinuou que o Supremo usou de "artificialismos" para beneficiar o governo. "Imagine que diante de todo quadro de crise de corrupção vamos fazer artificialismos jurídicos para colocar um balão de oxigênio para quem tem morte cerebral", afirmou."

A revista *Veja* disse com precisão em sua edição de 29 de janeiro de 2016 que Lula, ao postar-se de líder messiânico, o novo pai dos pobres, tenta fazer ver-se como a representação da virtude e da nobreza de propósitos. Mas no mundo real, onde os fatos se sobrepõem às versões, emerge uma figura bem diferente – e bastante encrencada. Complemento eu que essa figura que emerge é a de um presidente que na história republicana do Brasil ficará marcado como tendo sido aquele que mais visitou a Polícia Federal e o Poder Judiciário após ter deixado a função. Aliás, fora do cargo, o fez muito mais vezes do que no próprio exercício da presidência. E não foi por iniciativa própria, por cortesia, mas por intimação das autoridades. Hoje Lula se resume a visitar o Planalto, a PF e a Justiça, ou seja, três lugares onde não deveria ir mais protocolarmente.

Pobre do país onde um juiz, por aplicar a mesma lei para todos os seus cidadãos, passa a ser um candidato em potencial à presidência da

República. Nos últimos anos tivemos dois exemplos: Joaquim Barbosa, como relator do processo que ficou conhecido como Mensalão e, agora, Sérgio Moro, pela Lava Jato. Nunca antes na história deste país se careceu tanto de justiça, vergonha, indignação e punição. A sociedade brasileira está tão desnorteada com os usos e costumes da política e governança impelidas pelo projeto de poder do PT, que chegamos a esse ponto: juízes que cumprem a lei viram heróis nacionais.

Uma sociedade onde isso ocorre é uma sociedade doente. E isso é um grande perigo, pois essa necessidade de se encontrar pessoas que agem corretamente cria campo fértil para aventureiros pregadores de sonhos irreais, capazes de mobilizar e movimentar multidões em troca de um embuste verborrágico de fácil crença e cooptação. O mesmo tipo de pregação que levou boa parte do Brasil a crer em Lula.

Perdemos, sob o PT, o projeto de nação. A esperança sucumbiu em meio à vergonha da pilhagem e à perda das referências paradigmáticas nos campos moral, ético e social.

O povo está tão sem referências por conta de tanta lambança e de tantos escândalos, já parte do nosso cotidiano, que acaba se apegando a qualquer um que pareça diferente.

O limite da indignação coletiva muito se alterou. Tornou-se complacentemente alargado. Tolera-se postura de conduta, exemplos de caráter e de vida, outrora intoleráveis. Valores que antes eram marcas de caráter, regras, viraram exceções.

Como já disse anteriormente, campo fértil para o aparecimento de políticos que se apresentem com propostas mirabolantes de mudanças. Esses serão idolatrados. Isso não basta, tampouco serve. É preciso mudar práticas, métodos. Não só as pessoas e os partidos. Faxinas não bastam mais. É preciso reformar a casa e sua mobília. Na prática, nós, eleitores, sociedade, também precisamos mudar. Precisamos não nos encantar com o canto das sereias, tampouco nos fingirmos de surdos.

Com isso, a sociedade vai se afastando da política, generalizando todos os políticos, se desinteressando e, descrente, abandonando a sua obrigação de acompanhar os mandatos que outorga através do voto. Lembrar que política não é profissão e o mandato não é do eleito, mas do eleitor!

Agindo com indiferença, damos um prêmio aos criminosos travestidos de políticos e governantes, pois sem a fiscalização social, sem a cobrança, sem as pressões das ruas, mais oportunidade para novos crimes e criminosos. Político picareta tem medo de cobrança. Não gosta de prestar contas. Ao silenciarmos, nos aliamos a eles.

O Brasil, no projeto de poder do PT, optou ser o primeiro dos pobres a ser o último dos ricos. Um equívoco que levou o país a uma desastrosa política externa de compadrio internacional, retroalimentando governos ideologicamente revolucionários e ditatoriais. Economicamente, empobreceu todos mais ainda e, moralmente, os faliu.

Como vimos neste livro com documentos inéditos, restou claro que, através do BNDES, o PT financiou o Foro de São Paulo, sob o falso pretexto de ajudar no desenvolvimento dos países com os quais se juntou para formar esse conjunto de organizações criminosas.

Todos ávidos a expropriar seus povos e subjugá-los na dependência física, moral e ética.

Como pano de fundo, uma retribuição a Cuba pelos serviços prestados na capacitação de guerrilheiros e de estrategistas em solapar democracias.

Não há como explicar o enterro de tanto dinheiro do povo brasileiro em projetos sem nenhuma garantia e sem nenhuma vantagem para o Brasil.

Por isso nunca prestaram contas e sequer transparência. Pior que não informar é desinformar!

Empresas públicas têm três sérios problemas facilitadores de corrupção: muito recurso, muita ingerência político-partidária e pouca transparência, isso sem falar da deficiência nos mecanismos de controle e governança.

O que fez o governo do PT para resolver ou minimizar isso? Nada. Ao contrário, usou exatamente essa constatação para lotear as maiores empresas do povo brasileiro.

Mais grave do que não apurar nada, não estancou o *modus operandi*, que continua agindo impunemente nas ofertas diárias de cargos feita pela presidente da República, em troca de apoio político no Congresso. Depois ela fala que sempre combateu "malfeitos"!

O PT criou novas tipologias de condutas desviantes e criminosas. A cada dia busca aprovar novas legislações flácidas, como repatriação de recursos lavados.

A lavagem de dinheiro via desvios de superfaturamentos em obras, serviços e exploração da Petrobras foi engenhosamente constituída de uma nova engenharia criminosa, numa tipologia onde os recursos são entregues às empresas e retornam lavados via doações substanciosas de campanha.

Nesse sistema há uma lavagem do dinheiro que favorece o pagamento de serviços de campanha ou uma relavagem para gastos ou depósitos no exterior, quando o indivíduo contrata um serviço e/ou material de campanha por um preço algumas vezes menor do que é pago por ele e recebe a diferença por fora.

Ficou evidente que as doações eleitorais são usadas para lavar e muitas vezes internalizar dinheiro depositado no exterior.

Outra tipologia criada consiste em repassar porcentagens de empréstimos do BNDES como doação. Obviamente o empréstimo só saía se a doação fosse realizada.

Dependendo dos valores, a porcentagem girava em torno de 3% a 15%.

Basta fazer as contas e conferir os empréstimos e somar doações eleitorais ou contribuições partidárias para se chegar a esse número e a essa constatação.

Quando os desvios e "comissões" são relativas a uma obra ou serviço de valor relativamente pequeno e único, as porcentagens podem atingir até 30% do valor do negócio. Há casos em que podemos afirmar que os governantes se tornam "sócios" para aprovar obras ou serviços ou para facilitar a vitória de determinadas empresas em certames licitatórios.

Ficou claro que muitas das doações eleitorais, na verdade, eram resultado de "extorsões compulsórias" para o partido e para as campanhas de seus candidatos e de seus aliados. Quando era secretário nacional de Justiça, propus um convênio entre a Secretaria e o TSE para uso do Lab-LD – Laboratório contra a Lavagem de Dinheiro, órgão subordinado a mim. Isso seria capaz de identificar esquemas de desvios, abuso e corrupção nas campanhas, quase que concomitantemente às prestações de contas. Depois que saí, apesar de todo o entusiasmo da ministra Cármen Lúcia, presidente do Tribunal à época, o convênio e a metodologia não foram levados à frente.

Delação a qualquer preço

Agora começa uma fase perigosa orquestrada pelo governo e por seus cúmplices.

Começarão a surgir delações premiadas previamente combinadas e provas previamente plantadas para serem achadas, mesmo sendo falsas, apenas para alimentar manchetes e provocar a máquina do "processo virtual virulento": vaza, escandaliza e investiga. Assassinato de reputações com criminalização de inocentes. O *in dubio pro reo* (na dúvida, a favor do réu), perdeu-se no *pro societate* (a favor da sociedade). E essa tese, hoje muito usada, não pode ser absoluta. Nada pode justificar ações devastadoras contra qualquer cidadão sob o pretexto de que qualquer dúvida, sem o mínimo de prova, deve ser contra o princípio da presunção da inocência. Especialmente porque claramente não vivemos um Estado Democrático de Direito e que, não é segredo para ninguém, infelizmente nossas instituições e seus modelos de comando estão aparelhados, ou seja, movem-se por interesses de pessoas e grupo de pessoas, não pelo interesse público ou da Justiça, ainda que sob o seu manto estejam vinculados. Deixo esse alerta aos operadores do Direito e àqueles que poderão ser as próximas vítimas de um "justiçamento" vingativo.

Veja os casos de investigações que envolvem amigos e aliados do poder, como havia dito no livro anterior: essas são indefinidamente prorrogadas e "cozinhadas" até que pereçam, mesmo com indícios veementes de crimes e de autoria. Contrariamente, as que envolvem adversários e inimigos do governo são precipitadas, vazadas, apressadas e devastadoras, ainda que sob sigilo, ou muitas vezes sem ter um mínimo de indícios para ensejar tantas ações espetaculosas, forçando a criação de um senso comum de criminalização dos "alvos" do poder

É o uso do aparato estatal contra a sociedade. Coisa de regime de exceção totalitário e de esquerda.

Repito: prepare-se para a temporada das delações encomendadas e lançadas no Tribunal do Google, objetivando misturar o joio ao trigo, criando uma grande confusão a envolver gente suficiente para tentar inviabilizar as investigações, além de lançar por óbvio aquilo que mais convém a um ficha suja, ou seja, a oportunidade de se defender atacando: sou, mas quem não é?

Sobre o projeto de poder do PT de Lula, ninguém mais falou do golpe final, engendrado minuciosamente sob o "nobre" disfarce de participação social, com a implantação dos conselhos populares. Um verdadeiro novo Estado paralelo, capaz de imobilizar o já combalido Estado oficial. Ainda sobrevive a instituição dessas células.

A sociedade se esqueceu e o Congresso, submisso, não aniquilou a ideia que o tornará um poder mais inexpressivo ainda.

Agora, diante de tanta pouca-vergonha que se expõe, Lula se defende dizendo que querem "criminalizar o PT". Mas não diz, por exemplo, que o caso Celso Daniel revelou o embrião do modelo criminoso que o PT federalizou e com isso prostituiu a política e criminalizou o país, o governo, as instituições e o Brasil. Ninguém criminalizou o PT, o PT marginalizou a sociedade, dividindo-a entre miseráveis dependentes e abastados odiosos e, com isso e com suas práticas indecorosas, indecentes e reprováveis, criminalizou a nação.

Lula confirmou que em seu governo havia um toma-lá-dá-cá e que ele só carimbava o esquema, legitimando assim a roubalheira a que submeteram o Brasil e sua gente. Aliás, ao confessar o leilão de cargos em mesas de negociação entre partidos, ministros e todo tipo de interesses, demonstra claramente que fez do mandato um projeto de poder, jamais de país, assim confirmando todas as suspeitas que pairavam sobre ele como o verdadeiro chefe da organização que se apoderou do Brasil e de suas instituições.

Lula, o informante, hoje dissimulado e não tão eficiente como nos idos dos anos 1980, talvez porque mudou de lado, traz a característica de todo informante ou criminoso que para furtar-se de responder algo que o comprometerá, lança mão do "não me recordo", "não sabia" ou "desconheço".

Eu nunca tive dúvidas sobre o que aconteceu com Celso Daniel, as circunstâncias e motivações que levaram à sua morte. Já disse e repito: matar a galinha dos ovos de ouro não fazia parte do projeto. Foi acidente de percurso cujo risco se assumiu.

Agora, com as informações aqui descritas sobre o caso, as autoridades definitivamente têm a prova para dar cabo a essa novela, esclarecendo, provando e confirmando aquilo que nós já sabíamos: quem se esconde na sombra do Sombra por todos esses anos, quer como mandante, quer como beneficiário do esquema embrionário do Mensalão e do Petrolão, nascidos em Santo André, causa da morte do ex-prefeito.

No festival de desculpas esfarrapadas e terminologias minimizadoras, o PT e seus dirigentes são insuperáveis. Depois de criar o dogma de que os fins justificam quaisquer meios, depois da esfacelada tese do caixa dois eleitoral, o projeto de poder criou a justificativa penitenciária que consiste em receber o produto do crime em forma de doação oficial partidária ou eleitoral, sem se preocupar em ocultar a motivação da origem, mas apenas dando lastro na entrada do recurso. Ou seja, é mais do que a lavagem do dinheiro, agora é a sua secagem para uso. Um completo lava, seca e passa!

É como admitir legítimo sequestrar alguém e se pedir o resgate em forma de doação partidária ou eleitoral usando como justificativa que a entrada lícita do dinheiro numa conta, sua origem não precisa ser discutida.

Quem não se lembra da presidente Dilma chamando de simples malfeitos os crimes de corrupção, lavagem de dinheiro e outros tantos delitos?

Quem não se lembra do PT na função legislativa? Parecia um exímio investigador, descobria esquemas e seus operadores. Acusava todos sem dó nem piedade. Acionava os órgãos repressores, vazava na mídia provocando a repulsa da opinião pública, ainda que os fatos não estivessem comprovados, criava um verdadeiro salseiro. Muitas vezes, pareciam terroristas da fofoca que propagavam inverdades para assassinar reputações com o único intuito de atingir objetivos políticos comezinhos para chegar ao poder e dele usufruir. As pessoas supostamente envolvidas que se virassem para provar inocência.

Agora, no poder, tendo seus membros ocupando funções públicas executivas, se associa aos operadores antes descobertos e passa a comandar os esquemas que outrora denunciou.

No Estado que aparelhou cobra um padrão de governança da iniciativa privada que não impõe a si mesmo.

Por isso, criou a "Indústria do Poder Paralelo", onde manda investigar alvos predeterminados, conforme interesses de ocasião; depois, em troca de apoio aos investigados, oferece serviços de advogados, acordos, negócios, sociedades, empresas, trabalhos terceirizados, distribuição de cargos, empregos e parcerias político-eleitorais.

Repito: criminalizaram o Estado e prostituíram a política!

Reitero que o que relatei no livro *Assassinato de reputações – um crime de Estado* não se tratou de plataforma política ou libelo acusatório e sim um instrumento público de defesa da minha história de vida, da minha família e da minha reputação. Não fiz um inquérito, fiz uma peça de defesa. Este segundo volume desvenda fatos graves que se propõe a manter alerta a sociedade despertada com a primeira obra, além das instituições que lutam, ainda livres, por uma Justiça justa.

Aprendi que, quando o PT é acusado, não basta apresentar o corpo. Tem que apresentar o corpo esfacelado, dez armas, 100 projéteis deflagrados e ainda vão dizer que tudo foi armado. Quando eles são vítimas, não precisa nem de corpo: o acusado responde pelo desaparecimento.

Mas eu sou otimista. Acho que, com a quadrilha cada vez mais enrolada em acusações devidamente comprovadas e com provas substanciais aparecendo, como aqui nesta obra, a organização criminosa começa a perder força. A mentira, por mais bem ensaiada que possa ser, para tentar ludibriar a Justiça, ruirá. Veremos seu maestro e seus solistas desafinando, tocando notas erradas, saindo do tom, brigando para que seu instrumento se sobressaia, tentando mostrar que cada um é o grande dono da verdade e da harmonia. Isso já começou a acontecer. Nessa hora, o Brasil não vai vaiar a Orquestra do Roubo. Vai aplaudir de pé seu desmantelamento, para que aconteça um projeto de nação.

OS AUTORES

Romeu Tuma Junior é advogado e delegado de polícia aposentado de Classe Especial. Foi secretário nacional de Justiça entre 2007 e 2010 no governo de Luiz Inácio Lula da Silva. Deputado estadual por São Paulo de 2003 a 2007, quando presidiu as Comissões de Segurança Pública e a de Defesa dos Direitos do Consumidor, além de ter sido eleito corregedor parlamentar e vice-presidente da Comissão de Administração Pública.

Foi chefe da Interpol em São Paulo e assessor da vice-presidência mundial da Organização Internacional de Polícia Criminal – OICP/ICPO.

É membro fundador da Comunidade de Juristas de Língua Portuguesa – CJLP.

Claudio Tognolli é jornalista. Escreveu 18 livros e também é professor livre-docente da ECA – USP. Ganhou prêmios importantes na literatura e no jornalismo, como o Jabuti e o Esso, respectivamente. É membro brasileiro no International Consortium of Investigative Journalists – www.icij.org.

Visite nosso site e conheça estes e outros lançamentos
www.matrixeditora.com.br

Cabo Anselmo - minha verdade
Cabo Anselmo é um dos nomes mais emblemáticos nos episódios que levaram à tomada do poder pelos militares em 1964. Seria ele um traidor hediondo, como a esquerda o qualifica, por ter abandonado um movimento cujo objetivo era a instalação de uma ditadura comunista? Ou será que ele manteve lealdade à pátria e às Forças Armadas que jurou defender?
Nesta obra o próprio Cabo Anselmo responde a essas e a outras questões que cercam seu nome. Mostra como sobreviveu esses anos e revela o tratamento diferenciado dado à sua pessoa em relação à anistia, já que hoje vive, mas não existe oficialmente. Neste livro, ele mostra sua verdade.

Bem-vindo ao inferno
Vana Lopes foi uma das vítimas do médico estuprador Roger Abdelmassih. Sua busca por justiça começou em 1993, e passou por diversos percalços e incidentes estranhos, como um boletim de ocorrência desaparecido da delegacia. A luta para localizar Abdelmassih, após ele ganhar um *habeas corpus* do STF e fugir do país, é um dos maiores exemplos de determinação e coragem que o Brasil já viu. Enquanto a polícia não conseguia pistas, Vana soube utilizar com maestria e criatividade as redes sociais e a mídia, para se transformar em uma catalisadora de informantes e juntar documentos – entre movimentações financeiras e viagens – que conduziram a polícia à captura do criminoso.

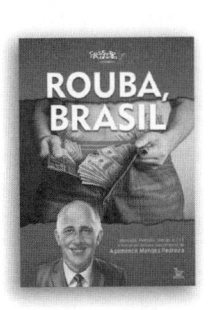

Rouba, Brasil
Este livro é um escândalo de bom. A turma do Casseta & Planeta está de volta, agora com mais uma obra de Agamenon Mendes Pedreira, personagem criado pelos humoristas Hubert Aranha e Marcelo Madureira. O velho lobo do jornalismo comenta em crônicas publicadas nos mais importantes veículos da imprensa as mais recentes falcatruas da política brasileira e a maior pedalada do esporte nacional. É como se fosse uma aula de história da surrupiação. Um autêntico livro "rouba, mas faz". Rouba a sua atenção e faz você rir muito.

O homem que salvou Nova York da falta de água
Sabe aqueles filmes de super-heróis que salvam o mundo dos mais variados vilões e perigos? Este é um livro parecido. Apresentamos diversas pessoas que estão fazendo o possível e o impossível para nos livrar de problemas que estão acontecendo ou por acontecer. Com a diferença que eles não têm superpoderes. Apenas a vontade e a dedicação para fazer algo pela natureza e por você. Os exemplos citados precisam ser urgentemente copiados, multiplicados e gerar novas maneiras de pensar. Deixe-se inspirar pelos maiores mestres da sustentabilidade. E lembre-se de que só podemos viver aqui. Não existe "planeta B".

MATRIX